新媒体营销系列

新媒体项目策划与运营

IMS（天下秀）新媒体商业集团　编著

U0360724

清华大学出版社

北京

内容简介

新媒体现在已经不是一个新鲜词汇了，几乎所有的企业都会在互联网或者各类社交平台上进行新媒体项目的运营活动。随着时代的发展，曾经非常流行的网络营销、微信营销已经慢慢进入死胡同，越来越变得无效，找到更加有效的营销和运营方式成为当前所有新媒体从业人员的新课题。

本书采用"理论+案例"的教学模式，讲解新媒体项目策划、运营和管理等相关知识点。本书共分为7章，分别是项目策划概述、新媒体项目策划、项目可行性研究与评估、新媒体项目运营、互联网运营思维、新媒体项目管理和项目报告书撰写。每章围绕一个知识主体，设置细分知识内容和若干配套案例，通过运用课堂讨论、案例分析等教学方法，注重知识的理解和灵活运用，进行"参与式"和"合作式"的课堂教学，旨在发展学生的相关知识储备，养成相关行业素养，提升学生的沟通交流能力、独立思考能力、与现实相对应的联想能力和创新能力。另外，本书还赠送授课大纲和PPT课件，以便读者学习和教师授课。

本书结构清晰、由简到难，图片精美实用、分解详细，文字阐述通俗易懂，与实践结合非常密切，具有很强的实用性，适合各种电子商务新媒体专业中高职、大中专院校相关专业的学生使用。

图书在版编目（CIP）数据

新媒体项目策划与运营/IMS（天下秀）新媒体商业集团编著.—北京：清华大学出版社，2022.6
（新媒体营销系列）
ISBN 978-7-302-60750-2

Ⅰ.①新… Ⅱ.①I… Ⅲ.①传播媒介－营销策划 ②传播媒介－运营管理 Ⅳ.①G206.2

中国版本图书馆CIP数据核字（2022）第075949号

责任编辑：张　敏
封面设计：郭二鹏
责任校对：徐俊伟
责任印制：宋　林

出版发行：清华大学出版社
  网   址：http://www.tup.com.cn, http://www.wqbook.com
  地   址：北京清华大学学研大厦A座 邮 编：100084
  社 总 机：010-83470000 邮 购：010-62786544
  投稿与读者服务：010-62776969，c-service@tup.tsinghua.edu.cn
  质 量 反 馈：010-62772015，zhiliang@tup.tsinghua.edu.cn
  课 件 下 载：http://www.tup.com.cn，010-83470236
印 装 者：小森印刷霸州有限公司
经   销：全国新华书店
开   本：170mm×240mm 印 张：14 字 数：300千字
版   次：2022年8月第1版 印 次：2022年8月第1次印刷
定   价：69.80元

产品编号：094795-01

编委会

前言
PREFACE

新媒体项目通常具有传播速度快、成本低、信息量大、内容丰富和互动性强等特征，能为企业品牌宣传、产品或服务的销售带来良好的效果。随着新媒体行业和技术的不断发展，新媒体营销形式也在不断变化迭代，如何在信息繁杂的环境下完成新媒体项目的策划、运营和管理是企业亟待解决的问题。本书从项目策划和新媒体项目策划讲起，从分析新媒体项目的独特性开始，分别对新媒体项目策划、新媒体项目运营和新媒体项目管理进行全面讲解，帮助读者了解并掌握一个新媒体项目从无到有，再到输出的整个过程。同时对新媒体项目可行性研究与评估、互联网运营思维和项目报告书撰写的讲解，能够帮助读者更深层次地理解整个新媒体项目的运营过程。

本书内容

本书共 7 章：第 1 章项目策划概述；第 2 章新媒体项目策划；第 3 章项目可行性研究与评估；第 4 章新媒体项目运营；第 5 章互联网运营思维；第 6 章新媒体项目管理；第 7 章项目报告书撰写。

书中的每章围绕一个知识主体，通过运用课堂讨论、案例分析等教学方法，使读者注重对知识的理解和灵活运用；进行"参与式"和"合作式"的课堂教学，旨在发展读者的相关知识储备，养成相关行业素养，提升读者的沟通交流能力、独立思考能力、与现实相对应的联想能力和创新能力。

不同章节设置的知识主体逐层递进，依据互联网营销、电子商务、社会化新媒体项目策划、产品经理和选品策划员等相关岗位所需要的行业基础知识和能力要求而设置，以新媒体项目策划、运营和管理为载体，充分考虑读者应具有的相关理论知识，构建课程的理论教学内容。同时根据不同的理论教学内容，有针对性地加入实际案例分析，在实践中强化相关理论知识，为之后的课程学习和相关工作打好基础。

本书特点

本书采用"理论＋案例"的教学模式，在理论学习中指导实践，用真实案例分析巩固知识，配合相应的课堂讨论，对所学知识进行巩固。同时，本书还采用了趣味图片和多样的课堂教学形式，丰富课程内容，真正吸引读者投入课堂学习，强化教学效果。

　　另外，本书还赠送授课大纲和 PPT 课件，以便读者学习和教师授课，读者可根据个人需求扫描下方二维码下载使用。

授课大纲

PPT 课件

编者

目录
CONTENTS

第1章　项目策划概述

古人云："凡事预则立，不预则废。"自古人们就明白，做事之前先策划的重要性。今天，项目管理界的权威 PMI 在项目管理五大过程组中，都将项目规划设定为项目启动后的第一大事，足见策划工作对"做成事"的重要性。

但是，在实际项目运行的过程中，很多人并不重视策划环节。他们认为计划赶不上变化，既然要变化，又何须费力策划呢？这样的想法看似逻辑合理，却没有真正理解项目策划。策划是对一个项目中所有工作的一次梳理，是项目管理中的第一步。在策划时是不可能知道未来那些还未发生的事情的，但认真的策划能够为后续工作指明方向，沿着这个方向，运用各种管理技术与管理工具，才能保证项目按轨道运行，实现最初项目目标。

项目策划是一份标准、一条基线，是贯穿整个项目执行、监控、收尾过程的重要参照。做好项目策划是万里长征第一步，项目运营一系列控制活动过程，都要随时参考项目策划的规定，对不同情况采取对应的措施。抓住项目策划才能站在项目的高处掌握项目全局。

1.1　项目的定义

在学习什么是项目策划之前，需要先了解项目的定义。在不同的行业、不同的领域中，项目有不同的描述，国内外学者给出了各种定义，常见的有以下几种：

- 美国项目管理协会在其出版的《项目管理知识体系指南》中为项目所做的定义是：项目是为创造独特的产品、服务或成果而进行的一项有时限的任务。其中"时限"是指每个项目都有明确的起点和终点；"独特"是指一个项目所形成的产品或服务在关键特性上不同于其他的产品和服务。
- 德国 DIN（德国工业标准）69901 认为，项目是指在总体上符合预定的目标、时间、财务、人力和其他限制条件的唯一性任务。
- 美国著名学者罗伯特·格雷厄姆认为项目是为了达到特定目标而调集到一起的资源组合，它与常规任务之间的关键区别是项目是一项独特的工作任务，通常只做一次；即按某种规范及应用标准指导或生产某种新产品或某项新服务，这种工作任务，应当在限定的时间、成本、费用、人力资源及资产等项目参数内完成。

- ISO10006《项目管理质量指南》定义项目为：具有独特的过程，有开始和结束日期，由一系列相互协调和受控的活动组成。过程的实施是为了达到规定的目标，包括满足时间、费用和资源等约束条件。
- 《中国项目管理知识体系纲要（2002版）》中对项目的定义为：项目是创造独特产品、服务或其他成果的一次性工作任务。

通过对项目各种定义的了解，可以看出项目是指在一定的资源（包括时间、经费、人力等）约束条件下，为实现特定目标而执行的一次性任务或努力，它包含以下三方面的内容。

1. 项目是一次性的有限的任务

任何项目有开始，有结束，在开始与结束之间一定要经历几个阶段，这是项目区别于其他日常运作的基本标志，是识别项目的主要依据。无休止的重复活动不能称为项目。项目团队同样也具有临时性的特点，项目团队是为某一特定的项目组建的，项目完成了，往往会取消该项目团队。

2. 项目实施会有特定条件约束

项目必须在一定的组织机构内，利用有限的人力、物力和财力等资源在规定的时间内完成任务。这些约束条件既是完成项目的制约，同时也是管理项目的条件，没有约束的任务不能称为项目。质量、进度和费用是检验项目运行好坏的主要约束条件。

3. 项目具有特定的目标

这一特定的目标通常要在项目初期确定，并在之后的项目活动中逐步体现。任何项目都有一个与其他任务不完全相同的目标或结果，它通常是一项独特的产品或服务。独特的产品是指项目终结后可交付的可量化的成果，服务是指项目所提供的某一项特定的服务内容。

1.2　项目的特征

项目是指一系列独特的、复杂的并相互关联的活动，这些活动有明确的目标或目的，必须在特定的时间、预算和资源限定内，依据规范完成。尽管不同行业或专业领域的项目都有自己的特性，但从本质上来说，它们具有独特性、一次性、时限性、整体性、目的性和约束性六种特征，如图1-1所示。

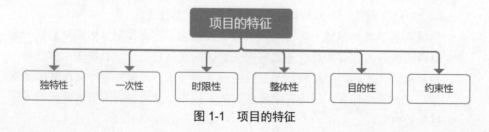

图 1-1　项目的特征

1. 项目的独特性

项目的独特性或者说唯一性，是指每一个项目的产品和服务都是唯一的、独特的。区别一种或一系列活动是不是项目，重要的标准就是这些活动是否生产或提供特殊的产品和服务。有些项目即使产品或者服务相似，但由于时间、地点或者内外部环境的不同，项目的实施过程和项目本身也具有其独特的性质。

这一属性是项目得以从人类有组织的活动中分化出来的根源所在，是项目一次性属性的基础。每个项目都有其特别的地方，没有哪两个项目是完全相同的。项目通常有程序化的内容，不同程度的程序化是所有项目的特点。但在有风险存在的情况下，项目又不能完全程序化，项目主管之所以被人们强调很重要，是因为他们要处理项目中许多例外情况。

2. 项目的一次性

由于项目的独特性，项目作为一种任务，一旦任务完成，项目即告结束，不会有完全相同的任务重复出现，即项目不会重复，这就是项目的"一次性"。但项目的一次性属性是相对项目整体而言的，并不排斥在项目中存在着重复性的工作。项目的一次性体现在项目是一次性的成本中心，项目经理是一次性的授权管理者，项目组织结构是一次性的项目实施组织，项目的一次性还表现在实施过程的一次性。

项目是一次性任务，一次性是项目与重复性运作的主要区别。而且随着项目目标的逐渐实现，项目结果的移交和合同的终止，该项目也即结束。任何成功的项目，无论其效益或影响如何，就项目本身来说都是一次性的努力。

3. 项目的时限性

时限性是指每一个项目都有明确的开始和结束时间。当完成项目的目标时，该项目就结束了；当项目的目标确定不能达到时，该项目就会终止。时限是相对的，并不是说每个项目持续的时间都短，而是仅指项目具有明确的开始和结束时间，有些项目需要持续几年，甚至更长时间。

大多数项目都需要在限定的时间框架内创造产品或者服务；项目小组的存在也是有时限的，他们一般都是为了项目而临时组成的，项目结束后，大部分的项目小组成员都会回归本部门；项目本身也具有明显的生命周期性，从项目开始到项目的逐步实施，直至项目的终结，不同阶段有不同的特点，需要在项目时限内完成生命周期。

4. 项目的整体性

从系统论的角度来说，每一个项目都是一个整体，都是按照其目标来配置资源，追求整体的效益，做到数量、质量和结构的整体优化。由于项目是为实现特定目标而展开的多项任务的集合，是一系列活动的过程，强调项目的整体性，就是要重视项目过程与目标的统一，重视时间与内容的统一。

项目不是一项孤立的活动，而是一系列活动有机组合，从而形成一个完整的过程。强调项目的整体性，同时强调项目的过程性和系统性。

5. 项目的目的性

项目的目标必须是明确的，在项目成立之初目标便已确定，并且在项目的进行中目标一般不会发生太大的变化，因此项目比较明显的特征就是目标的明确性。人类有组织的活动都有其目的性，项目作为一类特别设立的活动，也有其明确的目标。没有明确的目标，行动就没有方向，也就不能称为一项任务，项目也就不会存在。任何项目都有一个明确界定的目标，项目的一切任务要以目标为导向。目标贯穿于项目始终，项目计划和一系列实施活动都是围绕目标展开的。

项目目标一般由成果性目标与约束性目标组成，是两者的统一，如图 1-2 所示。成果性目标是指项目应实现按时交付产品和服务的目标；约束性目标是指要在一定的时间、人力和成本下完成项目。成果性目标被分解为项目的功能性要求，是项目全过程的主导目标；约束性目标通常又称为限制条件，是实现成果性目标的客观条件和人为约束的统称，是项目实施过程中必须遵循的条件，是项目管理的主要目标。

图 1-2 项目目标的组成

6. 项目的约束性

项目的约束性是指项目条件和资源的约束性。项目的实施是企业或者组织调用各种资源和人力来实施的，但这些资源都是有限的，而且为了维持日常的运作，一般不会把所有人力、物力和财力放在一个项目上，投入的仅仅是有限的资源。每个项目在一定程度上都会受到客观条件的制约，同时还包括人力、物力、财力、时间、技术和信息等各种资源的制约。

任何一个项目，都受时间和预算的限制，并且一个项目的人员、技术、信息、设备条件和工艺水平等都是有限制的。如果一个项目的人员、专业配备全面，成本投入得力，时间充裕，再加上实施过程中做到严格风险控制，那么其成功的可能性就高，否则项目成功的可能性就会大大降低。

课堂讨论：什么是项目？项目都有哪些特性？你觉得哪些特征比较重要？说说你的看法。举出生活学习中自己认为是项目的任务或活动。

1.3　项目策划的含义

按照字面意思来说，策划是指根据所希望达到的目标，订立具体可行的计划，谋求使目标成为事实。作为一种策略和谋划，策划是对未来将要发生的事情所做的当前决策，为达到一个商业目标而出主意、想办法、制定实施方案。策划为项目成功提供了科学决策与行动的思维方式。

策划是一种程序，在本质上是一种运用脑力的理性行为。具体来说，就是人们针对某一特定问题，收集并整理信息，而后从若干可供选择的有关未来世界的设想方案中做出一种选择或决定以及为这一决定而进行的构思、规划、论证比较和选择等一系列行动过程。

知道了什么是策划，就容易给项目策划下一个定义：

项目策划是指在项目建设前期，通过内外环境调查和系统分析，在充分占有信息的基础上，针对项目决策和实施阶段或决策和实施阶段中某个问题，推知和判断市场态势及消费群体的需求，进行战略、环境、组织、管理、技术和营销等方面的科学论证，确立项目目标和目的，并借助创新思维，利用各种知识和手段，通过创意为项目创造差异化特色，实现项目投资增值，有效控制项目活动的动态过程。

项目策划是一种具有建设性、逻辑性的思维的过程，在此过程中，总的目的是把所有可能影响决策的决定总结起来，对未来起到指导和控制作用，以达到方案目标。项目策划是一门新兴的策划学，以具体的项目活动为对象，体现一定的功利性、社会性、创造性、时效性和超前性的大型策划活动。

项目策划是以具体的项目活动为对象，为达到一定的目标而进行的策划活动，它是从无项目到有项目的一个过程，项目策划阶段的主要任务包括分析需求、提出建议、分析可行性、确定需求、制定并发布需求建议书、提出解决方案、评价并选择方案和合同签约等多项任务，如图 1-3 所示。

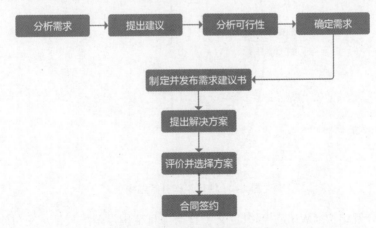

图 1-3　项目策划阶段主要任务

1.4 项目策划的内容

项目策划的主要内容包括：确定项目范围，定义项目阶段、里程碑，估算项目规模、成本、时间、资源，建立项目组织，制订项目综合计划，识别项目风险和制订项目综合计划。

虽然项目策划的成果通常是纸面上反映出来的一系列文档，相对于整个项目来说投入资金也不多，但这部分工作却是整个项目管理工作的核心，是决定项目成功的关键。

1. 确定项目范围

项目范围包括项目需求范围和项目工作范围，项目工作范围是为实现项目目标并使客户满意（有效地完成项目目标）而必须做的所有工作，它包括项目的最终产品或服务以及实现该产品或服务所需要做的各项具体工作。

项目工作范围的确定是为了有效地完成项目目标而界定的主要工作内容的活动，会将项目的可交付成果划分为可控的、易于管理的单元模块。

依据项目需求范围和项目工作范围，可以把一个项目按一定的原则分解成任务，任务再分解成各项工作，再把工作分配到每个人的日常活动中，直到分解不下去为止，形成工作分解结构（Work Breakdown Structure，WBS），如图1-4所示。

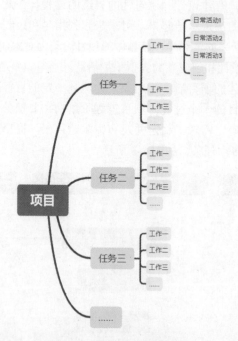

图 1-4　项目工作分解结构

工作分解结构（WBS）组织定义了整个项目范围，是把项目可交付物和项目工作逐步分层分解为更小的、更易于管理的项目单元的过程。工作分解结构的最低层次元素是能够被评估、被安排进度和被跟踪的，它是组织管理工作的主要依据。工作分解结构最底层的工作单元被称为工作包，它是定义工作范围、定义项目组织、设定项目产品的质量和规格、估算和控制费用、估算时间周期和安排进度的基础。

2. 定义项目阶段、里程碑

要如何实现项目的目标呢？首先应该分解项目目标，把它分解为里程碑目标或阶段目标。

里程碑可以作为项目的一个可交付并能给项目工作承上启下的点，可以作为项目实施过程中能否达成项目目标的检查依据。需要判断在某里程完成的工作产品、资源是否满足该里程碑的要求，还要判断这个里程的进度、成本、工作量、规模的偏差以及项目的变更是否在控制范围内。

3. 估算项目规模、成本、时间、资源

确定了项目范围，定义了阶段和里程碑，项目每个阶段的工作量、成本、质量如何估算就十分重要，这些也是判断阶段目标和里程碑是否达成的重要判断依据。目前典型的估算方法有：经验值估算和功能点估算。为了获取更准确的估算值，也会采用多种估算方法，通过多种估算结果去验证估算的准确性。

依据已经估算出的项目规模、每个阶段的工作量，结合现有资源估算项目的概要时间，时间估算的结果是阶段、里程碑和项目的起止时间。

依据历史项目积累的风险，在项目开始阶段对项目的技术、管理、质量、资源、需求等方面可能出现的风险进行全面评估，并对评估出来的风险制定规避和管理措施。

项目的估算结果一般就是项目预算，一般先要对这些预算进行技术评审，以确定预算的合理性，最后提交公司高层进行管理评审。

4. 建立项目组织

有了估算结果和各个阶段的时间，然后根据项目规模和各个阶段的要求建立项目组织。为了将团队管理好，同时建立使项目组能高效管理和沟通的方法及原则。这些方法及原则主要有：明确组织的管理和监控的方法及流程，明确各个岗位的职责和权利，明确各个层级沟通及汇报的方式，明确各个组间的沟通及汇报的方式。只有明确了这些才能保证项目组的各个团队都能高效运作。

5. 制订项目管理计划

为了使项目有依据地正常开展，需要制订一个综合的项目管理计划。计划的主要内容有：项目的质量目标计划、项目的阶段和里程碑计划、项目的监控计划、项目风险管理计划、项目的评审计划、项目的配置管理计划、项目的过程和产品质量保证计划等。

在建立以上计划的同时，还要建立项目的详细时间计划。详细时间计划也叫作日程表。它是依据工作分解结构中所列出的任务、任务的估算工作量、人员，给出所有任务开始时间、结束时间的详细项目日程表。

1.5 项目策划的特征

项目策划是一门新兴的策划学，以具体的项目活动为对象，体现一定的功利性、社会性、创造性、时效性和超前性的大型策划活动，如表 1-1 所示。

表 1-1 项目策划的特征

项目策划的特征	具 体 内 容
功利性	项目策划的功利性是指策划应该能给项目发起人带来经济上或者其他形式的实际利益。功利性诉求是项目策划的首要目的 从时间上看，功利性诉求可分为立足长远的战略性利益和仅限于眼前的短期利益。从形态上看，功利性诉求又可分为金钱、实物、权利、竞争和享乐等利益 功利性是项目策划活动的一个立足点、出发点，又是评价一项策划活动成功与否的基本标准，因此，项目策划人员应在优先考虑策划产出与投入比例的基础上，确定具体的项目策划方案。而在项目策划实践中，策划人员应力求为项目发起人创造更多的利益
社会性	项目策划不仅要注重发起人的经济效益，而且要关注项目所带来的社会效益。经济效益与社会效益两者的有机结合才是项目策划的功利性的真正意义所在，因此说，项目策划要体现一定的社会性 促进社会效益增长是项目外部经济性的一种表现，是企业树立正面形象、体现企业社会责任感的标志，如今正被越来越多的企业所接受 在项目策划的实践中，各种商业化的组织往往通过公共关系及各种赞助活动，塑造实体的社会形象，实现上述目的
创造性	项目策划是创造性思维的物质体现，是策划人员为实现目标而开发出的新思路与新创意，优秀的项目策划应体现出创造性 策划人员应根据项目的条件、特点、功能、消费者利益点以及与竞争对手的特点，充分利用策划者的想象力与判断力，感知项目策划的关键问题，并找到与众不同、别具一格的解决方案 提高策划的创造性，需要丰富的想象力及创造性的思维。创造性的思维方式，需要有广泛敏锐、深刻的觉察力，丰富的想象力，活跃、丰富的灵感，渊博的知识底蕴。创造性的思维，是策划活动创造性的基础，是策划生命力的体现，没有创造性的思维，项目策划活动的创造性就无从谈起
时效性	项目策划的时效性是项目时间要素约束的体现，也是项目面向市场、争取成功时机选择的重点体现。项目策划要在约定的时间顺利完成；在面向市场推广时，它要能被当时的消费者所接受 项目进入市场可以"首先进入"：首先进入的项目会获得"先行者优势"，抢先占领市场，得到有声望的领先地位；项目进入市场也可以"平行进入"：与竞争对手同时推出项目，借助竞争对手的共同努力，吸引更多的市场关注；项目进入市场还可以"后期进入"：有意推迟项目进入市场的时间，等待竞争对手对市场进行预热后，结合竞争对手的缺陷调整进入，从而避免先进入者在开拓市场时付出巨大代价 无论选择哪种策略，策划的时效性都是基本要求，须在设定时间内完成项目策划与项目的运营

续表

项目策划 的特征	具 体 内 容
超前性	项目策划是策划人员综合未来各种发展要素和变化趋势，进行科学判断的结果，任何策划都需对未来做出科学的预测。要想达到预期的目标，策划必须具备超前性 超前性诉求实际上就是提前对项目问题进行分析，发现问题，并解决问题的过程。项目策划要具有超前性，就必须进行深入的调查与数据挖掘。策划人员可根据能够采集到的历史数据和经验，对项目进展中可能遇到的各种难题进行判断 超前性是项目策划的重要特性，在实践中运用得当，可以有力地引导将来的工作进程，达到策划的初衷

课堂讨论：从 1989 年启动的"希望工程"项目中，我们可以看到项目策划的什么特性？各大网站推出的"双十一"活动又能体现出项目策划的什么特性？你还可以从身边的商业活动中看出项目策划的哪些特性？

1.6　项目策划的原则

原则是行为基本规范，在分析项目策划内容、总结项目策划特征的基础上，可以得到项目策划的以下原则。

1. 可行性原则

可行性原则是指项目策划方案实施后，能够达到并符合项目的预期目标和效果。"实践是检验真理的唯一标准"，项目策划的创意能否经得住事实的检验是项目策划能否成功的前提。可行性是项目策划要遵循的基本原则，要充分考虑包括经济可行性、技术可行性、管理可行性等各方面的可行性。

要保证项目策划的可行性，首先需要确定最优方案，这是贯彻可行性原则的第一步。事实上，一个更可行的方案是项目成功的基础，它需要项目策划人员对不同方案的可行性进行专业的判断，从而使该方案更能符合企业的战略、资源要求并与市场变化相匹配。其次进行经济技术分析，经济技术分析是项目策划的核心环节。项目策划方案的经济性是指以最小的经济投入达到最佳的策划目标，这也是项目策划功利性诉求的基本体现。最后为了进一步改进和完善方案，策划人员在方案实施之前，在小范围内对项目实施的过程开展情景模拟分析。通过模拟或虚拟再现，可以让策划人员根据当下条件，在较短时间内判断项目的成败。

2. 价值性原则

项目策划要按照价值性原则来进行，这是其功利性的具体要求与体现。一个项目策划的结果要能创造一定的价值，才能体现出策划自身的价值。项目策划之所以能够成为一个行业，就是因为策划人员利用自身的创意和智慧为项目创造了超额的回报。

项目策划的自身价值可以从项目获得的商业价值和战略价值中体现出来。好的项目可以为项目发起人带来巨大的经济利益，但是并非所有项目都追求即期的商业收益，还有一些项目策划则从战略的角度上追求长期的利益，如品牌的知名度或者企业良好的正面形象等战略价值。这种战略价值投资过程在顾客关系管理类的项目中显得更为重要。为了能够与顾客建立长久的战略性伙伴关系，企业常常会牺牲一部分眼前利益，为客户提供更优秀的产品或服务。

3. 整合性原则

任何一个项目在开发过程中都会碰到各式各样的客观资源。无论是显性资源还是隐形资源，在没有实行策划整合之前，是相互独立的、松散的、没有中心的，但经过策划整合以后，就会有机、高效地结合在一起，为整个项目的开发提供服务。

策划人员须对项目所涉及的各类资源进行整理和分类，明确各类资源的性质，以及它们对于项目实现的重要程度。另外，项目策划人员还必须懂得各种资源的组合使用，要懂得抓住重点，使资源组合后的合力加强，实现 1 加 1 大于 2 的协同效应。任何一个项目都有独特的主题，围绕主题进行资源整合，可使稀缺资源得到集中使用并实现价值最大化。

除了显性资源之外，隐性资源对项目的成功也有重要的意义。在大多数创意类项目中，创新、独到的主题资源大都是隐藏起来的，不易被人发现，需要策划人去充分挖掘。对于一些特殊的项目，策划人员要寻找的就是特定的社会关系资源，这时，社会关系就是一个很重要的隐性资源。

4. 集中性原则

在面对充满竞争性的项目策划时，需要用到集中性原则。辨认出竞争性项目胜败关键点，摸清对手的优缺点，集中自身优势攻击竞争对方的弱点，用自己的长板，攻击对手的短板，在决定性的地方投入决定性的力量。

针对市场竞争激烈的商业性项目，策划人员要能根据市场竞争状况，迅速辨认出项目的成败关键点，从而为即将来临的市场争夺战设定好交战的战场。对关键成败点的准确判断，既源于策划人员多年经验的累积，同时也是准确分析市场需求和产品差异的结果。

通常需要通过以下几方面研究竞争对手，从而做出正确的判断。一是研究谁是项目的竞争对手。界定竞争的标准有很多，既有可能是宽泛的产品替代性的竞争，也有可能是更为直接的品牌竞争，还有可以是行业内部统一战略集团的竞争。二是研究竞争对手的目标，究竟是追逐市场份额、利润率、销售额、现金流量，还是技术领先等。三是研究竞争对手的竞争战略，究竟是实施成本领先还是差异化等。四是研究竞争对手的反应模式，究竟是从容型竞争者、选择型竞争者、凶狠型竞争者，还是随机型竞争者。

通过上述分析，策划人员可以分析出竞争对手的长处和弱点，并根据其优势和反应模式，制定进攻策略，集中火力对其弱点进行攻击。

5. 信息性原则

信息是项目策划的起点。项目策划的关键流程是从信息收集、加工与整理开始的。信息是一种无形的财富，是指导策划行为的基础性情报。信息整理是策划人员进行项目判断和创新的基础，没有一个系统的信息占有过程，项目策划将无从谈起。具体来说，信息包括以下几项要求：

1）收集原始信息力求全面

不同地区、不同部门、不同环节的信息分布的密度是不均匀的，信息生成量的大小也不相同，因此，在收集原始信息时，范围要广，防止信息的短缺与遗漏。

2）收集原始信息要可靠真实

原始信息一定要可靠、真实，要经过一个去伪存真的过程。脱离实际的、浮夸的信息对项目策划来说毫无用处，一个良好的项目策划必然是建立在真实、可靠的原始信息之上。

3）信息加工要准确、及时

市场是变化多端的，信息也是瞬息变化的，过去的信息可能在现在派不上用场，现在的信息可能在将来毫无用处。因此，对一个项目的策划人来说，掌握信息的时空界限，及时地对信息加以分析，指导最近的行动，从而使策划效果更加完善。

4）保持信息的系统性及连续性

任何活动本身都具有系统性与连续性，尤其作为策划的一个具体分支，项目策划更是如此。对一事物发展的各个阶段的信息进行连续收集，从而使项目策划更具有弹性，在未来变化的市场中更有回旋余地。

6. 调适性原则

调适性原则要求项目策划方案必须能够随着市场变化而进行调整。企业外部的宏观环境、内部的微观环境无时无刻不在发生着变化，因此，项目策划人员必须充分考虑项目可能发展变化的方向，并以此为依据，调整策划目标，修改策划方案，以使项目不仅能满足各维度要求，而且可以时刻应对新的变更，做到与时俱进。

时刻掌握策划对象变化的信息并加以判断，预测对象的变化趋势，掌握随机应变的主动性。当客观情况发生变化影响到策划目标的基本方面或主要方面时，要对策划目标做必要的调整，并对策划方案进行修正，以保证策划方案与调整后的策划目标相一致。

课堂讨论：项目策划的原则与项目的特征有哪些对应关系？我们经常看到地产项目综合运用概念、地段、人文、景观等资源宣传提升地产价值，体现了项目策划的什么原则？

1.7　项目策划的思维特点与方法

好的项目策划依赖于好的设想，而好的设想来源于好的项目策划思维。项目策划人员需要深入了解项目策划思维的特点、学习项目策划思维的方法，利用项目策划思维进行项目策划。

1.7.1 项目策划的思维特点

项目策划的显著思维特点是追求独创性和新颖性。新思想、新概念、新方法、新产品都是创造性或新颖性的表现形式。创造性思维必须先突破已有的思维框架。

项目策划的思维还体现在项目策划人员具备将复杂情况进行抽象化和概念化的能力。这种抽象和概括一般来说更接近事物的本质，从而为创造提供更为广阔的空间。

发散性是项目策划思维另一重要特点。发散思维的基本方式是联想，将多个表面看起来无关的概念、现象、信息联系起来，产生意想不到的效果。它能突破现有的思维逻辑，进行跳跃思维，实现策划的独创性。

1.7.2 项目策划的思维方法

了解项目策划的思维特点后，下面介绍一些常用的项目策划的思维方法。

1. 以事实为依据的项目策划方法

该策划方法强调社会经济生活对项目策划的限定性，从而以认识项目和社会生产、生活的关系为目的，只反映客观的现象，将项目策划的方法建立在事实的记录和收集之上，反对主观的思维和加工；只研究实际相关的资料，其所表述的内容和结果（如面积、大小、尺寸等）恰恰是项目策划可操作性的反映，而对项目策划中理论原理和技术的适用漠不关心。

2. 以技术为手段的项目策划方法

该策划方法强调运用高技术手段对项目与生产和生活相关信息进行推理，只研究信息的分析和处理方法，而忽视项目策划对客观实际状态的依赖关系和因果关系；过分强调以技术的手段解决项目实施中的前期问题，而把项目策划片面地引导到只关心技术的方向上去，使其游离于现实。

3. 以规范为标准的项目策划方法

该策划方法是单纯摒弃对现实生产、生活实际状态的实地调查，不关心社会生产、生活方式因时代发展而发生的新变化，只凭人们通过对经验总结而形成的习惯方法和程序的记载规范、资料及专家的个人经验进行项目策划。由于该策划方法不关心社会生产、生活方式的改变对项目的影响，总是以既成的、有限的项目作为新项目的蓝本，因此该策划方法所创造的是停滞而僵死的项目。

4. 综合性的项目策划方法

上述三种项目策划方法都有其特点，但也有其明显的不足，综合性的项目策划方法就是将上述三种项目策划方法统而合一，以摆脱上述三种项目策划方法的偏颇。综合性的项目策划方法是从事实的实态调查入手，以规范的既有经验、资料为参考依据，使用现代技术手段，通过项目策划人员进行综合分析论证，最终实现项目策划的目标。

5. 头脑风暴法

头脑风暴法是由现代创造学的创始人美国学者阿历克斯·奥斯本于1938年首次

提出的。这种方法是指通过召开小型会议，与会者敞开思想，激起脑海创造性风暴，如图 1-5 所示。

图 1-5 项目策划中的头脑风暴法

在进行会议时，策划人员要充分地说明策划的主题，提供必要的相关信息，创造一个自由的空间，让各位专家充分表达自己的想法，为此，参加会议的专家的地位应当相当，以免产生权威效应，从而影响另一部分专家创造性思维的发挥。

头脑风暴法力图通过一定的讨论程序与规则来保证创造性讨论的有效性。其程序主要包括：①确定议题。明确需要解决什么问题，同时不限制可能解决方案的范围。②会前准备。为保证效果，可在会前做好各项准备工作。③确定人选。一般以 8 ～ 12 人为宜，与会者应是此类问题的专家。④明确分工。推定主持人与记录员。主持人负责声明讨论议题和纪律，启发引导，掌握时间。记录员应将与会者的所有设想及时编号，简要记录，写在黑板等醒目处，让与会者能够看清。⑤规定纪律。例如，要集中注意力，不消极旁观，不私下议论，发言要开门见山，与会者之间要相互尊重。⑥掌握时间。一般以几十分钟为宜。时间太短，与会者难以畅所欲言；时间太长，则容易使与会者产生疲劳感，影响会议效果。

在采用头脑风暴法进行项目策划时，需注意以下几点：①自由畅谈。参加者不应该受任何条条框框限制，放松思想，让思维自由驰骋，提出独创性的想法。②延迟评判。坚持当场不对任何设想做出评价的原则，既不能肯定某个设想，也不能否定某个设想，更不能对某个设想发表评论性的意见。所有评价和判断都要延迟到会议结束以后才能进行。③禁止批评。绝对禁止批评是头脑风暴法应该遵循的一个重要原则。发言人的自我批评也在禁止之列。④追求数量。头脑风暴会议的目标是获得尽可能多的设想，追求数量是它的首要任务。

6. 德尔菲法

德尔菲法是由美国兰德公司于 1946 年开始使用的策划方法，指采用函询的方式或电话、网络的方式，反复咨询专家们的建议，然后由策划人做出统计，如果结果不趋向一致，那么就再征询专家，直至得出比较统一的方案。这种策划方法的优点是：专家们互不见面，不产生权威压力，因此，可以自由地、充分地发表自己的意见，从而得出比较客观的策划案。但是，由于德尔菲法缺乏客观标准，过度依赖专家判断，再者由于次数较多，反馈时间较长，因此有可能会影响结果的准确性。

德尔菲法可广泛应用于经营、需求等项目策划的预测中，其具体操作流程如图1-6 所示。

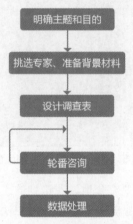

图 1-6 项目策划德尔菲法流程

使用德尔菲法策划项目时有以下三个要求。

（1）要求所选专家具备与策划主题相关的专业知识，熟悉市场的情况，精通策划的业务操作。

（2）要求监督小组的反馈要及时准确，通过各种形式向专家反馈信息，从而得到更多、更有价值的意见。

（3）专家的意见得出结果后，策划人需要对结果进行统计处理，从而归纳出歧义最少的建议。

📌 **课堂讨论**：项目策划的思维方法有哪些？头脑风暴法和德尔菲法有哪些异同？尝试使用头脑风暴法完成一个饮料产品的简单的项目策划。

1.8 项目策划流程

项目要想获得成功，离不开周密的项目策划与设计。项目策划是整个项目的孕育、发起和规划阶段，主要任务是识别需求和形成解决方案，目的是做好项目实施之前的计划、准备工作。任何策划都是在一定的工作条件下，利用各种事实依据，通过整理、判断和创新，逐步进行思维加工而形成的。项目策划的流程如图1-7所示。

1. 需求分析

通过市场调研发现需求，提出建议；通过需求分析，准确及时地掌握市场情况，使决策建立在坚实可靠的基础之上；通过对基础性数据的收集和整理分析，确定项目策划所包含的范围和内容。只有通过科学的需求分析，才能减少项目的不确定性，使项目立项更有依据，降低项目策划的风险程度。

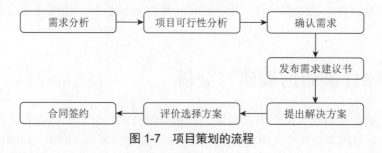

图 1-7　项目策划的流程

2. 项目可行性分析

无论是客户企业内部人员提出的建议还是企业外部人员或机构提出的建议，企业在做决定前一般都会进行可行性分析。通过对项目的主要市场需求进行调查研究和分析，从而确定该需求是否有投资前景，为项目决策提供依据。项目的开展是否可行，通常会在企业内部指派专业人员来进行研究或者委托咨询公司进行可行性研究，最终提交一份详细的报告供企业高层讨论决策。

3. 确认需求

确认需求是客户企业内部的决策过程。如果企业高层通过投资方案，就开始准备需求建议书；如果企业高层不同意，投资的项目到此结束。如果企业高层原则上同意该项目，但对可行性方案不满意，则返回有关负责课题的研究人员，继续研究并纠正方案。这一过程往往经历多次反复，这是提交需求建议书的基础。

4. 发布需求建议书

需求建议书（Request For Proposal，RFP）或招标书，是由客户针对要建设的项目而提出的需求文档，其中会定义项目想要达到什么目标，解决什么问题，提供什么资源，有什么时间限制，对承建商有什么要求以及各类指标的评价标准等。

5. 提出解决方案

在客户发布需求建议书后，潜在承建商会仔细研究需求建议书决定是否投标。如果承建商决定投标，就要提出相应的解决方案。这个方案是针对需求解决而编制的项目策划方案。这个方案包括项目总体规划、项目组织架构、管理过程、风险控制等各方面内容，每个承建商都会以书面形式把有关信息交给客户。研究并提出解决方案是承建商为争取客户项目合同所必须完成的工作。

6. 评价选择方案

这一阶段的工作由客户企业主持，客户将所有投标人的投标书提交给一个专业评审小组，按照评价标准进行评议，以确定其中的最优方案。如果可以确定一个满足要求的最优方案，客户就会选择相应的投标人为本项目的承建商，并与之洽商合同签约事宜。如果所有的投标书都无法满足要求，就重新研究需求建议书，确定哪些要求、条件不合理，以便修正后再次发布。

7.合同签约

客户选出满足需求建议书的策划方案后，客户与承建商进行合同签约，合同可由一方起草，供双方代表讨论；也可由双方共同起草，达成一致意见后最终签署。

1.9 项目策划的调研与分析

项目调研是指在一定的营销环境下，系统地搜集、分析和报告有关项目信息的过程。项目策划要做出正确的决策，就必须通过营销调研，准确及时地掌握市场情况，使决策建立在坚实可靠的基础之上。一方面，只有通过科学的项目调研，才能减少项目的不确定性，使市场决策更有依据，降低项目策划的风险程度。另一方面，项目策划在实施过程中，可以通过调研检查决策的实施情况，及时发现决策中的失误和外界条件的变化，起到反馈信息的作用，为进一步调整和修改决策方案提供新的依据。

1.9.1 项目调研内容

作为项目决策的依据，项目调研涉及项目活动的全过程，具有丰富的内容。常见的项目调研活动包括：项目市场的特点、项目销售分析、项目市场的潜力、项目经济趋势、项目竞争产品、项目行情及项目竞争者实力，如图 1-8 所示。

图 1-8 项目调研的内容

1.9.2 项目调研种类

（1）项目广告调研。包括：广告动机、广告版面、广告媒介、广告效果、广告竞争等。

（2）项目经济调研。包括：经济趋势、经营业务、内部员工、行业状况、财政状况等。

（3）项目责任调研。包括：项目消费者权利、生态环境状况、社会价值观念、国家政策导向、国家法律规定、行业自律条规等。

（4）项目产品调研。包括：竞争项目产品状况、项目产品检验、项目产品包装设计等。

（5）项目市场调研。具体包括：市场潜力、市场份额、市场特性、市场壁垒等。

（6）项目环境调研。项目环境调研是指调查分析影响项目进展的各种环境因素的活动。根据项目环境因素的性质，可以把项目环境分为微观环境和宏观环境。微观环境包括：企业自身、项目中介、竞争者和项目消费者等。宏观环境包括：人口因素、经济因素、生态因素、科学技术因素、政治法律因素和社会文化因素等。

1.9.3 项目调研的原则

项目调研是一项重要而又复杂的工作。项目调研的质量关系到最终获得市场信息的可靠性，进而影响整个项目活动的开展。因此，项目调研时应遵守以下原则。

1. 科学性原则

由于项目调研工作的复杂性，需要有一整套科学的调查方法作为成功的保证。可供选择的具体调研方法有很多，必须遵循科学的原则来运用这些方法。首先，策划者必须贯彻实事求是的科学精神，保证调研结果的客观性，不要用主观臆测来代替对客观事实的观察。其次，调研者必须能够透过纷繁复杂的市场现象，探求事物的原因和本质，因此，需要在调研工作中进行认真细致的观察，对观察结果作合理的假设与推断，并对推断的结论进行可靠的检测和验证。

2. 复合性原则

在项目调研中，调查者切忌过分地依赖某一种自己熟悉或偏爱的调查方法。尽量采用不同的方法对同一个问题进行调查研究，可以将通过不同方法获得的调研结果互相验证和补充，提高项目调研的可靠性。另外，也应从多种渠道获取信息，这有利于提高调研结果的可信度。

3. 价值性原则

项目调研获得信息可以为企业带来一定量的价值，但是进行项目调研也必须投入一定的成本。因此，在进行项目调研时，必须注意所获得信息的投入产出比例关系，调查策划者应明确哪些调研项目、采取哪些调研方法、应投入多少的成本、取得多大的效用等。调研成果的价值大小依赖于它本身的可靠性。

4. 创造性原则

项目调研应当是一种创造性的工作，需要调研者具有强烈的创新精神。项目的诉求者一般都是消费者，因此在进行项目调研时，调研者应当发挥创造性的思维，不断地发现新问题，研究新问题。

1.9.4　项目调研流程

项目调研是一种有计划、有组织的策划活动，必须遵照一定的工作流程，具体来说包括确定调研专题、确定调研目标、制订调研计划、实施调研计划和提交调研报告五个阶段。

1. 确定调研专题

项目调研的问题很多，不可能通过一次调研就解决所有的问题，因此，在组织每次项目调研时应找出关键性的问题，确定调研的专题，调研内容的界定不能太宽、太空泛，以避免调研专题不明确具体。选题太宽，将会使调研人员无所适从，不能发现真正需要的信息；选题太窄，不能通过调研充分反映市场的状况，使调研起不到应有的作用。由此可见，调研专题选择要适当。

2. 确定调研目标

在确定调研目标时，应当努力使问题定量化，提出明确具体目标。根据项目调研目标的不同，调研目标可分为探索性调研、描述性调研和因果关系调研三种类型。

（1）探索性调研。一般是在调研专题的内容与性质不太明确时，为了了解问题的性质，确定调研的方向与范围而进行的搜集初步资料的调查。通过这种调研，可以了解情况，发现问题，从而得到关于调研项目的某些假定或新设想，以供进一步调查研究。

（2）描述性调研。描述性调研是一种常见的项目调研，是指对所面临的不同因素、不同方面现状的调查研究，其资料数据的采集和记录，着重于对客观事实的静态描述。

（3）因果关系调研。因果关系调研是指为了查明项目不同要素之间的关系，以及查明导致产生一定现象的原因所进行的调研。通过这种形式调研，可以清楚外界因素的变化对项目进展的影响程度，以及项目决策变动与反应的灵敏性，具有一定程度的动态性。

3. 制订调研计划

确定项目调研专题和目标后，接下来需要制订调研计划。调研计划的内容主要包括确定资料来源、确定调研方法和确定费用预算等。

1）确定资料来源

项目调研计划制订必须要考虑资料来源的选择。调研资料按其来源不同，可分为第一手资料和第二手资料。第一手资料指为了一定的目的采集所得的原始资料。采用第一手资料的费用比较高，但资料的价值大。这种资料常常来自现场的调查。第二手资料是指为了其他目的而采集的现成资料。在现代项目调研中，往往采用第二手资料的形式来进行调研工作，这样比较方便，而且成本也比较低。调研人员可以从内部资料中获取，也可以利用外部资料间接获取。常见的内部资料来自企业的财务报表、资金平衡表、销售统计以及其他报表档案，外部资料常来自政府的文件、书籍、报纸、期刊以及各种出版物。项目调研的起点来自第二手资料。但是这样的二手资料必须精确、可靠并且真实。

2）确定调研方法

项目调查资料的采集往往采用三种调研方法：观察法、询问法和实验法。

- 观察法

观察法是一种单向调研行为，主要是由项目调研人员通过直接观察，进行实地记录，以获取所需的资料。这种方法可以采取跟踪观察的形式在不同的地点连续进行，以获取动态的数据记录，供调研人员利用；还可以从不同角度对调查对象进行观察，从而对调查对象作整体评价。

- 询问法

询问法是一种双向沟通的行为，一般分为口头询问法和书面询问法。采用口头询问法时，由项目调研人员直接通过语言与访问对象进行交谈，从交谈中获取所需要的信息资料，也可以采取座谈会的形式。这种方法简单、快速、灵活，但要求询问者的思维敏捷，能及时捕捉有价值的信息资料。书面询问法是指调研人员事先制定出了调查表，以当面填写或邮寄填写的形式收集信息。这种询问法速度比较慢，但是成本比较低、资料比较丰富。

- 实验法

实验法是指将调查对象随机地分成若干组，通过有意识地控制实验条件中的若干变量，以此来观察条件变化后的各种反应，从中找出各种反应的差别。这种方法可以控制实验条件，排除其中非可控因素的影响，从中找出因果联系，所以运用比较广泛。

3）确定费用预算

项目调研需要一定的费用支出，要合理地制定费用预算，确保调研费用支出小于调研后产生的收益。

4. 实施调研计划

制订出调研计划后，就到了计划的实施阶段。这一阶段包括数据资料的收集、加工处理和分析三个步骤。

1）数据资料的收集

数据资料的收集阶段往往费用很高，但对整个项目活动的开展具有重要意义，调研主管人员必须监督现场的工作，采取相应的措施防止失真信息的出现。

2）数据资料的加工处理

收集的数据资料要经过一个去伪存真、去粗取精和科学加工处理过程，从而保证分析工作的客观性，更好指导整个项目活动的顺利进展。

3）数据资料的分析

数据资料经过搜集、加工、处理之后，通过对数据的分析，从中获得具有普遍意义的规律性。分析方法主要有定量分析与定性分析两种。随着网络技术以及计算机技术的发展，出现了数据处理软件，这为项目调研工作带来了便利，大大缩短了数据分析的时间，提高了工作效率。

5. 提交调研报告

调研报告是将调研数据分析结果书面化的形式，也是对整个调研工作的总结。

一般来说，项目调研报告包括两种形式：一种是技术性报告，着重报告市场调研的过程，内容包括调研目的、调研方法、数据资料处理技术、主要调研资料摘录和调研结论等，报告的面对对象是调研人员；另一种是结论性报告，着重报告调研的成果，提出调研的结论与建议，供上级决策人员参考。

1.9.5　项目调研技术

项目调研技术主要包括抽样技术、询问技术、设计技术和分析技术。

1. 抽样技术

项目调研往往采用抽样调查的方法，一般可分为非随机抽样调查和随机抽样调查两类。非随机抽样的样本是由调研者凭经验主观选定的，因而代表性依赖于调研者的经验，具有主观性，所以调研结果误差较大，不能正确地反映总体和实际情况。

随机抽样是指随机地从总体中选出一部分作为调查样本，从而推断总体特征。根据抽样技术的差别，常用的随机抽样可分为简单随机抽样、分层随机抽样和分群随机抽样等方式。

（1）简单随机抽样是指在调查对象总体中不做任何主观的选择，纯粹用随机方法抽取样本，使每一个个体被抽作样本的机会均等。具体做法是将调查总体逐个编号，然后决定样本的大小，根据随机数表抽取所需样本。

（2）分层随机抽样是指借助于辅助资料，把总体按一定标准进行分层，然后在每一层中用简单随机抽样方式抽取样本进行调查。这种方法可以增加样本的代表性，避免样本集中于总体的某个层面。

（3）分群随机抽样是指把调研对象总体划分为若干群体，以简单随机抽样法选取一定数量的群体作为样本，然后对抽取的样本群体进普调，以此推断总体特征。

2. 询问技术

采用口头询问时，调查人员必须具备敏捷的思维，事先准备好提纲或调查问询表；对调查内容心中有数；态度要友善亲切，容易接近；善于启发和引导调查对象回答问题。采用书面询问时，要设计好问题，注意问题的提出，避免重复出现相同或类似问题等情况。

3. 设计技术

此设计技术是指调查表的设计技术。一般来说，调查表由被访问者状况，调研的内容，调查表填表说明（目的、意义、要求等），调查者项目（姓名、单位、时间等）和编号五部分组成。

项目调查表设计的一般程序是：按照项目调查目的需要列出调查内容、归纳出相关的问题、确定调研的方式、确定询问方式、确定询问次序、斟酌提问方式、进行小规模效果测试、根据测试结果调整调查表。

4. 分析技术。

简单来说，可以将分析技术分为5个步骤。

（1）编程。即编制工作日程、安排工作步骤、确定计算分析方法以及计算机软件的配备等。

（2）归类。即把收集到的资料按性质分类，以便于分析。

（3）编校。即对归类的数据资料进行检查、修正等编校工作，去粗取精、去伪存真。

（4）计算。即对归纳、编校的数据资料的量化。例如，数据资料的总计、比例分析、平均分析、动态分析等。

（5）列表。即将经过整理计算的数据资料编制成统计表，以便项目策划使用。

1.10　项目市场细分与选择

项目市场细分是指按照项目消费者或用户的差异性将市场划分为若干个子市场的过程。市场细分的客观基础是消费者需求的差异性。

1.10.1　项目市场细分的作用

项目市场细分的作用如下：

（1）项目市场细分有利于集中使用资源，优化资源配置，避免分散力量。对市场进行细分，深入了解每一个子市场，衡量子市场的开发潜力，然后集中投入人力、物力和财力资源，形成相对的力量优势，减少费用，提高效益，降低风险，发展能力。

（2）项目市场细分有利于提高项目的成功率，产生一定的社会效益。市场细分充分关注了相关产业项目消费者的需求的差异性，以消费者为中心来进行市场理性思考。市场细分可以使相关行业消费者的需求得到满足，在项目活动中获益，从而营造出项目企业的美誉度，实现企业的可持续发展。

（3）项目市场细分有利于增强项目企业的适应能力和应变能力。对消费者市场进行细分，增强市场调研的针对性，市场信息反馈较快，项目企业能够及时、准确地规划项目活动的进行。

（4）项目市场细分有利于提高项目的市场竞争力。市场细分的过程中，不仅要对消费者需求进行细分，而且也是对竞争对手进行细分，能够清楚地知道，哪个子市场上存在竞争者，哪个子市场上竞争者比较少，哪个子市场竞争压力大，哪个子市场竞争比较缓和，针对此种情况，制定合理的项目战略，夺取市场份额，增强竞争能力。

（5）项目市场细分有利于挖掘更多的市场机会。通过对市场进行细分，可以全面了解项目市场广大消费者群体之间在需求程度上的差异，在市场中，往往满足程度不够，或者满足出现真空时，市场便有可获利的余地，市场机会也就随之而来。抓住这样的时机，结合自身的资源状况，推出特色的项目产品，占领市场，取得效益。

1.10.2　项目市场细分的程度

项目市场细分是一个连续的过程，具体要经过划分细分范围、确认细分依据、权衡细分变量、实施小型调查、设计项目策略等步骤。

1. 划分细分范围

即对细分哪一种服务市场以及在哪一地位进行细分进行界定。这个细分范围取决于多种因素，其中主要的有项目承办单位的人力、物力、财力，项目的目标与任务和项目目前的行业优势状况等。

2. 确认细分依据

即确认市场细分标准。这些细分标准主要参考人口因素（包括性别、年龄、收入等）、心理因素和地理因素等。

3. 权衡细分变量

细分变量对项目市场细分起着重要的作用。细分变量使用不当，有可能使细分结果与市场的实际情况相差甚远，从而导致项目决策的失误。由此可见，要深入了解分析细分变量并科学合理地权衡比较。

4. 实施小型调查

在项目调查中，已对项目市场状况进行了数据的收集、整理、分析，可以说大致掌握了整体情况。为了进一步了解细分市场，也为了检测项目调查的效率，可以安排小规模的市场调查，但是投入费用要尽量少。

5. 设计项目策略

根据小型市场调查，对各个子市场进行评价、分析，评估细分市场。通过评估，从众多的子市场中选出最好的一个，最好按加权平均方法综合考虑各相关因素选择目标市场。目标市场确定后，相应地制定出价格策略、产品策略、渠道策略和促销组合策略等内容。

1.10.3　项目市场选择

项目市场细分之后，存在着众多的子市场，如何在子市场中选出自己的目标市场，主要有以下几种策略。

1. 集中性策略

以追求市场利润最大化为目标，项目将主要力量放在一个子市场上，而不是面向整体市场，为该子市场开发具有特色的项目活动，进行广告宣传攻势。这种策略主要适合于短期项目活动，成本小，能在短期中取得促销的效果。

2. 无差异策略

指项目活动不是针对某个市场，而是面向各个子市场的集合，以一种形式在市场中推展开来。这种策略应配以强有力的促销活动，进行大量的统一的广告宣传，但是成本比较大，时间比较长，一般适合于大型项目活动。

3. 差异性策略

指项目活动面对已细分化的市场，从中选择两个以上或多个子市场作为目标市场，分别向每个子市场提供有针对性的活动。这种策略配置的促销活动应有分有合，项目在不同的子市场，广告宣传针对各自的特点应有所不同，调动各个子市场消费者的消费欲望，从而达到实际消费行为。

课堂讨论：项目调研都有哪些方法？随机抽样有哪些方式？为什么要做项目市场细分？

1.11　本章小结

本章是全书的绪论部分，重点介绍了与传统项目策划相关的基础知识，给出了项目的定义和特征，帮助学生掌握并理解项目策划的概念，并对项目策划的内容、特征、原则、思维方法、流程和调研与分析做了系统介绍。通过本章的学习，掌握传统项目策划的相关知识，为学习新媒体项目策划和运营打下基础。

第2章　新媒体项目策划

新媒体策划与传统策划的区别有两点，一是由于新媒体项目是线上运营，因此策划人员需要懂得线上营销的方法，特别是微信、微博和短视频。二是要有网感，所谓网感，就是要了解现在网络上的用户关注什么，喜欢什么，喜欢什么样的设计，什么样的文字等，能否用这些东西吸引用户的注意。

在这个"内容为王"的时代，新媒体运营输出的是干货，产生的是流量。怎么策划出一个完整高效的方案也显得尤为重要。

本章将针对新媒体项目策划的相关知识点进行讲解，帮助学生快速掌握新媒体项目策划的特点、原理、要素和流程，同时掌握新媒体项目活动策划的方法和技巧。

2.1　营销、策划和运营的关系

营销、策划和运营是新媒体产品或者项目上市，系统化运作必不可少的三部分。同时，在项目运作过程中，三者之间存在着不同的流程分工。在讨论三者的关系之前，先对营销、策划和运营的概念进行分析。

1. 营销

营销是指一个产品从研发阶段到消费者购买整个环节所涉及的工作。随着高科技产业的迅速崛起，高科技企业、高技术产品与服务不断涌现，营销观念、方式也不断丰富与发展，从4P到4C，逐渐形成了新的营销模式：4V营销理论。即差异化、功能化、附加价值和共鸣的营销理论，如图2-1所示。

图2-1　新的营销理论

4V营销理论首先强调企业要实施差异化营销，一方面使自己与竞争对手区别开来，树立自己独特形象；另一方面也使消费者相互区别，满足消费者个性化的需求。

1）差异化

目前新媒体的品牌差异性并不强，同质化的产品多如牛毛。刚上市的一款产品，如果市场接受度还不错，那么，几天后就会出现一大批相似的产品。所以这个差异说起来容易做起来是很难的。

新媒体产品如果想要保持自己的差异性，就一定要提前确定好产品独特的差异化功能，门槛是否够高。如果门槛不够高，就要想办法拉高门槛，否则等待你的将是一大批的复制者，然后就是 BAT 级别的巨头的抄袭跟进。

差异不是想出一个目前别人没有的独特东西就叫差异，还要设定好门槛，如果没有门槛就不叫差异。门槛是可以通过市场和运营来实现的，而不是仅仅通过技术。

很多创业者都有一个共同的问题，就是他们都不缺独特的创意，但是他们大多都没有考虑如何围绕自己的创意设置一个很难复制的门槛，大多人只是感觉我如果是第一个那么我应该就成功了，这样的想法是失败的开始。现在成功的新媒体产品，很多都不是最早出现的产品，那些早期的产品，大部分都已经失败了。这就是差异的真正含义。

2）功能化

功能化在新媒体项目中体现的尤其明显。比如只是一个上传照片发到朋友圈的功能，就有速拍速发、带标签、带电影特效等各种花样。每一个变化都能引起市场的注意，在早期获得不错的市场效应。另外，功能的跨界和延续也是非常常见的做法。

这些做法能让用户感觉有趣、好玩或者更加便利。但是需要注意，多样只是一种市场手段，不能把它当作产品的出发点。比如为了提供更好的功能延续性和跨界，反而没有做好产品原来最核心的功能导致用户流失。

3）附加价值

"价值"意味着产品的核心价值或附加价值。

无论是核心价值还是附加价值，首先是你得有价值。我们经常说新媒体的发展其实并不是提供一个产品给用户，而是提供一个解决方案或者服务。这就是产品的核心价值所在。如果产品提供的东西只是让用户觉得有趣、好玩，但是实际上没有核心价值，那么是很难成功的。

忘记这个出发点会让你走向歧路。例如一家跨国公司一直在国内开发一款拼车的软件，但是软件的很多版本更新都在提供加油优惠等功能的延续性或跨界的点上，对于软件的核心价值——帮助用户拼车这个功能，一直缺少深度的优化和思考。所以他们的产品几乎一直没有任何起色。随着国内打车巨头和国外 Uber 的加入，他们这款产品的未来越来越渺茫。

产品一般都有核心功能，也就有核心价值，但产品一般还具有附加的价值。如今的客户已经不再满足于基本的核心价值，对产品的附加价值有了更高的要求，那么我们如何提高产品的附加价值以提升客户的转化率呢？首先，可以从产品本身出发，从技术层面提高产品的附加价值。其次是从服务和营销的角度出发，进行"软装"。现如今服务也是客户评价商家的一个标准，如果商家可以提供非常优质的服务，如海底捞这类企业，那无形中便增加了其附加价值。最后是在品牌文化中增加附加价值。例如如今在手机行业始终以高价示人的 iPhone，其销售的不再是手机这个产品，更在于其品牌。换言之，如果你想提高这种附加价值，就势必要提升你的企业形象。

案例 电饭锅附加价值营销案例

电饭锅是用来煮饭的，同类竞品竞争激烈。某品牌电饭煲通过技术革新，使电饭煲可以烤制蛋糕。充分体现了电饭煲的附加价值。品牌在抖音平台上与多个美食 KOL 合作，推出电饭煲短视频作品，引得大家争相效仿，很快形成一股风潮，该品牌电饭煲因此销量猛增，达到营销的目的。

在此次营销过程中，产品的附加价值起到了重要的作用。

4）共鸣

新媒体时代的用户有个共同的特点就是品牌忠诚度低，但是冒险度高。这也是因为目前传播人群的主力是 90 后甚至 95 后。在这样的背景下，用户可能并不忠于某个品牌，他们会忠于对一段体验的认可和共鸣。

这一段体验可能是情感上的，可能是使用体验上的，也可能是价值观上的。目前新媒体市场中做得好的产品，有意无意都抓住了用户的共鸣。

无论是粉丝经济还是小众文化，其实都是因为在这一点上做到位了。今天的消费者很有意思，围观的人群可能是产品目标消费者，但是他们不会替你传播。而替你传播的人，可能并不是你的主力用户。所以和能替你传播的人共鸣，因为他们能够帮你传播，而共鸣可能就体现在你的有趣、好玩或者便利上，然后用产品的核心价值吸引主力用户群体，用产品的差异门槛维护你的阵地。这样就能在新媒体行业中占有一席之地。

案例 《三分钟》微电影情感共鸣营销

苹果公司联手陈可辛导演，发布最新中国春节营销微电影《三分钟》，如图 2-2 所示。在正式发布前，这部微电影就已经在微博、微信等各大社交平台发酵，赚足了噱头。

图 2-2　微电影《三分钟》

以中国春节为主题，以春运列车员的视角，展现她和孩子在站头相聚的"三分钟"这种情节，本身具备情感共鸣，俘获了大量人心之际也深化了拍摄工具 iPhone X 的产品特性和苹果品牌的形象。苹果的高流量＋陈可辛的知名度＋易引起共鸣的情感营销，很容易引起社会的关注，以情感内容传达品牌价值理念，也是很多品牌争相效仿的方式。

课堂讨论： 以上案例的产品营销中采用了情感化营销方式，试分析品牌情感化营销的方法，并分别阐述该品牌在情感化营销中的利和弊。

2. 策划

策划是指如何包装营销过程中的每一个环节。比如在产品环节，如何策划产品的外观；在渠道环节，如何策划产品招商会议；在推广环节，如何策划推广的方案。策划对营销过程中的每一个环节都进行具体的构思，并形成每一个环节的闭环，同时又会为下一个环节进行铺垫。

在具体的营销工作中，策划更侧重于形成产品后，如何进入市场，获得理想的购买效应。也就是从产品到市场的环节。如何在这个环节中，进行产品定位，如何打通渠道，进行具体方案的包装和运作。

3. 运营

运营是指营销系统中的每一个单环节的运作，或者几个相连环节的运作。也就是具体执行落地的工作，将一些策划的方案，具体进行实施落地。在一些营销工作中，会强调如何运营。就是指具体如何实施，将策划的方案，变成具体执行流程，最终达到整个营销工作的目标，也就是业绩的实现。

通过对营销、策划和运营的概念进行分析，总结出三者的关系如下。

1. 从属关系

营销是一个产品或者项目上市的整体运作的概念。在所有的环节中，策划和运营都是为整个营销系统服务的，因此，它们从属于整个营销工作，如图 2-3 所示。

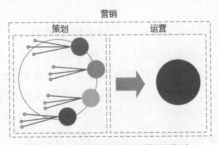

图 2-3　策划和运营从属于营销

2. 互相影响

在具体的营销工作中，营销、策划和运营三者之间是互相影响的。可以理解为全局与每一个单元之间的关系，也可以理解为想法与执行之间的关系。三者之间互相影响，无论哪一个环节出了问题，都会造成整个产品或项目达不到营销的最终目标。

确定产品或者项目上市计划后，就要对整个项目的营销系统进行规划。对整个营销系统的每一个环节进行策划，并形成具体的方案，然后由运营部门具体执行，最终达到营销的最终目的，实现公司制定的盈利目标。

2.2　新媒体项目策划的特点

新媒体项目策划通常是围绕着一个确切的目的，利用当前几乎所有的传播媒介进行策划和宣传，借助用户对传播媒介的使用来扩大影响力和引导力，实现与大众的沟通和对话。例如，当前新媒体环境下的抖音就是新媒体策划事件的重要阵地，利用抖音用户扩大某个事件的影响力，继而扩大社会影响力。

在新媒体视角下，媒体市场和环境都发生了天翻地覆的变化，新媒体策划事件也呈现出互动性、裂变性和多样性的特点。

1. 互动性

在传统媒体策划事件过程中，信息的传播和接收往往是单向的，受众只是被动地获取相关媒体信息，策划事件的负责人不能及时地获取受众的反馈意见。

在新媒体环境下，受众可以借助微博、微信、抖音以及网页评论等渠道，发表对策划事件的意见和看法，让相关负责人更为直观地了解大众意见，并根据反馈信息进行相应调整，提升新媒体策划事件的有效性和传播力。

2. 裂变性

裂变性是新媒体策划的一个重要特点。伴随着移动互联网的发展以及新媒体的崛起，网络信息呈指数化增长。这一情况导致发布在新媒体平台上的策划事件能够在短时间内迅速发酵，并通过不同平台之间的链接在整个新媒体环境下传播，出现裂变的信息传播效果。

当前，新媒体策划事件的传播渠道更为广泛，不再只局限于一个渠道或者一个平台，各个平台之间的互通性加剧了策划事件传播过程的裂变性。

3. 多样性

多样性是指新媒体策划事件传播平台的多样性和语言的多样性。首先，随着我国信息技术的发展，智能电视、计算机、智能手机和平板电脑等设备已经成为人们最为常用的信息获取工具和载体，新媒体策划事件的传播实现了媒体工具载体的信息共享。除此之外，微博、微信公众号、抖音和今日头条等软件，都成为新媒体事件的重要传播渠道，如图2-4所示。不同平台之间和载体之间都实现了不同程度的媒体资源共享，新媒体策划事件的影响力也进一步提升。

其次，在新媒体视角下，策划事件不再是仅仅针对国内受众，而是面对全球受众。互联网的出现和发展打破了国家之间的传播界限，使得不同国家的新媒体策划事件可以互相传播和交流。在这种环境下，新媒体策划事件也逐步建立了国际化视角，从不同国家的语言特点和文化特点出发，增强了其语言的多样性特点。

图 2-4　新媒体事件的传播渠道

案例　　**私域流量与KOC**

　　某彩妆品牌在广州开设了两家线下体验店，每位柜姐都会引导到店的顾客加一个微信号为好友，线上下单也同样用福利引导至一个微信号。

　　该微信号由一位叫"小完子"的真人出镜，精心运营她的朋友圈，每天 2 ～ 3 条，看起来就像一个喜欢化妆的女生的日常。她会拉你进入品牌的各种福利社群。小完子还有自己名字的小程序"完子说"，里面发的都是化妆技巧等相关内容，如图 2-5 所示。

图 2-5　"完子说"小程序

　　建立私域流量以后，品牌通过朋友圈、社群反复触达顾客，用直播、大促和抽奖等各种方式形成转化或复购。私域流量的内容覆盖电竞、秀场和直播电商等全领域，有利于 MCN、原创作者与粉丝们更深入的互动。

　　📌**课堂讨论：**新媒体事件传播平台有很多，试着阐述你了解的新媒体平台，并分别从平台定位、传播特性和用户属性等方面进行分析。

2.3　新媒体项目策划的原理

　　新媒体项目策划是一种具有建设性、逻辑性的思维的过程，在此过程中，总的目的就是把所有可能影响决策的决定总结起来，对未来起到指导和控制作用，最终借以达到方案目标。项目策划的原理有心理原理、情感原理、创新原理、人文原理和造势原理等，接下来逐一进行讲解。

2.3.1 心理原理

1. 项目策划的心理基础

项目策划作为人类智慧的具体体现形式，无论属于哪个范围、领域，无论是施于己或用于人，都是人的一定心理活动的结果。离开了人的心理活动，就不可能有项目策划的产生。心理活动反映各种事物的映像，但又并不完全等同于客观事物本身，而是区别于实际物质的一种观念上的东西。并且，人脑对客观事物的反映，受反映者条件的制约，即受个人的知识结构、阅历经验、个性特征的制约，因此，它又带有个体色彩的主观特征，它是思维的成果，是观念中理性的东西，最集中地体现了人的心理现象的最根本特征。

2. 项目策划的心理障碍

所谓的项目策划的心理障碍是指策划者在策划之前或之中，在个人心理上形成的定势，致使思维导向背离客观事物的一面，从而使策划失败。为了克服项目策划中的心理障碍，我们先列举几种情况，以便策划者在进行项目策划时多加注意。

1）畏惧现象

在外行看来，新媒体项目都具有一定的风险。但是，风险大也意味着一定程度上的创新，风险就意味着机遇，机遇就意味着成功的开始。但在实际操作中，资历越深的策划人，策划风险的意识越强，都力求用最小的代价换取最大的成功，在策划的全过程中，付多少代价，冒多少风险，这都是策划人十分关注的问题。

畏惧心理是一个在正常生活环境中的人的共同心理特性，也是策划者的一个重要的心理特征。而对于一个策划者来说，畏惧心理是策划的一大心理障碍。由于存在这样一种心理，有许多本不困难的问题变成难题，本已到手的胜利功亏一篑。

任何策划都要付出一定的代价，都要冒一定的风险，俗话说"富贵险中求"。风险、机遇和成功是共存的，新媒体项目策划者要从心理上消除畏惧，才能减少精神束缚，放手开拓创新，设计出高人一筹的方案。

2）刻板现象

刻板现象是指人们常常将事物按一定的特征分为若干类，对每一类都有一个固定的看法，并作为判断的依据。刻板现象是对人、事、物的最初步、最简单的认识，它虽有利于对事物做出概括性的反映，但也容易形成错误的判断。

3）初次现象

初次现象是指一种先入为主的思想方法，即用过去的印象或先听到消息所形成的各种认识去评价事物、做出判断或决策的错误心理。

项目策划人在进行策划时，常受到先入为主的心理定势的影响，以致对客观情况做出错误的结论，使策划失去了正确的前提条件。策划人要坚决摆脱这种固定的思维方式，用运动的、全面的、联系的观点分析问题，进而找出解决问题的创意。不能想当然，无论什么问题，都要拿到实践中去检验，然后再作用于实践，要经过思维→实践→思维的过程，只有这样，才能做出正确的策划创意。

4）井蛙效应

井蛙效应是指在进行策划时，只见眼前利益、局部利益，而忽略长远利益、全局利益的一种心理。

在项目策划的具体实践中，往往表现出一种急功近利的行为，以至于为了局部利益而放弃了全局的利益，为了眼前的利益而放弃了长远利益，这种策划心理，常导致策划的失误，甚至失败。有经验的策划者，却可以利用这一心理，放出诱饵。

3.项目策划的心理规律

尽管策划千变万化，但策划的运作与成功是有心理规律可循的。主要是满足心理需求和利用心理弱点。

1）满足心理需求

心理需求是人们心理活动的前提条件，是人产生行为的原因，也是个性积极性的源泉。心理学家马斯洛把人的需求划分为五个层次：生理需求、安全需求、社交需求、尊重需求和自我实现需求，如图 2-6 所示。

图 2-6　人们在五个层次的需求

这些需求在人际活动中都会有一定的体现，项目策划要善于利用这些需求，有效地进行心理诉求。作为一个策划者，了解策划对象的心理需求，再以合理的方法满足相应的需求，就会有的放矢，取得成功。

2）利用心理弱点

人们在反映客观现实事物时，由于各种客观与主观因素的干扰，有时候不能正确地反映客观事物；即使正确地反映了客观事物，受心理素质和活动水平的制约，经过理性思维的阶段，也不一定能得出与实际完全吻合的判断；即使能得出正确的思维结论，由于人们的心理对客观现实的适应及所处的状态，也未能客观地反映现实。因此，合理、恰当地利用心理弱点，会产生意想不到的效果。

案例 懂得购买者的心理

5分钟卖掉15000只口红，与马云同台PK，不足三年，某主播实现了月薪3000到年入千万的逆袭。2019年，彻底火了！

伴随而来的，便是直播带货的兴起，它正以一种新机遇、新趋势的姿态，迅速的蓬勃发展。双11当天，该主播直播4小时，有3000万人观看，库存几十万元的商品上架3秒就被抢空。因为他很懂自己的用户（所有女生）。他花的最多的时间就是研究自己的粉丝；他也懂得购买者的心理，深谙销售技巧。

2.3.2 情感原理

情感是人所持有的一种心理过程和心理状态，是主体对客体是否满足自身需要而产生的态度评价或情感体验。情感在性质和内容上取决于客体是否满足了主体的某种需要，满足了需要，就产生了积极、肯定的情感，否则，就会产生消极、否定的情感。

情感对人的行为有选择性和指向性的作用，人们对于那些符合或满足自身需要的客观事物，总是产生一种积极的、肯定的、喜爱和接近的态度和情感体验，而对那些与自身需要无关或相抵触的客观事物则报之消极、否定、厌恶和疏远的情感倾向。

实际上，人们对许多刺激物或信息视而不见，充耳不闻。只有当这种刺激和信息直接或间接地，现实或潜在地符合了主体的某种价值需要，才能诱发主体产生积极、肯定、喜爱和接近的情感体验。项目策划面向的策划客体，如人时，人作为情感体验的主体，对策划产生积极或消极、肯定或否定的评价，进而影响策划的成败。

案例 男性"分娩"新体验

药品类的产品推广，营销火候的拿捏尺寸要恰到好处，尤其对于一款老牌产品而言亦是如此。针对女性的药品，怎么换个思路，让男性来一次线下体验？

某药厂推出了一款针对经期年轻女性用户的药品定坤丹，在母亲节来临之际，策划以"致敬母爱，分娩初体验"为主题的活动，借助短视频、直播等渠道，融入年轻人的阵营，摆脱"老龄化"的帽子，力求以此为突破口，与年轻女性产生精神层次的深度共鸣。

两位短视频达人在社交平台发布关于母爱短视频内容。同时线下真实直播男性群体体验母亲"分娩""经期"疼痛等过程，通过体验来感受"母亲"的伟大，以此向天下母亲致敬，升华品牌认知。母婴圈层、泛娱乐圈层KOL双微营销（微信营销、微博营销）火力跟进，持续性母爱话题发酵。

2.3.3 创新原理

新媒体项目策划能否有新的突破，是其成败的关键。创新能吸引人们的兴趣并参与其中。创新不仅是新媒体项目策划的原则，还是其重要的特征，因此，我们对创新要认真对待，仔细研究，掌握其规律，将其应用于策划实践中。

策划者根基要深厚，具有渊博的知识，如天文、地理、历史及社会学、伦理学、心理学、管理学和营销学等市场知识，从而形成策划的文化沉淀，在这种文化沉淀中培养创新的思维。

同时，策划者要有创造性的思维，策划创新的关键在于能否打破固有的思维模式，走向广阔的思维领域；能否摆脱单一的思维模式，跨入立体的思维空间。

2.3.4 人文原理

项目策划的人文原理即利用人与自然界之间的和谐，激起人对自然的利用开发的热情，从而达到资源的优化配置。

案例 重庆洪崖洞——现实中的千与千寻

2018 年五一假期，重庆洪崖洞景区在网络上爆红，成为仅次于故宫的第二大旅游热门景点，年轻人争先恐后来到这个网红景点，在社交平台上晒出精心拍摄的图片或视频。

洪崖洞是重庆传统吊脚楼建筑的典型代表，依山就势，沿江而建，以美丽的夜景而闻名，如图 2-7 所示。洪崖洞精准巧妙地借助了千与千寻这一文化 IP，将自己的形象与动漫联系在一起，把洪崖洞构建成具有魔幻色彩的神秘世界。

图 2-7 重庆洪崖洞

洪崖洞完美地利用了新媒体实时分享互动这一优势。当游客在洪崖洞拍摄完好看的照片、视频，立即就能在 App 平台上分享，并且凭借像风一样的传播速度，迅速裂变、极速传播。

洪崖洞的这波新媒体营销，将生态环境与人文珠联璧合，奏出一首人与自然的主题曲。

2.3.5 造势原理

项目策划的造势原理是指策划人在进行策划时，利用一定的活动项目，比如文化节、博览会和比赛等，进而推广与之相关或不相关的事物的知名度，从而取得一定的效益。

例如青岛国际啤酒节。巧借奥运之风，举行了第十八届"青岛国际啤酒节"，这是以啤酒为主题的大型文化项目，从策划到具体操作，及所取得的成果，都表明它是一个十分成功的营销案例。

2.4 新媒体项目策划的要素

新媒体策划方案是为达到一定的营销目标而制定的综合性的、具体的网络营销策略和活动计划。创新性、经济性、系统性和操作性是做好一个新媒体策划方案的四要素，如图 2-8 所示。

图 2-8 新媒体策划的四要素

1. 创新性

互联网为用户比较不同企业的产品和服务所带来的效用和价值带来了极大的便利和自由。在个性化消费需求日益明显的新媒体营销环境中，通过创新，创造出与用户个性化需求相适应的产品特色和服务特色，是提高效用和价值的关键。特别的奉献才能换来特别的回报。创新带来特色，特色不仅意味着与众不同，还意味着额外的价值。企业在新媒体营销方案的策划过程中，要在深入了解营销环境尤其是目标用户需求和竞品动向的基础上，努力营造出增加顾客价值和效用并深受用户欢迎的产品特色和服务特色。

2. 经济性

新媒体营销策划必须以经济效益为核心。营销策划不仅本身消耗一定的资源，而且通过营销方案的实施，还会改变企业经营资源的配置状态和利用效率。新媒体营销策划的经济效益，是策划所带来的经济收益与策划和方案实施成本之间的比率。成功的策划方案，应当是在策划方案实施成本既定的情况下取得最大的经济收益，或者花费最少的策划方案实施成本取得目标经济收益。

3. 系统性

新媒体营销是以互联网为媒介，整合互联网资源和技术工具，系统性的企业经营活动。同时也是在互联网环境下对市场营销的信息流、商流、制造流、物流、资金流和服务流进行管理的。因此，企业新媒体营销方案的策划，是一项复杂的系统工程。策划人员必须以系统论为指导，对企业新媒体营销活动的各种要素进行整合和优化，使"六流"皆备，相得益彰。

4. 操作性

新媒体营销策划的第一个结果是形成营销方案。营销方案必须具有可操作性，否则毫无价值可言。这种可操作性，表现为在新媒体营销方案中，策划者根据企业网络营销的目标和环境条件，就企业在未来的营销活动中做什么、何时做、何地做、何人做、如何做的问题进行了周密的部署、详细的阐述和具体的安排。

比如一份详细的企业短视频营销推广方案，就要明确每一个步骤；也就是说，新媒体营销方案是一系列具体的、明确的、直接的、相互联系的行动计划的指令，一旦付诸实施，企业的每一个部门、每一个员工都能明确自己的目标、任务、责任以及完成任务的途径和方法，并懂得如何与其他部门或员工相互协作。

2.5　新媒体项目策划的流程

一个成功的新媒体项目策划包括研究业务、输出策略、细化流程和提案准备等步骤，接下来逐一进行讲解。

2.5.1　研究业务

在开始编写项目策划方案之前，要尽可能多地花时间在前期的准备工作上；当把项目的框架和思路考虑清楚后，再开始策划方案的编写工作。

1. 理解需求和目标

任何一份方案都是为了"解决问题"或"产生作用"而存在。所以，在正式编写方案之前，与需求方进行多次、反复的沟通是非常必要的，只有这样才能清楚了解这份方案的目的是什么，要解决的问题有哪些。

营销方案的目的通常包括：市场和用户研究、品牌策略和定位、品牌活动、竞品分析、消费者洞察、新品上市推广、促进销售、流量和用户运营、广告传播和创意、社会营销、媒体投放计划和 PR 公关宣传等。

以某奢侈品牌为例：疫情的全球蔓延让奢侈品行业遭遇了前所未有的危机，对于该品牌来说今年最重要的事情就是熬过这段时间，生存下来。所以该品牌的需求和目标可以拆解为两大部分：开源和节流。

有了清晰的目标，就可以顺利找到正确的策略和思考方向。

比如开源方面，可以通过采用线上直播开辟新的销售模式、培训店员做私域流量运营或者适当降价打折保证现金流等方式。在节流方面，也可以采用如关闭盈利情况不佳和疫情重灾区的门店、减少品牌市场的广告预算挪给电商部门和取消年度大秀等方式。只有在充分理解需求目标的情况下，才能找到方案思考的角度，确保大方向不会出错。

2. 整理资料并消化

确定了项目的大方向之后，接下来可以通过整理和搜集资料熟悉项目的整体情况。

比如做一份品牌定位方案，通常需要的资料包括：市场环境和趋势、政策大方向、社会文化背景、品牌和产品的介绍、竞争对手的品牌和产品、竞争对手的市场动作、消费者的属性和行为以及消费者对品牌的认知等内容。

除了在百度、知乎和微信等平台搜集资料外，也可以在199IT、艾瑞网、Useit订阅中心、发现报告、CBNdata、企鹅智库、易观智库、阿里研究院等网站搜索报告；在数英网、梅花网、TOPYS、网络广告人社区、广告门和社会beta等网站搜集营销案例。图2-9所示为Useit订阅中心网站首页。

图 2-9　Useit 订阅中心网站首页

整理搜集资料并消化资料是一件比较枯燥的事情，但这却是项目策划不可或缺的重要环节，只有掌握足够的信息才能为后面的策略输出提供充分的支持。

3. 进一步研究和思考

收集的一部分资料可以直接使用，比如品牌和产品介绍、市场环境和趋势等。但大部分资料必须进一步研究分析，才能够找到有价值的线索；或者展开进一步的调查，才能得出需要的结论。

如果拿到竞品的市场宣传资料，可以研究竞品的市场策略是什么？有哪些常用的营销方式？哪些地方做的好值得借鉴？哪些地方做的不好需要规避？如果拿到消费者的基础资料，可以根据已知的消费者基础属性，进一步利用问卷调查、焦点小组、

1V1 深访等定量和定性的手段，去调查消费者对品牌的理解和看法，以及了解消费者产生购买行为背后的原因。

2.5.2　输出策略

研究业务阶段对营销目标的充分理解，对资料的整理搜集，以及进一步的研究调查，通常会耗费巨大的时间和精力，但却是必不可少的步骤；只有经过充分的研究调查，才能精确提炼出方案的核心策略。

1. 精准提炼核心问题

美国通用汽车管理顾问查尔斯·吉德林曾提出过一个著名的吉德林法则：把难题清楚地提出来，便已经解决了一半。这充分说明了在处理工作和事情时，认清核心问题是非常关键的一步。

核心问题的提出通常可以从以下几个角度去思考：

（1）是否顺应了行业市场大环境和主流的社会文化？

（2）品牌传递的理念、产品满足的价值的方向是否正确？

（3）跟竞争对手相比，企业是否具备绝对优势或独特性？

（4）目标消费者的定义是否准确，还有哪些潜在的消费群体？

前面提到的奢侈品牌那么多开源节流的方式，哪些方式是最有效的？哪些方式可以立竿见影？经过初步判断，启动线上直播带货、加强 EC 的投入和培训店员做私域流量运营等是相对比较可行的方式。

在选中的几种方式中，哪种方式作为主要方式全力投入呢？需要进一步的小范围测试才能知道，因此对于品牌来说，今年最重要的核心问题就是：测试出最行之有效的开源节流方式。

提炼方案的问题就像医生给病人看病，先让病人做一些检查、询问身体的症状，诊断清楚核心的病因之后再给出合理的治疗方案。

2. 提出解决问题的策略

提炼出问题后，可以使用一些成熟的方法论来解决营销问题。比较常见的有"360 品牌罗盘""PROFIL 消费者价值模型""Humankind 品牌模型""Total branding 全程品牌管理"，以及互联网时代流行的增长黑客、流量池和长尾理论等都是颇具权威的成熟方法论。

掌握的方法论越多，并把这些方法论融会贯通、搭配使用，那么问题解决的质量就会越高。下面针对营销人最需掌握的"洞察"思考模型进行讲解。

"洞察"主要研究"定量研究"和"定性研究"两种维度，定量研究解决是什么（What）的问题，定性研究解决为什么（Why）的问题。

"洞察"研究大致分为三步：第一步根据目标设计洞察的焦点；第二步利用观察法、调查法和实验法等工具开展洞察执行；第三步根据调研出来的资料和数据提炼核心结论，如图 2-10 所示。

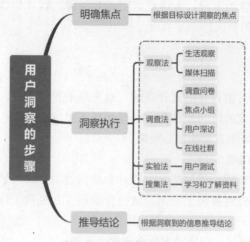

图 2-10　洞察的思维模型

3. 使用营销工具

也可以通过使用一些营销工具，快速完成数据分析，提出解决问题的策略。例如在百家争鸣 KOL 的作品和形式的面前，投放过程中往往会遇到一些困惑：该投谁？投的怎么样？下次怎么投？

资源浩如烟海。微博、微信、小红书、抖音和 B 站等，每个平台有数以亿计的垂类；每个垂类又有数以万计的创作者；同时，有一些品牌主打的产品标签打得不是很清晰；这种情况下，确实很难挑选出让品牌主合理投放的 KOL。

这里推荐使用"红管家"KOL 数据监测管理系统，通过分析用户的需求，解决品牌投前、投中和投后各阶段面临的问题，帮助品牌快速选择正确的投放方案。图 2-11 所示为克劳锐"红管家"的工作界面。

图 2-11　克劳锐"红管家"的工作界面

关于红人营销的内容，将在本书的第 4 章中详细介绍。

案例　　**与大量中部KOL合作进行种草**

2020 年 7 月份，某化妆品品牌推出"黑海盐泡泡面膜"。这款产品以"贴上出泡泡"的有趣性为卖点，面膜在脸上大概 1 分钟后，小泡泡就会开始冒出来，冒泡过程中还伴有类似"跳跳糖"的声音，随着泡泡越来越多，让消费者有种"面膜在把毛孔里的脏东西吸出来"的感觉，趣味性强。

这款产品用去黑头、带走油光和提亮肤色等卖点，直击用户痛点，带来购买力。

通过数据分析和课后调研，品牌方选择短视频营销的方式。在抖音上不仅与头部 KOL 合作，而且还选择了大量的中部 KOL，比如柚子 cici 酱、乃提 Guli 等星图价在 10 万元左右的头部达人，以及 GGG、大头表妹等星图价在 3 ~ 5 万元的中部达人。品牌还选择了极大一部分男性 KOL 进行带货，扩大产品覆盖人群类型。

在抖音平台获得广泛"种草"，百万粉丝疯狂刷屏追捧，迅速飙升为"抖音美容护肤榜"第 1 名。

2.5.3　细化流程

弄清楚了遇到的问题，解决方法也找出来了，接下来就要细化出具体的执行方案和节奏、同时对整体方案的逻辑进行梳理。

1. 细化执行方案

策略的制定只是成功的第一步，在此基础上提出可落地的执行方案才是重中之重。在一份完整的营销策划方案中，策略之下的执行方案通常涵盖以下版块。

（1）内容创意产出。比如标题、TVC、主 KV、海报、H5 和互动游戏等线上线下传播物料；

（2）活动宣传。比如跨界营销活动、促销活动、消费者互动活动、裂变活动、快闪店和地推等；

（3）媒体投放计划。传统媒体有电视、户外、电梯、杂志和灯箱等；还有各类网站和 App、程序化 DSP、智能电视和电视剧综艺植入等数字化媒体的投放；

（4）社会传播。通常包含社会平台自媒体日常运营，以及有话题有互动的社会传播活动；前者偏问用户的日常维护沟通，后者偏向更加整合的营销活动；

（5）PR 公关宣传。常见的有线上线下发布会、事件营销、KOL 造势、PR 宣传稿、CRM 管理和舆情监控维护等。

完成如此庞大的一份执行方案，涉及的专业知识和技能领域非常多。策划人员要去协调其他相关部门的人力和资源，共同把方案进行补充和完善。例如，标语、TVC 脚本、活动创意等需要跟文案一起讨论；主 KV、活动 demo、TVC 分镜头等物料需要设计出面制作；媒介策略、投放组合和效果预估等需要媒介帮助完成。

而涉及开发的线上互动 H5、小游戏和小程序等，则需要提前跟技术部门确认功能上能否实现；同时社会内容、运营转化活动和直播等，最好邀请新媒体运营共同参与策划。到此为止，一份策划案的初稿已经基本完成。

2. 梳理方案的逻辑

对方案进行梳理归根到底考验的是思考的逻辑，因此必须想清楚 PPT 通过怎样的逻辑来呈现，才能让别人跟上自己的思路？才能让信息容易被别人接受？

比如在一份策略性的方案中，我们提出了要借助大量明星和 KOL 种草的建议，那在这之前可能需要借助各种数据和资料推导这个建议的科学性，而后面也要引用大量的成功案例来论证这个建议的可行性和有效性，这样才会具备很强的说服力。

接下来的执行方案，可以根据 5A 的思考逻辑规划出一条完整的消费者转化路径"了解（Aware）→吸引（Appeal）→询问（Ask）→行动（Act）→拥护（Advocate）"，以及每一步的具体执行计划"选哪些明星和 KOL、在哪些平台上种草、种草的方式、种草的时间和节奏"等。

2.5.4 提案准备

对方案的故事线进行包装，为提案做准备也是让一份方案实现升华必不可少的步骤，把方案讲出来并被人理解和接受，才能算一次成功的策划。

1. 包装故事线

做 PPT 是一门故事化的艺术，同样讲一件事情，用故事来进行包装和讲述，一定比直白的讲解一些概念或专业知识更能让人记住。

在一些竞争型的提案场合，听众可能要集中听多个方案，很容易产生疲劳或出神听不进去；如何让自己的方案脱颖而出、驱走听众的疲劳和睡意？学会把方案包装成一条有主题有起承转合的故事线，往往会达到事半功倍的效果。

2. 提前演练优化

在正式提案之前，提案者对 PPT 的结构和大体内容要非常熟练，这样才能在提案过程中游刃有余、全程充满自信。

提案者可以将提案内容记录在纸上，便于记忆和阐述；也可以使用思维导图工具，快速理清思路。常用的思维导图工具有 Xmind、Mindmanager 和百度脑图等。

整体方案完成之后，可以当着内部同事的面进行提案演练，找一下感觉和节奏；同事可以在演练过程中提出一些问题，帮助演练者应对提案过程中的突发事件，因为这些问题很有可能就是提案的时候别人会问到的；演练过程可能还会发现一些不那么通顺的地方，可以对方案进行进一步的优化。

至此，一份凝聚无数智慧和思考的策划方案就完成了。

课堂讨论：掌握了新媒体项目策划的流程后，学生一起分析为一款婴儿奶粉产品撰写新媒体策划的流程和要点。策划方案要求采用新媒体营销方式，采用线上线下互动的模式。

2.6　新媒体项目活动策划

运营活动是企业常用的拉新促活手法之一，但是每年企业的活动数不胜数，真正能达到预期效果的寥寥无几。发生这种情况的原因，通常是由于在活动策划阶段未能充分分析目标用户需求，确定活动目的。

2.6.1　活动策划前期准备工作

在开始策划活动前的准备工作主要有学习同行和其他活动的运作办法、明确活动目的和梳理活动目标用户三个。

1. 学习同行和其他活动的运作办法

学习他人的经验，可以实现自身能力的提升，并将其应用到实践过程中。新媒体从业者要注重日常的积累，对当前的任务完成情况及活动开展方式进行分析，找出各个方案的优缺点，在进行活动总结时，除了浏览活动方案的执行总结外，还应该根据活动流程，对其运营过程中存在的关键节点及布景方式进行推导。要弄清楚活动实施模式的选择理由，就要对活动机制进行深入探讨。

另外，新手应该积极参与到活动运营中，提高自身的实践能力，也可以与优秀的活动策划者进行交流，学习他们的经验。新媒体从业者要突破思维的局限，并掌握不同运营工具的使用方法。

2. 明确活动目的

运营新媒体活动要设定活动目的，并使其具体、详尽，方便日后的评估。需要注意的是，一个活动只能对应唯一的目的，否则容易降低活动质量。

3. 梳理活动目标用户

设定活动目的之后，运营者应该瞄准活动的目标用户。无论是什么类型的活动，都无法获得全体用户的认可。因此，策划方需要瞄准特定的用户群体，并据此选择适当的运营策略。

2.6.2　活动策划注重运营细节

新媒体活动运营通常包括活动策划和活动实施两阶段。在这里，重点对新媒体活动策划进行分析。

1. 策划活动创意和内容

在活动开展的过程中，活动创意能够影响最终的效果，优秀的创意能够有效促使用户做出消费决策。活动策划过程应该注意以下几点，如图 2-12 所示。

（1）紧跟活动目的。例如，某运营方希望通过举办活动让用户发表促进企业发展的建议。为吸引更多用户的参与，组织抽奖活动，虽然用户表现活跃，但大多数是为了参加抽奖赢得奖品，并未与企业展开高效互动，也就未达到活动的目的。

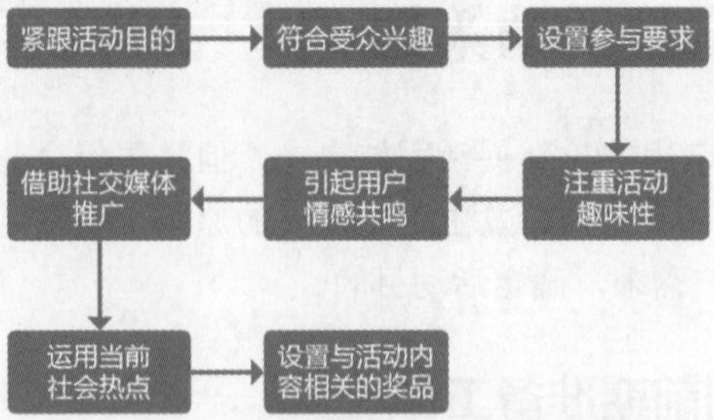

图 2-12　活动策划过程应注意的点

（2）符合受众兴趣。通过聚焦用户提高其参与度。例如，宝宝摄影评选能够吸引宝妈的注意力，汉服走秀活动则以女性用户为主。

（3）设置参与要求。如果要求较高，参与的用户人数会比较少；如果要求较低，对专业人士的吸引力则较低。

（4）注重活动趣味性。对用户而言，活动本身的吸引力只有两点：一是奖品设置，二是体验活动本身的趣味性。可以在参与活动的过程中添加趣味性元素，调动用户参与的积极性。

（5）引起用户情感共鸣。活动主题需要激发用户的情感共鸣，使活动在奖品之外具有更大的吸引力，调动更多用户参与的积极性。例如，某运营方在母亲节推出晒与母亲合照的活动，用户参与规模超过 10000 人。编辑人员围绕该活动撰写文章，进一步感染受众。

（6）借助社交媒体推广。想扩大活动参与范围，可以在朋友圈中进行信息推广，但要减少盲目性。首先，要对活动相关信息是否适合在朋友圈中发布进行判定；其次，要注重文案的设计，并选择合适的图片；最后，还要促使用户自发参与到活动信息的传播中。

（7）运用当前社会热点。在内容中添加热点话题，通常能够吸引更多用户的参与，但鉴于热点更新速度非常快，需要加快活动推出的进程。

（8）设置与活动内容相关的奖品。活动的参与度与奖品本身的价值并无直接联系，要提高活动的影响力，就要设置与活动本身相关的奖品。举例来说，摄影比赛活动为优胜者提供摄影设备，这对摄影爱好者来说更具吸引力。

如果运营方资金充足，可提高奖品规格；如果资金短缺，可尝试采用以下方法。

①在公司内部开展募捐。请求其他部门提供奖品，在必要时可通过部门管理者之间的沟通合作解决奖品问题。通常情况下，规模小的公司，内部各个部门之间的关系更加紧密，其他部门也愿意为公司发展助一臂之力。

②通过合作方式获得奖品。在与客户达成合作关系的基础上，通过销售部为其提供奖品；如果尚未达成合作，可以尝试多种方法，寻求业务部及多个部门的支持。

③用现有资源充当奖品。如一些曾用作展示品或装饰品的玩偶、玩具、模型等，有时候这些奖品能够产生意想不到的作用，对参与者形成极大的吸引力。

④将会员特权作为奖励。很多公司设有不同类型的会员体系。举例来说，消费达到一定额度才能成为某公司的会员，在推出活动时，公司便可将其作为活动奖励。也可以请用户到公司感受其工作环境，或者邀请用户参与内容制作过程。

2. 活动节奏及效率提升方式预估

一般来说，活动时间应长达 4 周甚至更久。在整个活动开展期间，运营方需要掌握好各个阶段的进度与节奏，明确在不同时间段应该完成的任务，在必要时加快运营，采取适当措施提高运营效率，还要避免活动因节奏改变而热度下降。

3. 活动推广传播资源

在资源布局的过程中，运营方应该在平台入口处适当添加创意素材。例如，有的生活类公众号发现社会热点类文章对用户的吸引力并不大，可以尝试推出情感类文章。

4. 活动优化及替代方案

无论多么优秀的策划，都可能在运营过程中遇到问题，为了避免整体局面失控，运营方应该提前制定替代方案。若活动未达到预期效果，运营方应该及时采取补救措施，根据具体情况，通过升级奖品、调整活动机制、发挥意见领袖的号召作用等优化活动。

📌 **课堂讨论：** 掌握了新媒体项目活动策划的要点后，学生一起讨论，策划一款运动鞋的 618 年中大促活动，并完成项目策划书的编写。

2.7　本章小结

本章主要讲解了新媒体项目策划的相关知识。通过分析营销、策划和运营的关系，帮助学生了解新媒体项目策划的特点和原理，掌握新媒体项目策划的要素和流程，并通过学习新媒体活动策划的相关内容，深刻体会新媒体项目策划的独特性和全面性，为从事新媒体项目与运营行业打下基础。

第3章 项目可行性研究与评估

可行性研究与评估是在项目建立之前，根据与项目相关的市场、资源和科学技术、经济、社会发展和政府支持等方面，对项目是否能够顺利开展或选择最优实施方案而进行的全方位分析、论证与预估工作。

新媒体项目可行性研究与评估主要是以全面、系统的分析为主要方法，以经济效益为核心，围绕影响新媒体项目的各种因素，运用大量的数据资料论证新媒体项目是否可行，并对整个可行性研究提出评价，指出优缺点和建议，用以增强建设新媒体项目的说服力。

本章主要针对完成新媒体项目可行性研究与评估的步骤与方式方法进行讲解，帮助学生快速掌握撰写新媒体项目可行性研究报告的方法并能合理应用到实际的研究分析工作中，做到客观并合理地分析与评估新媒体项目的商业价值与社会价值。

3.1 了解可行性研究与评估

在一个新媒体项目建立之前，团队可以对项目进行可行性研究与评估，方便团队与公司确认该项目是否可行。

3.1.1 可行性研究的含义

可行性研究是项目前期建设中最重要的工作之一，它是在投资决策前对项目从现有技术、经济效益和社会进步等方面进行全方位论证与分析的科学方法与工作阶段。

对新媒体项目进行可行性研究，就是为了能够通过科学的研究和分析方法得到可以通过的项目方案。由此可以得知，可行性研究通常是指在投资决策前，对于与新媒体项目有关的社会因素、经济因素和技术因素等内容，进行详细且深入的调查与研究；再通过对调查资料的分析，从而拟定可以完美执行的运营方案和产品方案，如图 3-1 所示。

在方案的基础上，还需要综合研究新媒体项目的技术现有性和实用性、经济合理性和有效性，以及开展的可能性和可行性，从而确定是否投资、使用怎样的投资方式、是否继续投资使项目顺利进入下一阶段或者终止项目并及时撤资等行为。

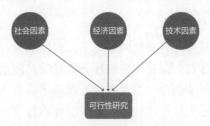

图 3-1　影响可行性研究的因素

可行性研究使这些决策行为变得具有科学依据，同时为新媒体项目的下一阶段工作提供坚实的理论基础。

可行性研究的主要任务，是按照国民经济的长期规划、地区规划和行业规划等要求对新媒体项目进行投资方案规划、科学技术论证、社会与经济效果预测和组织机构分析，经过多方位数据的计算、分析与论证，为项目决策提供可靠的数据支持和实施建议。

因此，可行性研究是保证以最少的投资数额完成项目并取得最佳经济效益的科学手段，也是实现使用先进的技术、合理的经营方式和可行的建设方案完成项目的科学方法。图 3-2 所示为一个较为简洁的项目可行性研究方向。

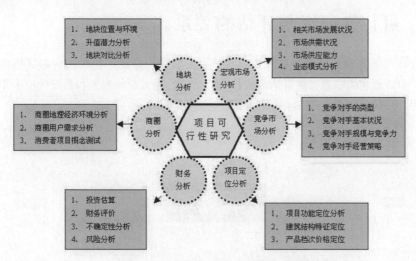

图 3-2　简洁的项目可行性研究方向

许多新媒体项目在初期规划中就会被否决，包括 BBS（网络论坛）、网上商城、行业门户、网游以及一些极具特点的项目。在这个过程中，我们可以看到所有的项目创意都是好点子，但在实施之前的规划阶段总会发现各种各样的问题，或者规划和设计经不起分析与评价。由此可见，对新媒体项目进行可行性分析与研究是非常有必要的，它能够最大程度地避免错误投资，并为项目的实施阶段提供有效建议。

3.1.2　项目评估的含义

项目评估是指在项目可行性研究的基础上，根据国家有关部门颁布的政策和法律法规等条件，从公司盈利、国民经济和社会贡献等角度出发，由有关部门对新媒体项目的建设必要性、开展条件、生产条件、产品市场需求、现有科学技术、经济效益和社会效益等方面进行分析论证，并对新媒体项目的方案提出相应判断的一项工作。图 3-3 所示为新媒体项目评估会议的现场画面。

图 3-3　新媒体项目评估会议的现场画面

3.2　可行性研究与评估的关系

可行性研究和评估都是以评定项目是否可行为己任的，相同的任务目标使得两者具有非常密切的联系，具有诸多的相同点。同时因为服务对象和研究角度的不同，使得两者又各具特点。图 3-4 所示为可行性研究与评估的关系结构图。

图 3-4　可行性研究与评估的关系结构图

1. 相同点

从工作时间、基础理论、工作内容、工作性质以及工作目标等方面进行观察与讨论，可行性研究与评估拥有下面所述的四个相同点。

1）两者都发生在建设项目之前

可行性研究和项目评估的工作时间全都位于项目实施之前，也就是新媒体项目的前期准备阶段。

可行性研究是在项目建议书批准之后，对项目可行与否进行全面的分析论证工作；项目评估则是对项目的可行性研究进行审查与分析，进而判断新媒体项目是否可行。

两者都是重要的前期准备工作，这两项工作的质量，将直接影响新媒体项目的完成度和经济效益。

2）基础原理相同

可行性研究和项目评估都是采用规范化的研究和科学的审查方法以及统一颁布的经济数据、技术标准和定额资料，并结合统一衡量标准和评判基准，通过产品或服务的市场调研预测、建设条件和技术可行性的分析论证，获得项目经济效益与社会效益的科学预测。

从可行性研究和项目评估包含的知识结构和内容来看，它们的基础原理都是市场学、经济学和财务以及效益分析等学科。

3）工作内容基本相同

从计算经济评价指标的基本原理、分析对象、分析依据以及分析内容等工作内容来看，可行性研究和项目评估都是相同的。

对于同一个项目而言，从经济评价的角度来看，无论是项目评估还是可行性研究，都是通过比较项目实施期间的花费与效益，计算一系列技术经济指标，得到可行与否的结论；从分析对象的角度来看，两者也是一致的，其分析对象都是项目本身；再从分析依据来看，还是相同的，都是国家有关规定和有关部门为新媒体项目下达的批复文件；它们分析的内容也是相同的，都包含了建设必要性、市场条件、资源条件、产品技术和经济效益等内容。

4）工作目标及要求相同

通过分析和论证，判断项目是否可行，同时实现投资决策的科学化、程序化和民主化，提高投资效益，使资源得到最佳配置，这是拟建新媒体项目后开展可行性研究与评估工作的共同任务目标。

可行性研究和评估的工作要求也是相同的，都是在调查和研究大量数据的基础上进行分析和预测，最终得到一个公正、客观的结论。

2. 不同点

可行性研究和项目评估存在许多相同之处，但从理论和实践方面来看，两者又存在以下一些区别。

1）工作组织或委托者不同

可行性研究是由投资者组织或委托产生的工作，而项目评估则是由金融机构或有关部门组织或委托产生的工作。

一般情况下，两项工作内容必须全部委托相关的咨询机构或其他中介机构进行，但其所代表的工作仍是不同的，即咨询机构要对不同的组织者或委托人负责。

2）利益相关点不同

可行性研究是站在直接投资者或企业自身的角度，侧重于产品市场预测，对项目建设的必要性、建设条件、技术量级和财务效益的合理性进行研究分析，评价项目的盈利能力并进行取舍，因此着重项目投资的微观效益。

因为利益出发点不同，项目评估更加注重项目投资的宏观效益。当国家或地方的投资决策部门和国家开发银行主持项目评估时，因其担负着国家宏观调控的职能，将站在国家的立场上，依据国家、部门、地区和行业等各方面的规划和政策，对项目可行性研究报告的内容和质量进行评估，综合考察项目的社会经济整体效益，侧重于项目投资的宏观效益。而当具有商业性的专业投资银行主持项目评估时，由于受贷款风险机制约束，考虑到项目投资贷款的安全性和提高贷款资金的利用效率，其对项目投资的评估除了要符合国家宏观经济发展的前提外，还必须符合项目投资效益中的银行收益，即重视借款企业的财务效益和偿还借款能力的评估。

3）作用方式不同

可行性研究与项目评估都是投资决策的重要依据。但是由于两者所得结论的作用方式不同，它们不可能也无法相互替代。

可行性研究是在投资决策前对建设新媒体项目从技术、经济和社会等各方面因素进行全面分析论证的科学方法，其形成的项目可行性研究报告是项目投资决策的基础，为项目投资决策提供可靠的科学依据。图3-5所示为不同项目的可行性研究报告。

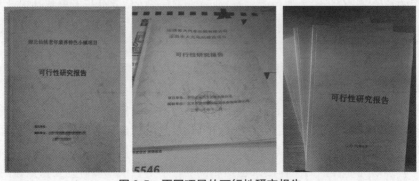

图 3-5　不同项目的可行性研究报告

项目评估是对项目可行性研究报告进行全面的审核和评价，主要任务是审查与判断项目可行性研究的可靠性、真实性和客观性，对新媒体项目投资是否可行和确定最佳投资方案提出评价意见，最终结论将形成评估报告。图3-6所示为不同项目的评估报告书或评估报告表。

项目评估报告作为项目投资最终决策的主要依据，它为项目决策者或上级主管部门提供结论性意见，具有一定的权威性和法律性。

4）执行阶段不同

尽管两者的工作时间都处于项目建设周期的前期，但在这个时期内，必须遵循可行性研究在先，项目评估在后的工作顺序。

图 3-6 不同项目的评估报告书或评估报告表

可行性研究是投资决策的首要环节，但仅有这一环节是不够的，还必须在此基础上进行项目评估。项目评估人员要充分利用可行性研究的成果，进行周密的调查研究与分析论证，独立地提出决策建议。可行性研究为项目评估提供工作基础，而项目评估则是可行性研究的延伸和正确保证。

5）内容格式和成果形式不同

可行性研究报告主要包括实施纲要、产品市场预测、建设规模分析、建设条件和技术方案论证、项目经济效益分析和结论与建议等方面的内容。报告中还应附有研究工作的依据、市场调查报告、厂址选择报告、资源信息报告、环境影响报告和贷款意向书等技术性和政策性文件。

项目评估报告主要包含项目建设的原因、建设与生产条件、经济效益、技术方案和项目总评估五个方面的内容。此外，项目评估报告必须分析基础数据、各种参数、定额资源、费率和效果指标的测算以及选择是否正确，并且必须在报告中附有关于企业资信、产品销售方案、物资供应、建设条件、技术专利和资金来源等一系列资质和协议文件，用以评判和核实项目可行性研究的可靠性、真实性和客观性，这有利于决策机构对项目投资提出决策性建议。

课堂讨论： 可行性研究和项目评估作为建设新媒体项目过程中影响投资决策的两大基本步骤，它们之间除了上面讲到的共同点和不同点，还具有相辅相成、相互映照、一先一后和不可或缺的关联性，那么，两者之间的哪些表现体现了其关联性？

3.3 可行性研究的作用

完成可行性研究后，项目团队可获得一份可行性研究报告。这份报告是投资人员在建设新媒体项目之前所有准备工作的领航式文件，也就是说项目的准备工作都是根据这份文件进行的。对投资人员而言，可行性研究具有如图 3-7 所示的四个作用。

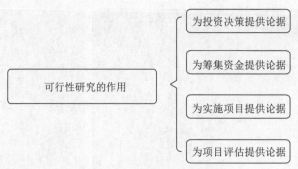

图 3-7　可行性研究的作用

1. 为投资决策提供论据

进行可行性研究是新媒体项目开始实施之前的重要准备工作，投资者需要委托有资源、有资质和信誉可靠的投资咨询机构，在充分的市场调研和分析论证的基础上，完成编制可行性研究报告的工作并以可行性研究报告的结果作为其投资决策的主要论据。

《国务院关于投资体制改革的决定》文件颁布以后，规定企业投资项目只需要提交项目申请报告，不必再提交可行性研究报告。但是，这只是审批体制的变化，并不代表投资人员不需要编制可行性研究报告。因为无论从理论来讲，还是从国内外成功项目的实践经验来讲，在建设新媒体项目之前，投资人员都应该进行可行性研究，为自己的投资决策提供可靠的数据支持。

2. 为筹集资金提供论据

为包括新媒体在内的所有投资项目筹集投资资金的方式有两种，分别是寻找合作者为项目投入资金和申请金融机构贷款。

在为项目寻找投资合作者的过程中，为合作者提供可行性研究报告是必不可少的一环，特别是国外的合作者。例如到国外去招商，在向外商提供项目资料时，可行性研究报告是主要的资料之一，外商会根据项目的可行性研究报告，与国内的投资者签订合作意向书。

如果想要为项目申请金融机构贷款，无论是国外的金融机构，还是国内的金融机构，其在受理项目贷款申请时，首先会要求申请者提供项目的可行性研究报告，然后金融机构会对项目的可行性研究报告进行全面、细致的审查和分析论证，并在此基础上完成项目评估报告的编写，当评估报告的结论是项目具有偿还贷款的能力且没有过大风险时，金融机构才会放贷。

3. 为实施项目提供论据

项目可行性研究是项目部门引进技术和设备、商谈合同、签订协议、项目建设以及项目审计的重要依据。

1）为技术和设备提供论据

如果完成项目需要引进相应的技术和设备，那么，经过技术经济的论证，才能将项目所需的设备和技术编写在可行性报告中。然后，可以根据可行性研究报告的有关内容（设备型号、工作能力和引进技术的原因与成果），拟定可行的项目建设计划。

2）为合同和协议提供论据

在项目实施与投入运营之后，需要供电、供水、供气、通信和原材料等单位或部门的协作。因此，项目建设部门可根据项目可行性研究报告，与国内有关部门签订项目所需原材料、能源资源和基础设施等方面的合同和协议。

3）为项目建设提供论据

在可行性研究报告中，对项目的场地选择、总图布置、生产规模、产品方案和生产工艺等建设内容进行了方案比选和论证。投资者可依据可行性研究报告确定最优方案，再进行产品设计。

同时，可行性研究报告也可以为设备订货、施工准备、机构设置和人员培训等内容提供依据。

项目可行性研究报告还对拟建项目的施工组织、进度安排及竣工验收工作具有明确的要求。所以，可行性研究报告也会作为检查施工进度及项目质量的主要依据。

4）为审查部门提供论据

项目可行性研究是环保部门审查项目对环境影响的依据，也是向项目建设所在地的政府和规划部门申请施工许可证的依据。

4. 为项目评估提供论据

当完成项目并对项目进行评估时，以项目可行性研究报告为依据，将项目的预期效果与实际效果进行全方位的对比，可以得到项目运行后的正面评价与可改进的建议。

🔨 **课堂讨论：** 根据上述内容所描述的作用来看，可行性研究和评估对拟建项目有着重大且深远的意义。而对于新媒体这个新兴的行业来说，拟建一个项目之前，进行可行性研究和评估工作也是必不可少的环节，试着分析这么做的原因以及区别于上述作用的其他作用。

3.4　可行性研究的不同阶段

一般情况下，新媒体投资项目的可行性研究包括如图 3-8 所示的三个阶段。

图 3-8　可行性研究的三个阶段

3.4.1　投资机会研究阶段

投资机会研究也被称为投资鉴定阶段，即寻求最佳投资机会的活动。投资机会研究可分为一般机会研究和具体机会研究。

对于新媒体项目来说，一般机会研究就是提出创意并选择的过程。虽然现在的公司项目中往往不缺乏创意的提出者，但是，最初的创意往往是零散的、局部的和无序的，因此无法判断创意的价值和可行性，这里需要一个整理创意并选择的过程。

创意选择不仅仅只有"取"和"舍"那么简单，而是需要将创意提案进行精细的分类，可以将创意提案分为以下四类。

（1）很好的创意，而且也符合目前的客观情况，可以进入下一步的研究与分析。

（2）很好的创意，但不符合公司的开发技术及资金现状等，所以暂时保留，待公司内部环境发生改善再作考虑。

（3）提出的创意并不能满足目前市场中大多数用户的需求和兴趣，所以暂时予以保留，待市场动向发生改变时再作考虑。

（4）提出的创意涉及侵犯其他公司的著作权或有可能引起政治、宗教等争议，因此不能使用，予以摒弃。

经过分类后，被分到第一类的创意提案就可对其进行具体机会研究，即进行一个投入产出比的简单评估。此时，可将项目设想转变为投资建议。

投资机会研究是可行性研究的第一阶段，如果投资机会研究的结论表明投资项目是可行的，则可对项目进行更深一步的研究。

3.4.2　初步可行性研究阶段

初步可行性研究也被称为预可行性研究，是初步选定项目的阶段，旨在投资鉴定的基础上，对项目是否可行进行一个较为详细的分析论证。初步可行性研究是整个可行性研究的一个中间阶段，起着承上启下的作用。对于大型且复杂的新媒体项目而言，它是一个不可缺少的阶段。

一般来讲，详细可行性研究需要收集大量的基础资料，花费较长的时间，支出较多的费用，因此，在此之前进行项目初步可行性研究是十分必要和科学的。初步可行性研究与详细可行性研究相比，除研究的深度与准确度有差异外，其内容是大致相同的。

3.4.3　详细可行性研究阶段

详细可行性研究也被称最终可行性研究，它是投资决策的重要阶段。在该阶段，要全面分析项目的全部组成部分和可能遇到的各种问题，并最终形成可行性研究的书面成果——可行性研究报告。

对于新媒体项目来说，还要进行辅助研究。辅助研究也被称为功能研究，是指对项目某一个或某几个方面的关键问题进行的专门研究。辅助研究并不是一个独立的阶段，而是作为初步可行性研究和详细可行性研究的一部分。辅助研究一般包括以下几类：产品市场研究、材料和其他投入物研究、产品方案研究、规模经济研究和设备选择研究等。

由于不同阶段的研究任务与研究要求有所不同，使得不同阶段的主要功能、研究费用、研究误差和研究时间也有所不同。因为三个阶段的研究内容是由浅入深，项目投资和成本估算的精度要求是由粗到细，研究工作量是由少到多，研究目标和作用也在逐步提高和深入，所以，研究的时间和费用也在逐渐增加。表 3-1 所示为可行性研究各个工作阶段的任务要求。

表 3-1　不同研究阶段的任务要求

研 究 阶 段	主 要 功 能	研究费用（占总投资额的比例）	研 究 误 差	研 究 时 间
投资机会研究	对投资方向作战略性分析	0.2% ～ 1.0%	±30%	1 ～ 3 月
初步可行性研究	从投资角度研究项目可行性	0.25% ～ 1.5%	±20%	4 ～ 6 月
详细可行性研究	获明确结论或 1 个最佳方案	小型项目：1.0% ～ 3.0%　大型项目：0.2% ～ 1.0%	±10%	8 ～ 10 月或更长

但是鉴于新媒体行业的时效性特点，建议在为新媒体项目进行可行性研究时，适当缩短各个分析阶段的研究时间，保证可行性研究结束后，项目内容仍然具有市场价值。

案例　　使用"3+1"分析法研究新媒体项目的可行性

对于发展迅速的新媒体行业，上述阶段中的可行性研究时间不太适用，这里讲解一个"3+1"分析法，用来加快新媒体项目的可行性研究时间。简单来说，就是在规划或判断一个新媒体项目是否可行时，根据如图 3-9 所示的三个问题和一个条件作为标准进行分析，由此快速得出新媒体项目是否可行的结论。

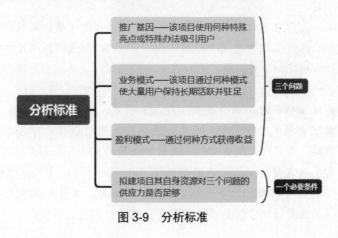

图 3-9　分析标准

● 确定推广基因

新媒体的最大特性就在于其只有拥有大量用户时才能使得平台产生价值，因此，将项目推广放置在项目运营之后，这是一个绝对错误的认知。由无数的政治和商业故事得知，在人数众多的无利益关联人群面前，所有人都是平等的；如果想要聚集他们，就必须让项目的表现更为突出。因此，作为项目的运营者，一定要明白，不根据项目的具体情况进行分析，而胡乱使用常规推广手段，只会使得新媒体项目在初期规划阶段就被否决。

通过总结失败的经验和教训，项目团队应该在可行性研究的工作阶段，便寻求或建立项目的推广基因，例如时下流行的"抖音"App，它正是因为找到了"短视频＋碎片化时间"的推广基因，才能一经推出就火遍全网。如果一个项目找不到合适的推广基因，那么，项目团队应该尽早放弃这个项目以减少损失。

当炒股风潮流行时，建立一个股票网站；当智能手机热销于市场时，开发一个手机交易网站；这不是合理的推广基因，因为它们是随着社会热点而产生的推广基因，具有普遍性和实效性，是其他项目也可以借用的资源，因此无法专门为新媒体项目服务。

如何为新媒体项目寻找并确定合适的推广基因，是寻找植根于业务模式、业务内容或项目本身的特点，将其打造独属于新媒体项目的推广模式。换个角度来讲，如果该项目有一个无法替代的功能设计和一些其他项目没有的资源以及一些特殊的社会影响力，使得该项目不必花费太多的时间和费用，就能够快速吸引网友参与，那么这种优势就是该项目的推广基因。例如，开心网的推广基因在于"朋友之间的恶作剧兴趣引发的口口相传"。

● 确定业务模式

业务模式是新媒体项目中最受关注的部分，它说明了用户使用项目成果的目的和方法。然而"做什么，怎么做"其实仅仅是一个载体，是静态的内容；其真正的价值在于通过何种模式使得用户长期活跃并驻足，简单来说，就是如何保持新媒体项目中大量用户的活跃度和忠诚度。在进行可行性研究时，不仅需要思考"用户做什么，怎么做"，还必须对活跃度和忠诚度进行详细的设计；同时，评价一个新媒体项目是否可行时，也可以从这两点进行分析与研究。

项目的服务是否"有趣"或"实用"，是保持项目活跃度的实质内容；而项目的服务是否可以让用户长期感到"有趣"或"实用"，则是保持项目忠诚度的实质内容。作为可行性研究的工作人员，应该在一定的原则下，尽量满足客户的需要。

● 确定盈利模式

在拟建新媒体项目时，都会关联几种盈利模式，尤其是在投资或立项过程中，工作人员会把这些模式尽可能罗列出来。在分析和规划项目的可行性时，只需关注关联市场的空间、盈利模式的可行性以及投资金额的充足与否三点内容即可。

首先，需要确定盈利模式关联的市场空间是否足够大。如果新媒体项目面向的潜在用户全都进行了付费行为，而总金额无法回本时，证明盈利模式关联的市场空间无法满足项目运营后的营收金额，研究人员应及时调整盈利模式。

其次，盈利模式是否可行，新媒体项目的目标用户和潜在用户是否真的愿意付费。这一点是很关键的，尤其是在研究与分析阶段，所有的设想都来源于历史数据和预测评价，而盈利模式是预测中的最后一环，起到决定性的作用。需要注意的是，面对新媒体行业"人气就是钱"这个根深蒂固的错误观念，研究与分析时需要更加的严谨和认真。

最后，需要确定盈利模式什么时候能够启动，并且估算现有投资金额能否支撑项目正常运营到赚钱的那一天。

- 解决供应力不足的问题

如果一个新媒体项目的可行性研究与评估较高，但却在项目实施阶段出现问题并无法执行下去，或者项目半途而废。原因很简单，就是资源的供应力不足。这里的资金是一个非常重要的因素，甚至只要有了足够的资金，供应力不足的问题即可迎刃而解。但是资金不足是许多项目都存在的问题，如何依靠现有的投资金额，同时满足技术、内容、推广和运营等各方面的需求，达到供需平衡的状态，是可行性研究需要分析的内容。

供应力不足的问题看似简单，但在可行性研究工作中非常容易落入自己给自己设置的陷阱。影响供应力的因素有很多，包括资金、技术能力、外部资源、国家政策、团队能力、产品内容和合作等，在研究时忽略任意一项因素，项目极有可能就会在这个因素上出现问题。因此，在进行新媒体项目可行性研究或分析中，必须着重且详细地考量供应力的各个因素。

上述的三个问题和一个条件，代表了分析与研究时的思维结构、先后顺序和重点关系。利用这样的结构，读者可以在可行性研究中明确自己的思路，也可以对已经成型的项目方案进行可行性分析和评估，做到减少错误投资，同时增加项目成功率的效果。

3.5　可行性研究与评估的原则

因为可行性研究与项目评估都是为还没开始建设的新媒体项目进行是否可行的预判工作，所以必须遵循科学性、真实性、公正性和时效性等原则，否则编制的可行性研究报告和评估报告将不具备科学依据，而没有科学依据的结论也无法为投资人提供正确的决策导向，其意义也就不复存在。

1. 科学性原则

科学性原则要求工作人员按照一定的规则和方法去收集和分析数据，这是进行可行性研究必须遵循的最基本原则。

运用科学的方法和认真的态度来收集、分析和评审原始数据和资料，以确保所得的数据和资料是真实可靠的信息。真实可靠的数据和资料是可行性研究和项目评估的基础。

经过认真的分析和计算而采用的每一项技术以及做出的每一个决定，都具有科学依据，这是遵循了科学性原则的表现。

2. 真实性原则

真实性原则就是要求工作人员坚持从实际出发，以实事求是的态度完成可行性研究和项目评估的工作，最终得到真实有用的结论。为新媒体项目进行可行性研究，需要根据项目的市场需求与具体条件进行分析论证，进而得出该项目可行或不可行的结论。

首先，接受委托的单位必须正确地认识新媒体项目所需的条件和要求，这些条件和要求都是客观存在的，所以进行研究工作时，工作人员必须排除主观臆断，并从实际出发。

其次，工作人员需要实事求是地运用真实的数据和资料得到符合科学规律的信息和结论，即可行性研究报告的结论必须是分析研究过程中合乎逻辑并真实存在的结果，而不是工作人员掺杂主观判断的结论。

3. 公正性原则

公正性原则要求工作人员时刻保持公平、公正的态度为每一个新媒体项目进行研究和分析工作，同时必须站在公正的立场上，面对每一份项目数据和资料。

在完成新媒体项目的可行性研究工作中，应该把国民经济的效益放在首位，并且综合考虑项目各方的经济利益，同时不能为任何单位或个人产生偏袒行为，不为任何利益或压力所动摇。而在实际的工作中，只要工作人员能够坚持科学性与真实性原则，就能够保证可行性研究工作的正确和公正，从而为新媒体项目的投资决策提供可靠的科学依据。

4. 时效性原则

由于新媒体的宣传和推广服务拥有全民、全时和全域等特点，每一个新媒体项目都必须保持很高的时效性，否则项目中的部分用户将对产品或服务失去黏性，无法对项目产品或服务产生依赖感。

3.6　可行性研究与评估的内容

在对新媒体项目进行可行性研究和项目评估时，研究和评估的内容基本与工程项目相同，但又有一些细微的差别，接下来详细讲解新媒体项目可行性研究和评估的内容。

3.6.1　可行性研究的内容

一般情况下，项目可行性研究报告应由有资格的设计（咨询）单位进行编制。不同行业的新媒体项目，可行性研究的内容和报告的编写格式也会有所不同。

由联合国工业发展组织（UNIDO）发布的《工业可行性研究编制手册》（最新修

订及增补版），提供了拟建项目的可行性研究内容。为了编制的新媒体项目可行性研究报告更加标准和规范化，根据联合国工业组织提供的报告内容，整理和升级新媒体项目可行性研究的内容，主要包括以下 10 个方面。

1. 总论

简述新媒体项目的概况、可行性研究的主要结论以及存在的问题与建议。总论中应阐明对推荐方案在论证过程中曾有的重要争论问题、不同意见和观点，并对新媒体项目的主要技术经济指标列表说明。

同时需要说明新媒体项目的背景情况、投资环境、拟建项目的必要性和经济意义、项目投资对国民经济的作用和重要性；提出或说明项目调查研究的主要依据、工作范围和要求；提供项目的建议书及有关审批文件。

2. 市场需求分析和销售分析

分析国内外市场近期需求情况；对国内现有工厂的生产能力或竞品进行检验与预测；完成销售预测、价格、产品竞争能力和进入国际市场的前景分析，为实现预期利润奠定基础。

3. 资源情况

叙述新媒体项目所需的资源，资源内容包括资源储量、成分以及利用条件等。还需要说明所需原料、辅助原料和供应条件等，以及外部协作条件、签订协议和合同的情况。

4. 建厂条件和厂址方案

如果新媒体项目需要建设厂房，将根据目前的生产技术要求，在指定建设地区，对厂址的地理位置、水文、地质、地形、地震、洪水情况和社会经济现状进行调查研究；收集基础资料，了解厂址周围的交通、运输及水、电、气、热基础设施的现状和发展趋势。

叙述厂址的占地范围、厂区总体布置方案、建设条件、地价、拆迁费及其他费用情况；还需要叙述厂址与原料产地和产品市场的距离，厂址周边的条件。对厂址选择进行多方案的技术经济分析和比较，提出合理的选择建议。

对于一些无须建设厂房即可完成的新媒体项目来说，即可略过此条研究内容，或根据上述研究内容，进一步分析和评价新媒体项目所租用的场地。

5. 工艺设计和产品方案

论证为何采用现有技术和工艺方案，包括技术的来源、工艺路线、生产方法、主要设备选型方案、技术工艺的比较、引进技术和设备的必要性及其来源国别的选择比较；以及设备在国内外的交付规定或与外商合作的制造方案设想，最后应附上工艺流程图。

论证采用当前产品方案的理由，包括产品方案的受众面、销售点和前期经费等内容，还需要附上方案流程图。

6. 环境保护与劳动安全

如果项目包含生产环节，需要叙述环境现状，生产环节所产生的废弃物的种类、成分和数量，预测其对环境的影响。

叙述劳动保护与安全卫生的情况；规定防震、防洪、防空和文物保护等要求以及提供相应的措施方案。

7. 生产组织和人力资源

论述对新媒体项目生产管理体制、各项机制的设置和方案的选择；也需要对产品技术或运营方案和管理人员的素质以及数量做出规定；还需要论证定制的人力资源计划以及人员培训的规划和费用估算。

8. 实施计划和进度要求

按照系统设计、设备制造和项目施工所需的时间和进度要求，为整个项目实施方案制定总进度，并使用横道图或双代号网络图来表述最佳实施计划方案的选择。图 3-10 所示为用以表示项目进度的横道图，图 3-11 所示为用以表示项目进度的双代号网络图。

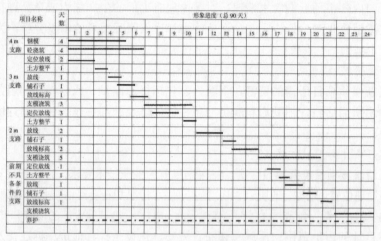

图 3-10　横道图

图 3-11　双代号网络图

9. 财务和经济效果的分析

叙述新媒体项目的各项基础费用、流动资金和项目总投资的估算；也要叙述项目资金来源和筹措方式，以及产品或服务的生产成本估算；还要叙述项目财务评价和国民经济评价。

10. 评价结论与建议

对新媒体项目的产品方案进行综合分析与评价，然后利用各项数据，从技术、经济和社会等方面论述建设新媒体项目的可行性；推荐一个以上的可行方案，提供决策参考，指出其中存在的问题；最终得出结论性意见和改进的建议。

经过阅读上述内容并归纳总结，新媒体项目可行性研究的基本内容可以概括为三大部分：一是产品的市场调查和预测研究，这是可行性研究的前提，它决定了项目投资建设的必要性，是成立项目的最重要依据；二是技术方案和建设条件的分析与研究，这是可行性研究的技术基础，它决定了现有技术能否完成项目；三是对经济效果的分析和评价，说明新媒体项目在经济上的合理性，它是决定项目投资的关键，因此也是项目可行性研究的核心部分。

以上的可行性研究内容主要针对的是新建项目，对于改革或升级的新媒体项目来说，可行性研究还应增加对原有固定资产的利用和企业现有概况的说明和分析等内容。

由于拟建项目的性质、任务和规模以及项目复杂程度各不同，新媒体项目可行性研究的内容也应随行业不同而有所区别，它们各有侧重，所达深度和广度也不一样。

对于工业、交通、农业、商业和文教卫生等产业中的中小型新媒体项目，如果经济条件、技术条件和协作关系都较为简单，可以将初步可行性研究阶段与详细可行性研究阶段合为一体。

3.6.2　项目评估的内容

评估的目的是为新媒体项目的投资决策提供坚实有力的科学依据。不同的新媒体项目，其发展方向、产品性质和行业类型也会存在一定的差异，导致评估内容和侧重点也会不同。但是需要注意的是，每个新媒体项目在进行评估工作时，都必须包含如表 3-2 所示的基础评判内容。

表 3-2　必须包含的基础评判内容

评 估 方 向	具 体 内 容
项目与企业的概况	在评估新媒体项目时，首先要对实施项目的背景进行简要查证，其次需要对不同种类项目的基本概况进行简要分析
	对于小型新媒体项目来说，主要评估项目的投入资金、项目性质、产品内容、产品方案、项目亲属关系以及成立项目的依据等
	对于升级革新的新媒体项目来说，除上述内容外，还要评估企业当前的基本概况、产品迭代历史、组织结构、技术发展水平、资信程度和经济效益等
	对于中外合资的新媒体项目来说，则需评估外国公司的基本概况、资信程度、国内市场接受度和项目内容是否符合国内法律法规

续表

评 估 方 向	具 体 内 容
建设项目的必要性	在这一评估过程中，主要从宏观和微观两个角度查证新媒体项目成立的必要性，例如成立的新媒体项目是否符合国民经济发展规划与地区发展规划，是否符合国家的产业政策，是否有利于该产业的可持续发展，以及是否有助于优化当地规划布局等
项目的市场需求	在这一评估过程中，主要查证从可行性研究报告中所得的市场分析信息是否真实可靠，包括新媒体项目中提供的产品或服务其市场现状、未来发展趋势，以及产品或服务在市场上的竞争能力等
确定项目模式	这一评估过程必须建立在必要性评估与市场需求评估的基础上，再结合新媒体项目的具体情况，包括媒体传播、资金筹集能力、技术和管理水平以及经济效益等，确定项目的最佳发展模式
项目产品与运营	这一评估过程主要评估新媒体项目的产品设计与运营方案是否合理，项目产品是否具备先进性、经济性、合理性和安全性，以及营销方向是否合理、正确等内容
投资估算	在这一评估过程中，主要评估可行性研究报告中估算的项目投资额度是否合理，包括建设投资、流动资金投资与建设期利息等资金额度，还需要评估可行性研究报告中制订的资金筹措方案和资金使用计划是否能够正常开展
项目财务情况	在这一评估过程中，需要从企业或项目的角度出发，根据可行性研究报告中收集和估算出的财务数据，以财务价格为基础，编制专业的财务表格，计算相应的技术经济指标，根据这个指标判断新媒体项目完成后的盈利情况和资金偿还能力
项目经济效益	在这一评估过程中，将从国民经济的角度出发，根据收集和估算出的经济数据，以影子价格为基础，编制专业的产品价格表格，计算出相应的技术经济指标，根据指标判断新媒体项目可以为国民经济做出哪些贡献
不确定性情况	在这一评估过程中，主要通过使用一些方法计算出项目的相关指标，查证新媒体项目抵御风险的能力
项目总评估	这一评估过程是在上述各项评估的基础上，得出项目评估的结论，并提出相应的问题和建议，最终完成项目评估报告的编制。 在实际的评估工作中，可根据新媒体项目的产品性质、运营模式和行业类别等关键性信息对上述基础评估内容加以调整

🖋 **课堂讨论**：影子价格是指依据一定的原则，能够反映投入物和产出物真实经济价值、市场供求状况、资源稀缺程度以及能够使资源得到合理配置的价格。因此，它又被称为最优计划价格或计算价格。尝试讨论在评估项目的经济效益时，为什么使用影子价格为基础，这么做对项目评估又有哪些好处。

3.7　可行性研究与评估的流程

虽然可行性研究与项目评估的基础原理、执行阶段和工作目标都一样，但是由于两者的分析内容具有细微差别，工作人员在完成两项工作时，也需要根据新媒体项目的具体要求和分析内容，及时调整和更新研究与评估步骤。

3.7.1　可行性研究的流程

根据国家发展和改革委员会 2002 年发布的《投资项目可行性研究指南》和 2006 年发布的《建设项目经济评价方法与参数》（第三版）以及《产业结构调整目录 2011 版》文件，新媒体项目可行性研究的一般工作流程包含下述步骤。

1. 提出项目建议书

各省（自治区、直辖市）、计划单列市和全国性工业公司以及现有的企事业单位，根据国家和地区经济发展的长远规划、经济建设的方针任务和技术经济政策，结合资源条件和建设目标等条件，经过广泛调查研究、收集资料、勘测项目发展地和初步预测投资效果等步骤，提出需要进行可行性研究的项目建议书和初步可行性研究报告。

跨地区、跨行业以及对国民经济和生活有重大影响的新媒体项目，应由相关部门和地区联合提出项目建议书和初步可行性研究报告。

2. 专业机构接受委托任务

当项目建议书经国家或地区的计划部门、贷款单位或有关部门授权的咨询单位评估同意，并经审定批准后，该项目即可立项，分别纳入各级的前期工作计划和贷款计划。业主或承办单位可自行或委托经过资格审定的咨询公司或设计单位，开始编制新媒体项目的可行性研究报告。

委托方式可由国家计划部门或主管部门直接给设计咨询公司下达计划任务，也可由各主管部门、国家专业投资公司和项目业主，采用签订合同的方式委托有资格的设计咨询单位承担可行性研究工作。

在主管部门下达的委托任务和双方签订的合同中，应规定研究工作的依据、研究的范围、内容和前提条件、研究工作的质量和进度安排、费用支付办法以及合同双方的责任、协作方式及关于违约处理的方法等。

当然，小型的新媒体项目只需将项目建议书交于公司的上级领导，由上级领导和公司高层共同审批，审批通过后也可立项。

3. 完成可行性研究工作

设计单位或有资质的咨询单位与委托单位签订合同，承担项目可行性研究任务以后，即可展开工作。通常包含如图 3-12 所示的五个步骤。

图 3-12　完成可行性研究工作的五个步骤

1）组织团队与制订计划

接受委托的咨询公司或设计单位在承接新媒体项目后，需获得项目协议书和有关项目背景的指示文件，确定委托者的目标和要求，明确研究内容，之后方可组成项目可行性研究工作小组或项目组，确定项目负责人和专业负责人。项目组根据书面任务书研究工作范畴和工作要求，制订项目工作计划，安排项目进度。

2）收集资料与调查研究

项目组在确定委托单位对项目建设的意图和要求后，首先应组织收集和查阅与项目有关的自然环境、经济与社会情况等基础资料和文件资料，并制定调研提纲，组织人员到现场进行实地调查与勘探，收集并整理得到的基础资料，必要时还需进行专题调查和研究。

此阶段主要通过实际调查和技术经济研究，进一步明确新媒体项目的必要性和实用性。主要从市场调查和资源调查两方面进行研究。

市场调查是社会对产品需求、价格和竞争能力的分析和预测，以便制订项目产品方案和经济规模；资源调查包括设备、产品方案、运营模式、劳动力、运输条件、外部基础设施、环境保护、组织管理和人员培训等自然、社会和经济方面的调查，为选定生产工艺、技术方案、设备选型、组织结构和定员等提供确切的技术、经济分析，通过论证分析，研究项目建设的必要性。

3）设计与优化项目方案

根据项目建议书的要求，结合市场和资源调查，在收集了大量资料和数据的基础上，提出几种可供选择的技术方案和建设方案，结合实际条件进行多次的方案论证，与委托部门明确方案中的原则问题和优化标准，从若干方案中选择或推荐最优及次优方案，研究论证新媒体项目在技术上的可行性，并进一步确定总体建设方案，以备进行下一步的综合经济评价。在设计和优化项目方案的过程中，面对重大问题存在争论时，要与委托单位共同讨论确定。

4）经济分析和评价

项目的调研与经济分析应根据调查资料和有关规定，选定与新媒体项目有关的经济评价基础数据和定额指标参数，列表并注明数据来源。

在论证了项目建设的必要性和可能性以及技术方案的可行性之后，应对所选定的最佳建设方案进行详细的财务预测、财务效益分析、国民经济评价和社会效益评价，从测算项目建设投资、生产成本和销售利润入手，进行项目盈利性分析、费用效益分析和社会效益与影响分析，进而研究论证项目在经济上和社会上的盈利性和合理性，然后提出资金筹集建议，制订项目实施总进度计划。

如果项目的经济效益结论达不到国家或投资者规定的标准，此时，需要对项目的建设方案进行调整或重新设计。

5）编制项目可行性研究报告

在对新媒体项目进行了认真的技术经济分析论证，证明了该项目的建设必要性、技术可行性和经济与社会的合理性后，即可编制详尽的项目可行性研究报告。在报告中，推荐一个以上项目建设可行性方案和实施计划，提出结论性意见和重大决策性建议，为决策部门的最终决策提供科学依据。

经过详细的技术与经济的分析论证，也可以在报告中提出项目不可行的结论意见或项目改进建议。

3.7.2　项目评估的流程

经过前面内容的学习，学生需要知道，想要建设并成立新媒体项目，就必须进行可行性研究；而完成可行性研究后，对其进行评估更是必不可少的一项工作。

与可行性研究一样，项目评估也有规范化的流程步骤。根据新媒体产业的特点，对一般化的项目评估流程加以调整，得到如图 3-13 所示的新媒体项目评估流程。

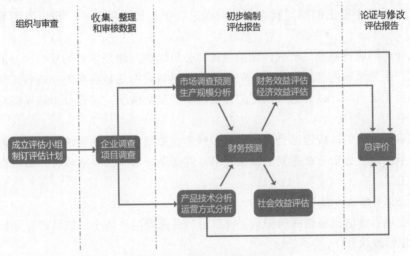

图 3-13　新媒体项目评估流程

1. 组织与审查

在对拟建的新媒体项目进行评估时，当咨询公司或项目贷款公司确认项目评估任务后，首先需要组织并确定评估人员，完成评估小组的组建。其次，组建评估小组以后，评估小组人员对新媒体项目的可行性研究报告进行审查和分析，并提出审查意见，保证评估质量。最后，整理并归纳各评估人员的审查意见，编写评估报告提纲。

2. 收集、整理和审核数据

根据评估报告的提纲内容，由评估小组负责人对组员进行明确的分工，然后各组员开始分头工作，需要完成包括数据调查、估算和分析、指标的计算以及查验文件资料的正规性等工作。

数据调查、估算和分析的重点在于分析可行性研究报告中提出的问题，即对收集到的资料进行整理以后，进行审核和分析。评估人员在掌握所需要的数据之后，即可进入评估报告的编写阶段。

3. 初步编制评估报告

评估单位收集到足够多的必要文件资料并且资料符合要求后，可以正式开展评审分析和评估报告的编制工作。在审查分析的工作过程中，如果发现原有资料存在问题或有缺漏，应及时增加收集的资料数据，予以必要的补充。

除了审查分析项目数据和企业概况等内容外，还应该对可行性研究报告中的市场分析、产品规模、产品方案和运营方式等内容进行分析与审查，还需要对项目的财务数据进行预测，对企业的财务效益和国民经济效益进行分析与论证。

在审查分析的过程中，通常要注意以下三方面的问题。

①所得资料在时间顺序、数据异常及同行业对比等方面突然发生变化，评估人员需要提出疑问并进行核实。

②对报告中提出的疑问和存在的问题进行更加详细的调查，找出原因并加以论证。

③针对问题的原因，研究问题的性质，分析这些问题是主要的还是次要的，其原因的产生是源于内部还是外部，问题的存在是暂时的还是持续的，问题能够得到改善还是无法消除，以及这些问题的发展趋势和变化情况，并将分析结果编写到评估报告中。

在审查分析中，应遵循公正、客观和科学的原则，避免片面性和主观随意性。通过科学的审查分析方法得到的数据资料，能帮助评估人员完成项目评估报告的初步编制工作。

4. 论证与修改评估报告

完成项目评估报告初稿的编制工作以后，首先要由评估小组成员进行分析和论证，提出修改意见。

这一阶段是项目评估的关键，评估小组的人员一定要充分掌握数据，并保证数据的准确性和真实性。不同类型的新媒体项目要选用有侧重点的方法和指标体系。评估报告提出的每一个问题，要有充分的依据。

完成所有内容的论证后，评估人员需要再次对项目评估报告进行修改，使修改完成的项目评估报告拥有极高的准确性。

3.8 分析方法

可行性研究的每一个流程步骤都可以使用很多的方法去完成，但是由于篇幅的限制和方法的难易程度不同，这里仅介绍投资估算步骤中的几个方法，方便读者在之后的实际工作中，能够快速和便捷地在新媒体项目可行性研究中完成投资估算工作。

3.8.1 生产能力估算法

生产能力估算法是根据已经建设完成的类似项目的生产能力和投资金额对建设项目所需投资费用进行粗略计算的一种方法，其计算公式和公式中的各项释义如下所示。

$$Y_2 = Y_1 \, (X_2 \div X_1)^{\,n} \times CF$$

公式中的各项释义：Y_2——拟建项目的投资金额；

Y_1——已建类似项目的投资金额；

X_2——拟建项目的生产能力；

X_1——已建类似项目的生产能力；

n——生产规模指数；

CF——不同时期和不同地点的综合调整系数。

公式表明造价与规模或容量呈非线性关系，且单位造价随产品规模或容量的增大而减小。在正常情况下，$0 \leqslant n \leqslant 1$。在不同生产率的国家和不同性质的项目中，$n$ 的取值不尽相同。通常取 $n=0.6$，因此，又被称为 0.6 指数法。

如果已建类似项目的生产规模与拟建项目的生产规模差距较小，即 X_1 与 X_2 的比值在 0.5 ~ 2 的范围内，则指数 n 的取值可近似为 1。

如果已建类似项目的生产规模与拟建项目的生产规模差距比值小于 50，且拟建项目依靠革新设备规模扩大生产时，则 n 的取值为 0.6 ~ 0.7；但如果拟建项目依靠增加相同规格的设备数量扩大规模时，n 的取值为 0.8 ~ 0.9。

已知参考项目与拟建项目的所属行业、营销方式、销售渠道和目标用户人群等条件相似，但是又拥有不同的生产规模时，可以使用生产能力估算法对拟建项目所需投资金额进行计算。

生产能力估算法的误差可控制在 ±20% 以内，尽管估价误差较大，但这种估算方法有其独特的优势，即不需要详细的产品设计资料，只需知晓生产工艺流程及生产规模即可。所以在总承包产品报价时，承包商大都采用这种方法。

案例 利用生产能力估算法分析电商项目所需的投资金额

一个生产并售卖猫粮、狗粮的线上电商品牌，已知其产品的年产值为 20 万吨，项目的生产线投资额为 40000 万元。因为新媒体的迅速发展和流行，该品牌原先的年产值已供不应求，所以，为了品牌能够更好地经营和发展，现拟建年产值为 60 万吨的同样产品项目，项目建设条件与已建项目相类似，假设生产规模指数 (n) 为 0.6，调整系数 (CF) 为 1.2。根据计算公式，拟建项目的生产线投资额为

$$Y_2=Y_1\,(X_2\div X_1)^n\times CF=40000\times(60\div 20)^{0.6}\times 1.2=92\ 792.73\ （万元）$$

3.8.2　比例估算法

比例估算法包括两种：一种是以拟建项目的设备购置费为基数进行估算；另一种则是以拟建项目的工艺设备投资额为基数进行估算。

1. 以设备采购费为基数

该方法是以新媒体项目的设备采购费为基数，根据已建成的同类项目的建筑费和安装费占设备采购费的百分比，计算出相应的建筑费和安装费，再加上建设中的其他费用和预备费等，其总和即为拟建项目的建设投资额。其计算公式和公式中的各项释义如下所示。

$$C=E\,(1+F_1P_1+F_2P_2)+I$$

公式中的各项释义：C——拟建项目的建设投资额；

$\qquad\qquad\qquad$ E——拟建项目根据当时当地价格计算的设备采购费；

$\qquad\qquad\qquad$ P_1、P_2——已建项目中建筑费和安装费占设备购置费的百分比；

$\qquad\qquad\qquad$ F_1、F_2——由于时间、地点等因素引起的定额、价格和费用标准等综

$\qquad\qquad\qquad\qquad\qquad$ 合调整系数；

$\qquad\qquad\qquad$ I——拟建项目的其他费用。

案例　利用以设备采购费为基数的估算比例法分析项目的投资金额

拟建项目为采用新媒体的营销传播方式扩大公司的知名度并相应提升项目相关产品的销售额，采购设备的费用为 150 万元，根据已建成同类项目统计资料，建筑费占设备购置费的 5%，安装费占设备购置费的 9%，该拟建项目的其他有关费用估算为 2600 万元，调整系数 F_1、F_2 均为 1.1，根据公式，该新媒体项目的建设投资额为

$$C=E\,(1+F_1P_1+F_2P_2)+I=150\times[1+（5\%+9\%）\times 1.1]+2\ 600=2\ 788.1\ （万元）$$

2. 以工艺投资额为基数

该方法以拟建项目的工艺设备投资额为基数，根据同类已建项目的有关统计资料，各项内容（总图、土建、暖通、给排水、管道、电气、电信及自控）占工艺设备投资额（包括运杂费和安装费）的百分比，计算出拟建项目各项内容的投资额，然后把各部分投资额（包括工艺设备投资额）相加，最后再加上拟建项目的其他有关费用，即为拟建项目的建设投资额。其计算公式和公式中的各项释义如下所示。

$$C=E（1+F_1P_1^{'}+F_2P_2^{'}+F_3P_3^{'}+\cdots）+I$$

公式中的各项释义：E——拟建项目根据当时当地价格计算的工艺设备投资额；

$P_1^{'}$、$P_2^{'}$、$P_3^{'}$——已建项目各项内容费用占工艺设备投资额的百分比。

3.8.3　系数估算法

系数估算法包括朗格系数法和设备及厂房系数法两种。

1. 朗格系数法

朗格系数法同样以设备采购费为基础，再与适当的系数相乘来估算新媒体项目的建设投资金额。其计算公式和公式中的各项释义如下所示。

$$C=E（1+\sum K_i）K_C$$

公式中的各项释义：C——建设投资额；

E——设备采购费；

K_i——管线、仪表、建筑物等项费用的估算系数；

K_C——包括管理费、合同费、应急费等间接费在内的总估算系数。

建设投资额与设备采购费之比为朗格系数 K_L，即

$$K_L=（1+\sum K_i）K_C$$

朗格系数包含的内容如表 3-3 所示。

表 3-3　朗格系数的内容

项　　目	固 体 流 程	固 流 流 程	流 体 流 程
朗格系数	3.1	3.63	4.74
（1）包含基础、设备、绝热油漆以及设备安装费	$E×1.43$		
（2）包含（1）和配管费	（1）×1.1	（1）×1.25	（1）×1.6
（3）装置直接费	（2）×1.5		
（4）包含（1）、（2）和间接费用，即总费用	（3）×1.31	（3）×1.35	（3）×1.38

运用朗格系数法估算投资金额，方法和操作都比较简单，但由于没有考虑一些影响因素，所以估算准确度并不高。影响其精度的因素包括以下四个方面。

- 项目或装置的规模发生变化；
- 项目中主要设备材质发生变化（设备费用变化较大而安装费用变化不大所产生的影响）；
- 不同地区的自然地理条件；
- 不同地区的经济条件。

虽然会受一些因素的影响无法得到较高精度的估算金额，但是朗格系数法是以设备费为计算基础，所以，对于设备费用在一项工程中所占比重为45%～55%的石油、石化和化工项目而言，还是非常实用且有效的。只要准确掌握各种不同类型工程的朗格系数，可提高投资估算的精度，提高后朗格系数法的估算误差范围在10%～15%。

2. 设备及厂房系数法

该估算方法是在拟建的新媒体项目其工艺设备投资和厂房土建投资估算的基础上，参照类似项目的专业工程统计资料，与设备关系较大的按设备投资系数计算，与厂房土建关系较大的则按厂房土建投资系数计算，将两类投资相加，再加上拟建新媒体项目的其他费用，得出的估算金额即为新媒体项目的建设投资金额。

3.9 项目可行性报告

一般情况下，大型的可行性研究报告会委托给专业的咨询机构，由专业团队来分工完成。专业团队中有人负责技术分析，有人负责政策和市场研究，有人负责财务分析……利用多人的大量调研分析和头脑风暴力量，完成的报告往往长达百页，字数一般在3万字以上，报告涉及的深度和广度也是一般技术人员无法达到的。

上述的可行性研究报告成本很高，编制所需要的时间也比较长。对于新媒体项目来说，信息和技术的升级太快，无法给予工作人员大量的调研时间，因此，可以采用较为简单的方式来完成报告的编制工作，接下来向读者阐述如何编制简单的可行性研究报告。

1. 报告形式

为任意一个新媒体项目编制可行性报告，其形式与内容必须统一，才能使阅读者快速明白所读内容。因此，首先编写者需要确定可行性研究报告所采用的目录格式。

简单的可行性研究报告篇幅较小，往往在30页以内，字数可以控制在1万字以内，所以它的目录结构不宜过于庞大，否则报告内容将会显得空泛和不专业。

一般情况下，使用"第一章""第二章""第三章"的形式标记一级目录；使用"一""二""三"的形式标记二级目录；使用"（一）""（二）""（三）"的形式标记三级目录；最后，使用阿拉伯数字"1""2""3"的形式标记四级目录，使用"(1)""(2)""(3)"的形式标记五级目录。

在简单的可行性研究报告中，无须设计太深的目录层级，编制4～5个层级的目录就好，这样更利于读者理清报告中的前后关系和逻辑关系。

2. 报告内容

确定编制可行性研究报告的格式后，就可以开始编写可行性研究报告了。正规的可行性研究报告包含总论、项目背景、市场分析、工艺技术方案、规划设计和建设方案等十几章内容，而简单的可行性报告通过精简和提炼内容，只需6章即可完成项目内容的表述。分别是：

（1）公司和拟建项目的基本情况；

（2）市场分析；

（3）产品技术方案；

（4）经济效益分析；

（5）社会效益分析；

（6）结论和建议。

对待有些特定用途的报告，读者可以根据项目的具体需求，对上述章节内容中的中间章节进行调整和设置。同时，章节内容同样只要 5～6 章即可，因为重点内容完全可以纳入这些章节里面，无须过多划分章节以免报告内容重复或章节混乱。

3. 重点内容

不管是大型且正规的可行性研究报告，还是简单的可行性研究报告，其重点都是经济效益分析部分中的内容。

大型可行性研究报告的经济效益分析是专业且复杂的，需要工作人员按照严谨的态度和严格的质量把关完成投资估算、收益预测和财务分析等内容的具体数据，还需要计算出内部收益率和动态投资回收期等信息。

而简单的可行性研究报告也需要编制投资估算、收益预测和财务分析等数据。但是由于时间限制和项目要求，无须编制得太过复杂，只需使用表格将投资估算和收益预测等数据表达清楚即可。同时，财务分析也只需要编制静态分析即可。

学习了可行性研究与项目评估的知识后，接下来通过分析与编制一个实际的可行性研究报告，进一步理解如何分析与研究新媒体项目的可行性。

3.10　本章小结

本章主要讲解了在建设新媒体项目之前，如何完成项目的可行性研究与评估工作，从而判断项目是否可行。具体内容包括可行性研究与评估的概念、两者之间的关系、作用、原则、内容、流程，以及可行性研究的不同阶段和分析方法等，同时在大量的知识点中增加案例，帮助读者快速理解和掌握相关知识。

第4章　新媒体项目运营

随着新媒体时代的到来，新媒体逐渐渗入人们的生活。在新的价值理念的变化以及社会信息重整的背景下，新媒体运营应运而生。这不仅为商业领域带来了新的商机，而且将社会群体服务引领到社会的最前沿。

作为新媒体最重要的两个领域——互联网和移动增值，不仅在新媒体市场占有着重要的席位，而且在市场格局中占领先地位，一时发展成为目前盈利的主流。新媒体运营已经成为人们生活中的重要一环，逐渐发展成为时代发展的主流，最终带领社会进入信息化时代。

从本质上讲，新媒体运营是企业软性渗透的商业策略在新媒体形式上的实现，通常借助媒体表达与舆论传播使消费者认同某种概念、观点和分析思路，从而达到企业品牌宣传、产品销售的目的。

本章将针对新媒体运营的相关知识进行讲解，帮助学生快速理解并掌握新媒体运营的流程和技巧，为从事新媒体运营职业铺平道路。

- 能力目标
  - 掌握新媒体运营的特点与流程，并能熟练掌握新媒体项目的运营流程；
  - 能够熟练使用新媒体运营的不同方式。
- 知识目标
  - 了解新媒体运营的含义和特点；
  - 掌握新媒体运营团队的构成；
  - 掌握新媒体运营的盈利方式；
  - 了解新媒体运营人员需要具备的能力；
  - 了解红人经济和红人营销；
  - 掌握应用红人数据的方法。
- 素质目标
  - 在掌握新媒体运营的基础上，提升个人职业道德职业素养能力；
  - 丰富知识结构，提升新媒体项目运营能力。

4.1　新媒体运营的含义

新媒体运营，是通过现代化移动互联网手段，通过利用抖音、快手、微信、微博、贴吧等新兴媒体平台工具进行产品宣传、推广、产品营销的一系列运营手段。通过策划品牌相关的优质、高度传播性的内容和线上活动，向客户广泛或者精准推送消息，提高参与度，提高知名度，从而充分利用粉丝经济，达到相应营销目的。

4.1.1　新媒体运营的任务

新媒体运营的任务简单来说就是流量建设和用户维系。

1. 流量建设

流量建设是指通过各种推广、扩散、营销或者活动，提升网站流量指标的操作，通常所说的 PV、UV、注册转化和 SEO 都在这个环节。

流量的重要性不言而喻，如果要累积到足够多的有价值用户，流量越大，可转化的基础用户量就越大，那么当转化率到达瓶颈之后，持续的大量的流量是保证一个网站、一个产品能够长久运营下去的关键因素之一。

当然，如果能够获得足够多的目标用户，那么转化率就可以获得有效提升，流量则不那么关键。但是，不管是否能够定向地获得目标用户，有大量的持续的流量，都是一件幸福的事儿。

2. 用户维系

有了流量和用户后，运营的大部分工作就是如何持续有效地推动用户的活跃与留存，并且从中发现有价值甚至高价值的用户。这些用户会持续地为网站与产品带来价值、产生收益，让网站和产品可以高效益地运营下去。

4.1.2　新媒体运营与新媒体营销

新媒体运营和新媒体营销仅一字之差，经常被混为一谈。虽然二者存在相似之处，但也有明显的区别，如表 4-1 所示。

表 4-1　新媒体运营与新媒体营销

相　同　点	渊源相近	都是线下工作的线上变体
	价值相似	都是连接双方的重要桥梁
	细节相交	具体工作有大量重合部分
不　同　点	侧重区别	营销向外，运营向内
	思维差异	营销策略制胜，运营细节为王
	导向差异	营销结果导向，运营多种导向

1. 相同点

新媒体运营和新媒体营销有三大相同之处。

1）渊源相近

运营和营销都是在线下存在多年的工作，并非新媒体领域的专有名词。营销一词不是新媒体领域的专有名词，早在互联网诞生之前，市场策划、品牌推广、电话销售等与营销相关的工作就已经存在。同样，运营一词在线下也早已存在，如地铁运营、工厂运营、饭店运营、企业运营等。

2）价值相似

新媒体运营和新媒体营销都是连接产品与用户的桥梁。

从产品到用户——新媒体运营和新媒体营销都需要充分挖掘产品特色，并将产品优势呈现于互联网，从而使用户在线上接触企业产品。

从用户到产品——新媒体运营和新媒体营销都需要将用户的意见定期整理，随后与产品团队沟通，持续改善用户体验。

3）细节相交

一方面，新媒体运营和新媒体营销在职能上有重合。大量企业的新媒体部门通常只有文案、设计、推广和客服等岗位，这类岗位既是新媒体营销岗位，又是新媒体运营岗位，二者在此处没有严格的区分。

另一方面，新媒体运营和新媒体营销在具体工作上也有重合。例如，某化妆品公司准备策划一场微信活动，销售新款化妆品。该活动不能笼统地概括为运营活动或营销活动，因为其既包含营销动作（挖掘新品卖点、设置化妆品定价等），又包含运营动作（设计预热海报、撰写公众号文章等），如表 4-2 所示。

表 4-2　新媒体运营和新媒体营销在工作上的重合

营　销　动　作	运　营　动　作
挖掘新品卖点	设计预热海报
设置化妆品定价	撰写公众号文章
寻求分销渠道	设置后台关键词
提供促销活动	管理后台留言
在线客服服务	监测文章数据

课堂讨论：某公司在天猫店销售零食，计划于某月初发起微博活动，进行天猫店的推广，请用上述化妆品销售活动拆解的思路分析：这是一次营销活动还是运营活动？为什么？

2. 不同点

新媒体运营和新媒体营销有三大明显差别。

1）侧重区别

新媒体营销偏向对外的工作，尤其是与用户打交道，想方设法触及用户并达成营销目标。因此，营销者需要围绕营销进行定期的用户分析、用户跟进和产品分销策划等工作。

新媒体运营偏向内部工作，所以运营者的日常工作包括账号管理、矩阵设计、选题规划、内容推送和数据分析等。

2）思维差异

企业营销工作的关键是策略及顶层设计，优秀的营销策略是营销成功的前提。例如，"小罐茶"在进行营销工作之前，先制定了"集中资源，集中发力"的策略，并要求各地办事处遵照此策略，倾尽所有猛砸广告，对消费者进行深度说服，这也成为"小罐茶"顺利启动全国市场的关键一步。

运营工作的关键是把控细节。如果设计出优秀的策略又不忽略细节，很有可能由于海报忘记加二维码或软文网址写错等问题而导致运营效果前功尽弃。

3）导向差别

新媒体营销工作的效果可以通过一系列营销结果数据直接评判；而新媒体运营工作的效果评判标准更多——除了对营销结果数据的考量外，还包括用户数据和内容数据等；不仅要考虑短期指标，也要考虑对运营成本有价值的长期指标。

例如某公司新媒体部门对新媒体营销工作与新媒体运营工作进行考核时，制定了详细的考核指标，如表 4-3 所示。

表 4-3　新媒体营销工作与新媒体运营工作考核

考核指标	项目	
	新媒体营销	新媒体运营
销售额	√	√
转化率	√	√
好评率		√
粉丝数		√
点击率		√
阅读量		√
推荐数		√

由表 4-3 可以看出，新媒体营销工作的考核项目仅有"销售额"和"转化率"两项；而对新媒体运营工作的考核，除了销售相关指标外，还包括"好评率""粉丝数""阅读量"等运营指标，其考核维度更多、考核项目更细。

案例　支付宝"锦鲤"

一提到营销热词，"锦鲤"绝对绕不过。从转发杨超越到支付宝"中国锦鲤"大奖，都在网络形成了病毒式传播，一时间无数人加入"拜锦鲤教"。而吸引如此众多网友的转发，最大的原因是被抽中的这位中国锦鲤，可获得全球免单大礼包！礼包的合作商更是分布海内外，提供的礼品不仅丰盛且含金量还相当高，大致包括鞋包服饰、化妆品、各地美食券、电影票、SPA 券、旅游免单、手机、机票、酒店等。

该微博破了两项新纪录：不到 6 小时转发量破百万人次，周累计转发破 300 万人次，成为企业营销史上最快达成百万级转发量以及迄今为止总转发量最高的企业传播新案例。整个事件中，微博营销功不可没，如图4-1所示。

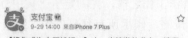

图 4-1　支付宝"微博"营销

4.2　新媒体运营的特点

当前所指的新媒体，是与社交媒介更为贴切的媒介形式，如微信、微博、抖音和 SNS，等等，更多地表现为自媒体，它们具有以下特点：

1. 信息传播速度快

新媒体运营的信息传播的速度非常快，很多信息在社交媒体上的生命力可能只有短短的一天。消息爆出来的时候，信息量铺天盖地，但一天过后，第二天大家就淡忘了，不再讨论这个话题了。

从书到报纸、杂志，再到网站论坛，然后是社交媒体，信息传播的成本越来越低，传播效率越来越高，信息像病毒一样蔓延的速度也越来越快，高效快速地为用户提供信息服务显得越来越重要。

2. 传播方式双向化

在传统媒体时代，编辑与用户的互动性几乎为零。比如这个月出了一本杂志，卖了 10 万份，编辑根本不知道这 10 万用户都是谁，更不知道他们看完之后对内容质量做出了什么评价，用户更喜欢杂志中的哪一篇文章内容。没有互动性，导致你对用户的反馈几乎一无所知！

在新媒体时代，一篇文章在公众号上推送出去后，可以知道有多少用户在看，用户属于哪些群体，用看完后的反应是什么，文章是否受欢迎等信息。喜欢的用户会点赞、留言、评论和分享文章；不喜欢的用户也会直接在评论区中表达情绪；用户会对写得好的地方表达称赞，对写得不好的地方会直接指出错误，并提出自己的想法等。在新媒体时代，双向互动性传播让作者与用户间发生误解的可能性越来越小，让信息的传播更加高效透明，更加健康。

3. 阅读的无目的性

从用户的阅读习惯上来讲，现在的年轻人越来越少地去买书、买杂志，甚至越来越少地浏览垂直网站上的内容，更多的时间在浏览朋友圈、刷微博、刷抖音。在传统媒体时代，用户往往是带着特定的需求去阅读的，这是目的性很强的行为。在新媒体的社交媒体上刷微博、刷抖音，则是一种无目的行为。比如此时此刻拿起手机准备刷十分钟朋友圈，在接下来的十分钟里完全不知道会看到什么内容，也完全不是带着目的去刷的，一切都是随机的行为。

4. 碎片化阅读

传统媒体时代的阅读场景都是坐在书桌前、沙发上或者图书馆里，人的状态相对静止，阅读时间相对有保证，注意力相对集中。

随着智能手机的普及和社交媒体的蓬勃发展，阅读环境已经发生了很大的变化。现在可能是在公交车上、地铁上或者马桶上阅读文章，阅读时间碎片化，注意力随时都可能被转移。

5. 人人皆媒体

新媒体时代已经来临，传统媒体正在瓦解。在新媒体时代，每个人既是内容生产者，也是传播者，每个人都是一个小媒体，同时又在消费其他人生产的内容。

微博、微信、抖音等新的传播方式使得每一个人都成为信息的发布者，个性地表达自己的观点，传播自己关注的信息。个性化的传播方式让众人体会着发布信息影响他人的快感。

6. 社交属性

不社交无媒体！这是新媒体未来发展的一个共识：也就是说没有社交关系的依托或者不能帮助社交的媒体都不再是媒体，没有社交属性的内容几乎是无法被传播和交换的！

比如用户发朋友圈的时候越来越谨慎，发的不是用户想发的，而是想让朋友看到的。展示的不是真实的用户，而是用户想塑造成为的那个人。

以上六点即新媒体运营的特点，这些特点没有先后之分，也没有谁更重要，它们是一个整体，互相之间都有很强的关联性，用户需要在实践中去体会，反过来再去指导实践，这样反反复复地练习，才能充分理解新媒体运营的本质，制作出更多的爆款内容。

4.3　新媒体运营团队的构成

新媒体运营也就是新媒体平台＋运营。新媒体有微信、微博和抖音等多个平台；

关于运营，有内容运营、活动运营和电商运营等多种运营方式，如图 4-2 所示。每个项目都能够组合出很多不同的新媒体的岗位。

图 4-2　新媒体运营 = 新媒体平台 + 运营

1. 新媒体运营团队的组织架构

一个企业的新媒体部门，一般会有两种架构形式：第一种是根据业务逻辑分组，比如内容、活动、用户分别划分为一个大组，如图 4-3 所示。根据具体的业务来划分，统一管理内容，产出内容提供给各个不同平台；第二种方式是按照平台属性分组，比如微信、抖音、快手等平台各为一个组，进行垂直运营，如图 4-4 所示。

图 4-3　根据业务逻辑分组　　　　图 4-4　根据平台属性分组

一般来说，企业在刚刚起步时，可以采用业务逻辑分组；当发展到一定阶段后，可以改为平台属性分组；由于不同的平台也要相互关联，随着企业的发展，会将两种模式有机地融合在一起，这是一个不停迭代升级的过程。

企业新媒体的团队架构可以分为内容组、推广组、活动组、平台组、社群组、运营组和技术组七个职能小组。

内容组就是人们眼中的新媒体小编，主要负责文案内容的编写。

推广组和活动组都做引流的工作，推广组主要做广告投放和跨境合作，活动组主要做增粉和品牌活动；平台组做产品设计和后台架构；社群组管理运营用户，根据不同的平台有不同的运营小组；平台组和社群组就是我们说的 CRM 用户管理体系。

不同的行业，不同的品牌，有不同的需求，相应的规划是不一样的，可以根据自己的实际情况来画出相对应的规划图。

当下企业在布局新媒体矩阵的时候，都会重点关注两大生态：微信和短视频。短视频团队比较特殊，以前做抖音和快手，现在还有视频号和直播；关于短视频团队的组织架构，严格来说分为导演、演员、策划、摄影、后期和运营六个职能岗位，如图 4-5 所示。

新媒体团队一定是完整的商业闭环，麻雀虽小五脏俱全，所以，可以把新媒体团队看成是公司内部的"小公司"，这样才能从不同的视角来看怎么做新媒体。

图 4-5　短视频团队组织架构

课堂讨论： 作为刚毕业的大学生，在新媒体创业早期，创建新媒体运营团队时，最好采用哪种团队组织架构？为什么？最少需要哪些岗位？

2. 新媒体运营团队的发展趋势

伴随着官方对原创的保护以及用户对内容质量要求的提高，新媒体内容的创作门槛有所上升。当新媒体平台完成一定的内容积累与用户积累后，为了避免用户厌倦，通常都会进行内容创新与业务拓展，在深度或广度上提出更高的要求。因此，新媒体团队要想在未来保持强劲发展的势头，继续进行稳定、高产、高质量的内容输出，就必须在人才素质、岗位设置与团队规模上产生新的需求，使团队逐步向机构化、公司化形态演变，以便获得更多商业机会，实现内容盈利，具体体现为以下几点。

1）人才高素质化

新媒体运营的人才需求呈现"一专多能"、专业化与全面化兼顾的发展趋势，能够将自身在某一专项上的特长与新媒体平台相结合，施展拳脚。一方面，在专业知识与技能上，高品质和专业化的内容发展方向要求团队成员在具备熟练的工作技能外，还需有快速精准的内容制作能力；另一方面，鉴于新媒体运营的灵活性与融合性，团队成员需要具备完善的知识结构和必要的理论素养，能够拥有全面发展的眼光与意识，并具有创新意识和探索精神。

2）岗位设置细分化

岗位设置上，除内容创作外，新媒体团队在产品设计与运营管理方面也有专业需求。另外在自媒体的用户积累和品牌影响力达到一定规模后，更高的发展目标会产生更多的岗位需求，如运营、文案、设计、推广等不同岗位需要专职人员负责，岗位的设置更加细分。

3）团队规模扩大化

团队规模上，在用户要求逐步提高、新媒体内容逐步向深度和广度发展的新形势下，原有的一人兼顾文案、编辑、美工等多个岗位工作内容的 2～3 人小团队已经不再适应新的发展需求，工作量的提高和工作内容的增加对新媒体运营团队的人数和分工上有更高的需求，团队规模呈扩大化趋势。

4）组织形态公司化

伴随着自媒体的商业模式逐步成熟，自媒体的组织形态也将向更商业化且更利于商业化的模式发展。因此，公司化将成为自媒体团队组织形态的一大发展趋势。在为自媒体团队争取更多商业机会的同时，公司化稳定的运作机制也可以为自媒体的内容生产提供更多保障。

4.4 新媒体运营的工作流程

俗话说，"磨刀不费砍柴工"，在进行新媒体运营之前要掌握新媒体运营的工作流程。只有这样，才能将新媒体运营得更好。

新媒体运营工作流程的最终目的是获取持续稳定的精准流量。精准流量就是会购买你产品的人，会持续使用你产品的人，会分享你产品的人。新媒体运营可以理解为用户运营、内容运营和活动运营，如图 4-6 所示。

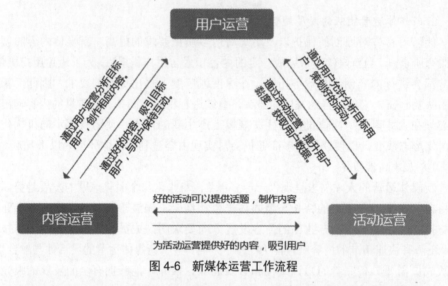

图 4-6 新媒体运营工作流程

通过用户运营分析目标用户，创作相应内容；通过好的内容，吸引目标用户，与用户保持互动。通过用户允许分析目标用户，策划好的活动；通过活动运营，提升用户黏度，获取用户数据。好的活动可以提供话题，制作内容；为活动运营提供好的内容，吸引用户可以将新媒体运营细分为用户调查、内容制作、渠道选取、数据测试、调整优化等阶段。各阶段所占运营工作的比例如图 4-7 所示。

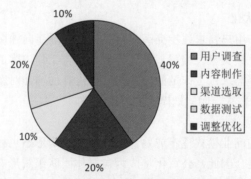

图 4-7 新媒体运营各阶段所占运营工作的比例

1. 用户调查

用户调查贯穿新媒体运营工作的始末，是最重要的一环，所用时间占运营工作的 40% 左右，比如，如果我们要做一个公众号，首先要明确公众号的定位：

为哪一类客户解决了什么问题？

用户的痛点是什么？

我们产品卖点是什么？

我们公众号转化路径是什么？

我们擅长输出哪一块内容？

我们的客户在哪些渠道活跃？

我们的竞品输出的是什么内容？

哪些内容阅读量高？哪些内容点赞多？

他们转化路径是什么？目标客户是哪些？

要明确这些问题，需要我们研究竞争对手，研究我们想要用的渠道，研究我们的客户，甚至研究我们自己。把这些问题都搞明白后，再开始制作公众号。在制作的过程中也要不断调研，可以询问新引流进来的客户，因为客户比我们清楚他要什么，不要什么。也要分析竞品在做什么，不断的优化，争取做得比竞争对手更好，更出色。总之，用户调研贯穿运营工作始末。

2. 内容制作

内容制作所用时间大概占运营工作的 20%。尽量多花点时间提高内容的质量，而不是数量。不要整天想着追热点，求文采风流，为创作大创意甚至到了绞尽脑汁的地步。

内容制作是用户调研的延伸实践过程，我们已经知道用户是谁，用户在哪些渠道，用户喜欢看什么内容……制作用户喜欢看的内容，内容里包含转化路径和产品卖点即可。

3. 渠道选取

渠道选取所用时间大概占运营工作的 10%。在运营初期，不要想熟悉各种渠道或者跟风最热门的那个，贪大求多最终会导致一无所成。尽量从大处着眼，小处着手。把 1～2 个渠道做精、做专，从点到线再到面，逐渐把每个渠道都做精、做专。

4. 数据测试

数据测试所用时间大概占运营工作的 20%。无论做任何运营工作都必须有数据思维。数据思维就是测试工作效果。一般常用的方法是控制变量法，例如将一个相同的内容放到不同的渠道，看哪个渠道效果好。同样，也可以将不同的内容放到一个渠道中，测试内容转换的优劣。总之，数据测试是调整优化的基础，做新媒体运营一定掌握评估工作效果和检测工作数据的方法。

5. 调整优化

调整优化所用时间大概占运营工作的 10%。调整优化主要依据用户调查和数据测试分析得出的结果优化内容、渠道和产品，目的就是把最好的内容投放到最好的渠道，以获取最精准的流量。

以上就是新媒体运营的工作流程，一切都是以持续稳定地获取精准流量为最终目的。最后规模化投入测试好的内容和渠道。

4.5 新媒体运营的分类

从具体内容来看，新媒体运营主要包括内容运营、用户运营、活动运营和社群运营，如图 4-8 所示。

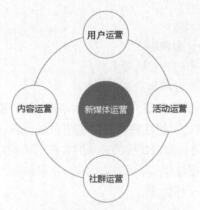

图 4-8 新媒体运营的工作内容

4.5.1 内容运营

内容运营是新媒体运营工作中的重要部分，包括内容类型和运营手段两部分。主要是指以产品或咨询为前提进行内容类型的创作，内容中包括文字、图片、视频和音频等；同时还要做好内容的采集、创作、编辑、审核、推荐、专题和推送等相关运营工作，如图 4-9 所示。

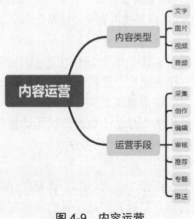

图 4-9 内容运营

内容运营对任职人员的思路灵活度、创意、逻辑都有要求。在进行内容运营时，原创性内容更容易吸引用户关注。

内容运营的载体相比传统媒体有了爆发式的增长，渠道也增加了很多。考验每个内容运营人员对于新媒体、新终端的学习能力，同时也考验着内容运营人员能否针对不同渠道、终端的特点，因地制宜地进行内容设计。

内容运营的策略有构建内容库、紧跟热点、栏目化运营、活动互动和精彩集锦五种。

1. 构建内容库

在互联网时代，只要涉及的行业不太冷门，运营人员都能通过互联网找到大量与行业有关的文章。运营人员通过梳理内容渠道，构建一个内容库，为自己提供足够的写作素材。例如，在写作原创内容前，运营人员可以先浏览一些知名的互联网资讯网站或运营者社区，搜索一些素材，寻找创造灵感，从而生产出备受用户欢迎的原创文章。

2. 紧跟热点

热点可以分为可预测热点和突发热点两种。

可预测热点有很多，如春节、国庆节、七夕情人节等节假日；世界杯、奥运会、冬奥会等大型体育赛事；热门电影上映，某知名网红或明星的直播活动等；新媒体运营者要将这些可预测的活动罗列出来，并提前将活动素材准备好。有些突发热点是不可预测的，如错抱 28 年、华强北赛格大厦发生摇晃等，一旦发生不可预测。对这类热点，新媒体运营者必须做到及时发现、立即响应。

新媒体运营者使用微博、搜狗和百度等网站实时查询关键词，至少早、中、晚各看一次。为了及时响应热点，运营人员要制订热点推送计划。对那些具有争议性、政治性、与自己无关的热点尽量不要追，以免偷鸡不成蚀把米。

3. 栏目化运营

栏目化运营可以为内容生产提供有效的指导，甚至做到标准化生产，大幅降低运营成本。例如，某新媒体运营者运营一个旅游公众号，按照一周七天为这个公众号划分了不同的栏目，周一是旅游资讯栏目；周二是"驴友"访谈栏目；周三是旅游随笔栏目；周四是旅游讯息栏目；周五是推荐线路栏目；周六是互动栏目；周日休息。这种明确的栏目划分为公众号的运营指明了方向，即便交给新人也能实现有序运营。在规划栏目时，运营者要注意以下几点：

- 栏目规划应以用户喜好为第一标准，不要推送一些用户不感兴趣的内容；
- 栏目要具有持续性，能够做到持续推送内容；
- 栏目要有清晰的标识固定的标题格式，如《推荐线路：曹县》等。

4. 活动互动

运营人员可以通过做活动与粉丝互动，减轻持续推送内容的压力。但运营人员不能将减轻推送内容的压力视为做活动的目的，因为参与活动的用户基本上是忠诚度很高的用户，如果活动的效果不好，影响用户体验，就很有可能失去这部分用户，产生极为恶劣的后果。

5. 精彩集锦

在实在没有内容可推的情况下，运营者可以将一两年前的精彩文章或视频做成集锦推送给用户，让用户能够系统的阅读。有些公众号支持模板消息，为文字的收录提供了极大的方便。在获得其他公众号授权的情况下，运营人员也可以收录其他公众号的文章。

除内容之外，对公众号本身也可以做成集锦，如《你一定要了解的 10 个旅游达人》。另外，公众号还可以与同行业的其他公众号合作互推，共同扩大粉丝规模。如果公众号有忠实的粉丝，且必须每天更新内容，在无内容可更新时，运营人员可以尝试推送一段文字或一张长图片、一段语音，虽然这种方式能在某种程度上减轻运营者推送内容的压力，强化人格化运言让运营者的形象更鲜活、灵动，但这种方式只能偶尔一用，不能滥用，以免引起用户反感。

案例　《三分钟》微电影营销

苹果公司联手陈可辛导演，发布中国春节营销微电影《三分钟》。在正式发布前，这部微电影就已经在微博、微信等各大社交平台发酵，赚足了噱头。以中国春节为主题，以春运列车员的视角，展现她和孩子在站头相聚的"三分钟"这种情节，本身具备情感共鸣，俘获了大量人心之际也深化了拍摄工具 iPhone X 的产品特性和苹果品牌的形象。苹果的高流量＋陈可辛的知名度＋易引起共鸣的情感营销，很容易引起社会的关注，以情感内容运营的方式传达品牌价值理念，也是很多品牌争相效仿的方式。

4.5.2　用户运营

新媒体运营的用户运营，是围绕用户进行拉新、留存、转化相关的运营。从产品的生命周期来看，用户运营主要需要做好用户的注册、活跃和付费等几个关键节点的工作，以及通过各种运营手段来对用户进行管理。

所有互联网产品都需要引入新用户、留存老用户、保持用户活跃、促进用户付费、挽回流失或者沉默的用户，如图 4-10 所示。

引入新用户 → 留存老用户 → 保持用户活跃 → 促进用户付费 → 挽回沉默用户

图 4-10　用户运营

不同的产品对于用户运营的方式和方法有很大差异，取决于网站和产品有多依赖用户，内部如何定义用户。将用户定义为"用户"和定义为"会员"，会带来完全不同的运营策略和运营手段甚至产生不同的运营工具和运营指标。用户运营首先要做的事情，就是掌握自身用户的用户结构。

用户的性别、年龄层、区域、教育程度、兴趣等都可以作为分析基础用户的参考，对基础用户的分析将决定运营人员采用何种运营策略、使用何种运营工具、发布哪些运营活动和内容。

用户运营要做的另一件事情，就是了解用户的规模以及增长或衰退情况，并进行适当的用户分级，新用户多少、老用户多少、每日增长规模多少、用户都处于怎样的生命周期。明确了这一点，才能了解产品处于什么样的时期，用户处于什么样的时期，然后才能了解对用户进行运营的目标所在。从而选择合适的运营方式。

最后，还要熟练地掌握网站的用户行为数据，通过网站的用户行为数据的分析，懂得用户为什么来、为什么走、为什么活跃、为什么留存，对新用户的增长，已有用户的活跃和留存，活跃用户促付费，流失用户的挽回都有对应的措施，才能达到所谓"想得出办法、干得出事情、负得起责任"这样基本的用户运营职责。

用户运营的核心内容就是开源（新用户拉动）、节流（防止流失与流失挽回）、维持（已有用户的留存）和刺激（促进用户活跃甚至向付费转化）。

4.5.3　活动运营

活动运营应该根据产品的特点和用户画像进行策划推广，通过一些有创意的传播方式，或者带有奖品的奖励形式，策划相关活动，这样能更好地实现增加用户、提升品牌、促进销售的目的。

活动承担很多职责，可以达成很多目标。活动可以为产品探路，很多产品的功能可以从活动中总结和提炼。比如，一个电商公众号发现促销打折的活动用户很喜欢，那么它可能就可以将它固化成：团购系统、优惠券体系和秒杀功能等；比如，一个产品发现邀请活动可以有效地增加注册用户，那么它就可能将这类活动固化成：推广员机制。

新媒体活动运营前需要先做好学习同行和其他活动的运作方法，明确活动目的和梳理活动目标用户三个准备工作。

1. 学习同行和其他活动的运作方法

学习同行的经验并应用到运营实践中，能够有效地提升自身的能力。新媒体运营者要注意日常的积累，分析当前任务的完成情况及活动的开展方式，找出不同方案的优缺点。在进行活动总结时，除了浏览活动方案的执行总结外，还应该根据活动流程，对其运营过程中存在的关键节点进行推导，要想弄清楚活动实施模式的选择理由，就要对活动机制进行深入探讨。

另外，新手应该积极参与到活动运营中，提高自身实践能力的同时，可以与优秀的活动策划者进行交流，积累经验。新媒体运营者要突破思维的局限，并掌握不同运营工具的使用方法。

2. 明确活动目的

开始运营新媒体活动前，首先要设定活动目的，并使其尽量具体、详尽，方便后期评估。有一点需要注意，一个活动只能对应唯一的目的，否则容易降低活动质量。以内容运营为例，"将阅读量增加三成"比"提高用户活跃度"更加具体、详尽。

3. 梳理活动目标用户

设定活动目的之后，运营者应该找到活动的目标用户。无论是什么类型的活动，都无法获得全体用户的认可。运营方需要瞄准特定的用户群体，并据此选择适当的运营策略。

在活动执行的过程中，运营者应该确保活动正常进行，并强化监管措施，防止负面舆论对活动执行产生不利影响，确保舆论内容健康向上。执行阶段的活动运营措施有预估活动效果并及时调整、挖掘活动爆点、监控活动流程和活动颁奖四种。

1. 预估活动效果并及时调整

在活动运营过程中，当发现活动不如预期时，应该及时调整方案和策略，可以采用以下方式。

- 升级活动产品；
- 加大宣传力度，并提供资金支持；
- 变更营销文案，大规模扩散，提高活动的关注度；
- 发挥意见领袖的带动作用，吸引更多粉丝用户参与活动。

2. 挖掘活动爆点

有些活动参与者发表的内容比较贴合当下的热点话题，具有较强的吸引力并适合进行大范围传播。在活动运营的过程中，运营者应善于发现这些内容，并采取有效的措施提高此类话题的热度。活动运营者应该充分利用微博、抖音等平台的传播优势进行活动推广。

3. 监控活动流程

在活动开展的过程中，不排除会有用户发布超出法律许可范围，包含地域歧视、性别歧视或低俗内容的可能性，因此，运营者必须注意对活动过程进行管理，如果话题没有超出法律允许范围，不会激发用户的不满，而又能够引发争议，可在适度加工之后再进行传播，吸引更多用户参与，促使用户自发地传播。

4. 活动颁奖

活动颁奖要遵循既定原则及活动结果，保证多数参与者认可并接受活动结果即可。很多人都认为，颁奖之后活动就结束了，实则不然。如果将获奖者的领奖过程及其感受展现给广大受众，往往能进一步提高活动的影响力。可以选择分阶段派发奖品，充分调动用户参与的积极性，有效提高用户对活动的认可度。

活动完成后，运营者需要对活动的整个运营过程进行总结，为后期运营及其他活动的开展做准备，对活动中存在的不足进行总结、反思，避免以后犯重复性错误。

案例　洛阳老君山，活动营销铸就品牌传奇

老君山原名景室山，位于河南省洛阳市栾川县，因道教始祖的老子李耳在此修炼归隐而得名，有"道源"和"祖庭"之称。老君山历史文化资源丰厚，山中树木茂盛，风景如画，有着世界地质公园、国家 AAAAA 级旅游景区、中国北方道教信众拜谒圣地等诸多称号。

自开园以来，老君山景区策划并组织了"老君山李姓免票""道士下山""空气罐头""高速买单""万人豆腐宴""向环卫工人送花""一元午餐""抖音打卡"等多个大型营销活动,吸引了国内外主流媒体的广泛关注和报道,产生了巨大影响。

某抖音账号 2019 年 × 月 × 号发布了一条老君山雪景的抖音短视频,如图 4-11 所示。两天后产生了 5000 万的曝光量,单条抖音涨粉 3 万人次,有 2000 个游客加主播微信索要攻略,成群结队的游客涌向老君山,只为打卡。

老君山景区目前有 130 多个快手账号,图 4-12 所示为一个快手账号播放老君山短视频。通过在快手的短视频营销,即使是在疫情影响下,2020 年前 6 个月的游客数依然增长了 273%,以前平均每年的增幅大概在 50%。老君山的品牌营销是一盘大棋,是由众多主播一起发抖音形成的局面。

图 4-11　抖音短视频

图 4-12　快手短视频

4.5.4　社群运营

社群运营就是通过一系列运营手段,将用户聚集起来,通过一定的方式来促进这些用户的活跃。新媒体运营者可以通过有效管理来刺激和激励被聚集起来的用户群体,让用户群体中的成员对管理者和产品产生信任和认同,进而促进产品的销售。

很多人理解的社群是先将一些存在共同兴趣爱好或价值观的网民聚集起来,然后通过发掘这一群体的潜在消费需求完成价值变现。许多社区电商平台都采用了这种发展逻辑,其创始人最初并没有通过社群获取价值回报的想法,最初的目的仅仅是便于大家共同交流,只不过随着社群逐渐发展壮大,再加上电子商务的日益成熟,他们找到了一种发掘社群潜在价值的有效途径。

从企业的角度来看,企业所打造的社群大部分是基于产品及品牌开发的,是一种先存在需求,再组建社群的模式,这和普通大众理解的社群存在明显的差异。

在社群运营过程中，很多运营人员将自身的精力主要放在吸引新用户、提高群成员发言数量、防止乱发广告等方面，而忽略社群数据化的重要性。这种做法很容易导致违背组建社群的初衷，例如组建社群可能是为了便于服务现有的核心客户，此时，吸引过多的新用户，反而会导致社群性质发生改变。

社群数据化与产品数据化非常相似，在产品运营过程中，为了尽可能地对产品进行优化调整，实现更科学、有效的管理，进行产品数据化无疑是企业较好的选择。社群数据化运营包含拉新用户、活跃用户、转化用户和留存用户四个方面。

1. 拉新用户

通过社群进行拉新，比较常见的操作方法是邀请业内大咖加入社群，定期分享具有较高价值的内容，吸引对此感兴趣的用户加入社群。

从用户的视角看，这个社群是以学习专业知识和技能为目的而组建的，但从企业的视角看，该社群是为了吸引新用户加入而组建的。为了实现用户拉新，企业会将注册会员、关注公众号、提交个人信息、在朋友圈内分享二维码等作为加入社群的门槛。完成用户拉新的目标后，企业通常会结算社群，因为这种社群很容易演变成广告群，对企业的产品及品牌会产生一定的负面影响。

2. 活跃用户

组建社群能够提升小规模用户群体的互动积极性，是对用户集中运营的有效方式。例如一些直播平台的主播在直播初期，会邀请粉丝加入社群，用来聚集人气，收集反馈信息。当粉丝规模达到 10 万人时，社群提升用户活跃度的作用就不大了，通常会采用策划营销活动或进行产品创新来活跃用户。

3. 转化用户

转化用户的目的是进一步挖掘目标群体的潜在价值，对于客单价较高的商品，这一点尤为关键。以一家专注于中小学培训的培训机构为例，这家机构由于核心创始人团队在行业内有丰富的资源，能够邀请一些名师授课，经过一段时间的积累，这家培训机构的微信公众号已经拥有了几十万粉丝，但却缺乏有效的手段让粉丝转化为线上课程的购买者。

对于这家培训机构，可以通过组建与课程相关的兴趣社群的方式，实现对公众号粉丝的转化，除了可以有目的地向用户推荐其感兴趣的课程外，还可以采用免费试听、优惠打折等方式促使用户购买。

定期在社群内分享有价值的内容，积极地和用户交流沟通，甚至可以组织用户参加线上或者线下的活动等，能够有效地增加用户的转化率。

4. 留存用户

对于一些低频长尾需求，例如购买汽车、房产，运营方除了可以通过公众号定期推送优质内容对目标群体持续施加影响外，还可以通过组建社群留住这些用户。由于消费频率相对较低，可以由一些感兴趣的社群成员管理社群，企业只需要定期为社群分享有价值的内容即可。

案例　　**海底捞火锅品牌新媒体运营案例**

　　海底捞火锅品牌成立于 1994 年，是一家以经营川味火锅为主，融汇各地火锅特色于一体的大型跨省直营餐饮民营企业。

　　公司在董事长确立的服务差异化战略指导下，始终秉承"服务至上、顾客至上"的理念，以创新为核心，改变传统的标准化、单一化的服务，提倡个性化的特色服务，将用心服务作为基本经营理念，致力于为顾客提供"贴心、温心、舒心"的服务；在管理上，倡导双手改变命运的价值观，为员工创建公平公正的工作环境，实施人性化和亲情化的管理模式，提升员工价值。

　　1. 微博运营

　　海底捞用微博传递服务精神。在前几年，"海底捞体"风行微博，各式各样的"海底捞体"在微博上喷涌而出，大肆渲染"海底捞"的优质服务，勾起了网友们的共鸣，如图 4-13 所示。

图 4-13　微博"海底捞体"赞海底捞服务

　　海底捞在短短一个月内，话题搜索近 84 万，词条逾 400 万，制造了一个大众餐饮品牌神话。"海底捞体"如同变种病毒般，难以控制。"海底捞体"热潮的流行，让人们对这家火锅店充满了期待，对惊喜的一种期待。许多虽然没有接触过海底捞，但基于网络上各种神乎其神的关于海底捞的宣传，绝大部分的网友们对海底捞充满了美好的想象与期待。

　　2. O2O营销

　　海底捞通过 O2O 的模式，在线下始终确保最优质的服务，又利用线上的优势进行大规模的宣传，使顾客通过互联网的口碑转化到了实体店的体现来。

　　在 2005 年，海底捞踏入了当时非常流行的大众点评网的领域，通过这些以宣传为目的的大众点评网、口碑网等一些点评类的相关网站来建立自己的品牌效应。2008 年，一些新型的社交媒体与社交网络开始出现，像腾讯微信、新浪微博等，海底捞面对这些新兴的网络平台，建立了自己的官方账号，并且拥有了自己的粉丝群和QQ群。在国内所有的火锅店企业中，海底捞是第一个建立新浪微博官方账号的企业，并在极短的时间内聚集了大批粉丝，如图4-14所示。

海底捞也借此网络平台与网民粉丝进行积极交流与沟通。2012年，海底捞又加入移动客户端，使顾客们使用手机就可以查询门店位置，还可以在线订座，也有在线申请会员卡的功能。后来，伴随微信的流行，海底捞又建立起微信公共账号，顾客们在微信上就可以查询，定位置，叫外卖，等等，如图4-15所示。它的微信账号最终实现了与顾客进行逐一沟通的方式。

图 4-14　海底捞微博　　　　　　　　　　图 4-15　海底捞微信公共账号

课堂讨论： 认真学习海底捞火锅新媒体营销案例，理解并掌握案例中新媒体营销的方法和技巧。尝试分析微博运营和O2O营销分别属于哪种新媒体运营的种类？

4.6　新媒体的盈利模式

随着微博、微信和抖音等新媒体平台陆续出现，各种社交媒体网站先后建立，人们的社交生活变得越来越便利。用户可以免费使用新媒体，但新媒体与社会媒体要想生存就必须盈利，那么这些自媒体以及社交媒体是如何盈利的呢？它们是靠何种方式获得持续发展的呢？

1. 签约作者

像今日头条、搜狐自媒体、百度百家等自媒体平台，都开通了广告分成，吸引了很多自媒体人入驻。这种模式比较适合有较强编写能力的自媒体人加入，需要一定的文字功底，用心写，文章的浏览量越高，广告分成越多。

什么是自媒体呢？简单地说，自媒体就是一个人、一个小团队创办的媒体，比较独立，具有鲜明的人格化特征。文字、图片、视频和音频都是自媒体的表现形式。

2. 约稿或征文

约稿方式很简单，加入一个自媒体约稿平台，就算没有任何的粉丝，也可以自主地进行约稿，根据文章的难易程度，费用从几十元到几千元不等。例如易撰平台中，就需要大量的稿件，涉及各行各业，如图 4-16 所示。

图 4-16　易撰平台

3. 流量变现

这是很多人做新媒体的一种赚钱方法，拿今日头条来说，一个账号分为新手期和转正号，在新手期是无法变现的，只有转正之后达到相应的条件才可以开通流量（千人万元），开通流量之后再发布文章，被阅读之后平台会支付相应的费用。如果开通了原创收益，则可以获得双倍收益，如果你文笔了得，这是一个很好的变现方法。

4. 品牌增值服务

使用社交媒体的不仅仅有个人，也有各类企业结构。无论是个人还是企业机构，都可以借助社交媒体的平台来传播自己的品牌，而社交媒体所具有的互动、整合等特征，加上平台强大的运营推广，又为其品牌网络营销提供了强大的支撑。立足网站自身的定位，最大限度地做好网站提供的服务，满足客户的需求。

5. 广告收入

新媒体也具有媒体属性，与传统媒体相同，最大的一块收入肯定是广告费，很多自媒体人的第一笔收入可能就是广告费。

一个账号运营得好，有一定知名度的话，可以接一些软文广告，比如：你的账号主要发布美食的，你就可以接一些美食的广告，这样也是一种变现的方法。

6. 出版

对于一些写作能力比较强的自媒体，如果觉得平台的广告分成太少，也可以自己与出版社合作，将撰写的系统内容整理出版成书籍。

7. 打赏

微信里面的打赏、新浪微博里面的打赏和抖音直播打赏是自媒体的又一种获取收益的方式，每个想打赏作者的人，最少不低于1元。只要坚持写原创文章，坚持拍摄原创视频，坚持持续更新，使读者产生共鸣，获取打赏就会成为可能。

8. 电商变现

当你的账号拥有一定的粉丝量后，可以通过短视频或者直播带货的方式获取收益。目前电商变现主要有三种盈利模式。

- 商家合作模式：通过和商家合作，在自己的直播间或者短视频带货商品，获取推广费。
- 佣金模式：通过直播或者单式票带货他人的商品，根据成交来获取佣金的方法。
- 自有店铺带货模式：直播或者短视频带货除了帮别人买东西，如果你有店铺，也可以带货自己的商品。

4.7 新媒体运营人员

新媒体运营人员除了应具备文案能力、策划能力、营销能力、热点跟进能力和分析能力外，还应掌握挖掘事件和热点的能力。

1. 运营人员应掌握的能力

要想成为一个优秀的新媒体项目运营人员，需要掌握以下5个能力。

1）文案能力

作为一名新媒体运营者，文案编写能力是一项较为基本的能力，能够采用多种风格编写文章并能够根据需求及时进行调整。

运营者在整个运营过程中往往需要做协调者，简洁明了的文案可以将思路表达清楚。文案只是运营工作中的一个工具，不需要编写的辞藻华丽，只需要将想表达的内容表达清楚，让用户明白你所想表达的目的即可。有的时候，越是直白的文案，反而效果更好。

在文案上的撰写上，只要掌握"吸引注意的标题""严密的大纲逻辑""清晰的文章思路""赏心的视觉排版""超高质量的配图""贴合风格的配乐""引人共鸣的文风"七点，就一定能写出符合运营要求的文案。

2）策划能力

在策划能力上，运营人员需要时刻带着问题去策划："什么主题？""什么原因？""什么地方？""什么目标？""什么人群？""什么用户参与方式？"。

作为新媒体运营人员，策划能力是一定要有的能力。每一篇文章针对的对象是谁，怎么写更容易传播，如何策划一场活动，如何激活粉丝，提升品牌或者产品销售转化率，这些都是新媒体运营过程中接触到的，需要运营者不断地去学习和总结，如图 4-17 所示。

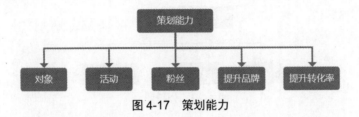

图 4-17　策划能力

策划能力决定了运营人员在新媒体运营中的位置，有策划的能力，能够让文章获得更高的阅读量，视频有更高的点击率，粉丝拉新更快、更有质量。因此，学习策划方面的知识，是非常有必要的。

3）营销能力

作为运营人员，最常见的营销方式即发布文章和做活动，把品牌和产品植入文章，进行软文推广。运营人员通过分析用户的属性，有针对性地制定出不同的营销策略，以完成新媒体的运营指标。也可以把所有的指标分解到运营的各环节，去做针对性运营方案。几乎所有的新媒体运营工作都是围绕着拉新和转化做的，如图 4-18 所示。运营人员针对用户要做到吸引、留住、激活、裂变和用户价值转化。

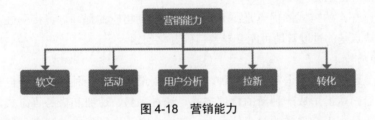

图 4-18　营销能力

4）热点跟进能力

新媒体之所以"新"，正是因为新媒体运营需要做到随时关注热点并及时跟进。但是如果一味地追求热点，忽略了企业的根本需求，那么运营也将会没有效益。所以，要注意在跟进热点、发现热点的时候不要忽略掉企业的关联度，如图 4-19 所示。

图 4-19　热点跟进能力

5）分析能力

新媒体运营过程中，会有大量的数据沉淀。运营人员需要时刻关注这些数据的变化，用数据指导运营方向，可以通过对比成功和失败的数据，分析出运营思路，如图 4-20 所示。

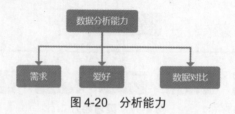

图 4-20 分析能力

新媒体运营人员需要具有一定的数据分析能力，并且能够做出适当的调整。要能完成最基本的数据分析、监控进行过程和数据总结等工作。

2. 运营人员热点的挖掘

新媒体的运营人员应时刻关注最新的事件和热点并进行挖掘。但是，并不是每一个热点都那么容易"蹭"的，在"蹭"热点前需要反复的思考，寻找到最合适的热点，然后再以最正确的方法去"蹭热点"。

1）热点本身

热点自身如何理解，例如前一段时间的"躺平"，很多商家都会引用这个话题，迅速地抢占热点。在结合热点的本身，利用热点明星来进行品牌代言等，借助热点的本身来推广自己的产品。

这种蹭热点的方式的优点是：大众关注度得到相应的提高，可接受性与可认知性最强。缺点是：过度营销可能会导致口碑分化问题。

2）借势

借势是营销手段中最常见的一种，也是应用最广泛的一种。将品牌自身与热点信息相结合，从而形成一种新的营销方式。通过顺势、造势和借势等方式，将产品的推广融入一个大众熟悉的热点信息中，使大众在这个环境中了解产品并接受产品的营销手段。

这种方法的优点是：可以用最低的成本达到很好的营销效果，也可以借助大众现有的热点认知，来把品牌融入其中；但是一定要注意，借势营销不可以过度，否则就会成为一些用户的认知。

3）对比

对比在热点中指的是与其他观点持不同的态度的观点，也可以存在竞争关系，也是一种常用的营销手段。通过各种直观的方法将本企业的产品或服务与竞争对手的产品或服务在实际功能、质量上的异同清晰地展示在大众面前，方便大众判断、选择。例如华为手机在发布会上将自己手机的待机时间与苹果手机对比。

通过对比环节的巧妙设计，拿自己具有独特卖点的新产品"强势"地在消费者面前与对手"硬钢"。从效果来看，对比营销在节省宣传环节、创造口碑和提升企业气势上是一个讨巧的方法。

4.8　新媒体运营的方法

新媒体运营的渠道有很多，包括新媒体广告运营、新媒体影视运营、微博运营和微信运营等。本节中将针对新媒体短视频运营和微信公众号的运营进行讲解，帮助学生进一步理解新媒体运营的方法和技巧。

4.8.1　新媒体短视频运营

与图文相比，短视频更直观，更全面，也更有趣。短视频背后的庞大观众群也是新媒体营销的潜在用户群体，如何将这些潜在用户转化为实际用户是企业营销的关键。

短视频运营是利用短视频平台，把具有个人或者机构鲜明特点的内容转化成15 s～60 s 不等的片段化视频，利用内容和观众的互动形成企业依赖，从而进行营销的方法。

目前短视频分为 UGC、PGC 和 OGC 三种模式，UGC 主要是视频平台用户制作的视频内容，PGC 是专业的视频团队生产的视频内容，OGC 则是以职业为前提生产视频内容，如图 4-21 所示。

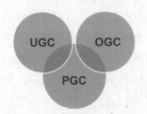

图 4-21　短视频三种模式

UGC 和 PGC 的区别，是有无专业的学识、资质，在所共享内容的领域具有一定的知识背景和工作资历。PGC 和 OGC 的区别，以是否领取相应报酬作为分界，PGC往往是出于"爱好"，义务地贡献自己的知识，形成内容；而 OGC 是以职业为前提，其创作内容属于职务行为。UGC 和 OGC 一般没有交集。在一个平台上，用户和提供商总是相对的，两者之间，既是该平台的用户也是该平台的提供商的角色可能有，但属于极少的群体。

短视频运营是一种新兴的职业。它属于新媒体运营或互联网操作系统的分支。它使用当前流行的平台进行促销，宣传或企业营销等一系列活动。传播视频内容，向客户广泛或准确地发布消息，提高知名度，并充分利用粉丝的经济性来实现相应的营销目的。

在开始运营新媒体短视频账号前，首先需要完成运营方案的编写。一个完整的新媒体短视频运营方案，包含方案目的、目标用户群体和账号内容定位、账号装修和内容生产、粉丝运营和转化变现等内容。

1. 方案目的

做新媒体短视频运营账号或者账号矩阵，需要和具体的产品或者服务相结合。如果有能变现的产品和服务，就需要在短视频账号运营中体现出重点要转化的产品或者服务。相比图文类的自媒体内容，短视频内容变现的路径更短，更直接。方案目的必须是唯一的、特定的、纯粹的。

2. 目标用户群体和账号内容定位

需要讲清楚面向什么人群做内容，内容满足了目标用户群的什么需求。具体可以通过分析竞品账号，对典型的目标用户进行深度访谈来实现。内容定位不可能一步到位，通常需要多次调整。在最初的时候确定一个方向，避免后期运营时漫无目的。

必须清楚地考虑面对用户要制作什么内容，并且内容满足目标用户组的需求。可以通过分析竞品账号并与典型目标用户进行深入访谈来实现。内容定位不是一步就完成的，通常需要进行多次调整。在最初的时候确定一个方向，避免后期运营时漫无目的。反复试验必须在一定的基础上进行迭代，这样才有价值。

3. 账号装修和内容生产

账号装修思路可以参考个人微信号的整体装修思路，内容生产方面，要尽可能做到精致，一个完整的短视频作品包含了以下因素。

- 视频内容的选择：选择的素材越紧凑越好，越短越好，在情节上要包含冲突与反转，再通过配乐的加成，争取引发争议评论；
- 封面和字幕：封面图片和文字的风格要统一，字幕要醒目；
- 原声配音：使用热门原声，也是一种吸引流量的方法；
- 标签：尽量不要使用自创的标签，要使用热门标签；
- 视频简介文字：引发评论、点赞、互动、转发；
- 地址定位：不同的发布地点启动播放量也不同，农村地区人口较少，启动播放量少；城镇人口多，启动播放量大。使用网红地标，可以自带大量流量。地点展现在段子文字简介下方，会为浏览者带来身份认同和线下偶遇的情感激发；
- 更新投放时间：特定的投放时间，启动播放量不一样；
- 评论区互动：评论区互动，评论点赞，可以带来二次打开页面。"神评论"也是一种有获得感的体验；
- 发布后转发转载：转发朋友圈，微信群，QQ空间和QQ群，可以带来基础启动播放量。上传帖吧，二次采集编写图文，多个自媒体平台二次传播，能带来意想不到的传播效果。

4. 粉丝运营

涨粉是个任务指标。具体涨粉和增粉策略，分为平台内和平台外两种情况。平台内有很多具体的方法。比如评论区互动，就是很有效的一种方法。平台外就是把新媒体短视频运营账号和其他自媒体平台、社群、售前客服和售后服务等串联起来。

5. 转化变现

很多人短视频内容做得挺好，粉丝量也可以，但是转化变现率却不高。这是因为变现取决于内容，如果内容当中没有给观众做心理暗示设计，就没办法有目的地引导观众购买下单。

课堂讨论： 根据本节所学内容，总结出短视频运营的流程，并制定出让观看者停留更长时间的计划。

4.8.2　微信公众号的运营

受到短视频的冲击，微信的微信号、公众号的粉丝数量、阅读量和分享转发量一直在下跌，微信的点击率曾经从 30% 上升到 50%，而现在可能不到 3%，微信的红利已经逐渐在消失。即使没有这些数据，我们也可以感受到现在打开微信的时间越来越少了，很可能有一天微信会被一个新的东西替代，但不可否认的是微信的爆点还是存在的。

"拉新""留存"和"促活"是评价运营优劣的三个重要维度。从微信运营角度讲，"拉新"即找到并吸引新的目标用户去关注。"留存"是将这些新用户尽可能多得留下来，实现永久关注。而"促活"则是让这些留存下来的用户，保持一定的活跃度。

如何在微信运营中做好这三个维度的内容？下面从微信公众号运营的角度讲一下，一个初创的微信公众号，如何做好这三个维度。

1. 关于拉新

从微信运营角度来说，拉新就是拉取新的关注，过程包括发现和找到目标用户，通过相关的手段（推荐、内容、活动等），吸引目标用户的注意，并促其关注。关于拉新，有三个关键点需要做好。

1）做好公众号定位

做微信公众号运营，品牌定位一定是最先要考虑的工作，因为这一步将决定后续的发展和方向，决定运营策略和内容策略，以及后续的关注人群的特点。定位包括品牌等位、用户定位和内容定位。

（1）品牌定位。

细节决定成败，做微信公众号也要关注细节，品牌定位就是其一。这里的品牌定位包括品牌形象和品牌调性两部分。

品牌形象主要是公众号展示给用户的视觉元素，包括微信公众号名称、图标、公众号简介，顶关注，低关注，正文中穿插的特殊符号、菜单栏的规划和内容等。

品牌调性是通过公众号内容运营以及相关的视觉元素，传递给用户的这个公众号的鲜明特点，这个调性需要我们长期的内容坚持；例如 36 氪、故宫淘宝之类的公众号，都具有非常鲜明的品牌调性，如图 4-22 所示。

图 4-22　具有鲜明品牌调性的公众号

从拉新角度考虑，无论用户是通过哪个路径获取的公众号信息，使用户考虑关注公众号的原因只有对品牌形象的认可和对内容的认可两种原因。相比之下，对内容的认可更为重要。大量数据证明，如果你的公众号没有自己的特点，内容也没有鲜明的品牌调性，那么，你的公众号被关注的概率将会大大降低。由此可见，作为初创的公众号，品牌定位非常重要。

（2）用户定位和内容定位。

微信公众号运营，用户定位和内容定位非常重要。品牌类的公众号可以根据目标用户的喜好去匹配内容，通过用户来定位内容。因为品牌很清楚地知道自己的目标用户是谁？有什么特点？而自媒体类的公众号不知道自己的目标用户是谁？更不知道目标用户的特点，因此需要根据内容定位用户。

每个自媒体都有自己的优势领域和某方面的内容产出能力，在一定程度上，什么样的内容决定了什么类型的关注用户。无论是通过用户定位还是内容定位，最终关注的都是目标用户，都要以用户为核心。为目标用户提供他们想要的内容，是每一个公众号必须要做到的。

用户通常更喜欢看专业、有重点、有养分的文章，因此作为初创的公众号，运营人员要更专注，更专业，尽量坚持制作一个方向或领域的内容，锁定相关领域的目标用户，做精、做细、做专。

2）发现目标人群

完成公众号定位后，运营人员对于公众号的发展（内容）方向、运营策略和目标人群等信息应该已经十分明确。接下来，要找到目标用户的具体位置并做好与之对应的内容推送策略。

常见的免费推广手段有以下几种。

- 朋友圈（微信群）转发，包括内容和名片推荐等；
- 微信大号资源置换（或互推）；
- 注册传统媒体的专栏并将信息同步；
- 跨平台跨界推广，微博、QQ 群、知乎、贴吧和论坛等。

……

从社交媒体的层面来讲，人们一般都不会只使用一种社交工具，可以说我们的目标人群会被其他社交媒体分散注意力，让用户关注我们的前提是用户首先要看到我们。所以，为了使我们的信息能够传达给目标人群，可以考虑将信息进行多平台分发，增大目标人群看到信息的概率。在发送内容前，可以先了解目标人群的触媒习惯，如活跃时段等，然后根据不同平台的特点发送内容。

不同平台有不同平台的特点，复杂的操作会浪费运营人员的时间和精力。对于初创的公众号来说，要尽可能选择便利的方式。

3）将信息传递给用户

锁定目标人群后，接下来将信息传递给他们，并吸引他们关注。

通过相关的活动导流可能是将信息传达给用户最有效的方法了。比如关注之后，将信息发送到自己的朋友圈，并截图回复给公众号。

从常规运营的角度思考，用户关注你的公众号通常只会有一个原因，那就是“认可你的内容”。但如果要完成关注这一步，他们可能会有两个动作：

（1）发现并认可你的内容。

内容的发布时间、发布平台和内容本身，特别是标题就显得尤为重要了，权威平台的推荐，可以使你的公众号被关注的几率大大增加。

（2）确定需求。

用户可能通过查看公众号历史消息和公众号的相关视觉形象，判断公众号是否符合自己的需要，是否要关注。

用户获取关注常见的方式有扫描公众号二维码、搜索微信号或名称、通过相关内容页的提示入口关注等方式。基于这一点，在传递的信息中，一定要将关注入口明确、直接地表示出来，比如二维码等，让用户看到信息并认可内容后，可以立即方便地关注。

2. 关于留存

运营人员最希望看到的，就是那些关注了我们账号的用户，能够永远留下来。但这并不能 100% 实现。

从用户角度来讲，与一个账号保持长久的黏性，最关键就是公众号的内容要对用户有用，有价值。基于这一点，了解用户的需求，并持续不断地为他们提供他们需要的内容，是留存用户的关键。选择专一的某个擅长的领域，既可以保证内容的统一和调性，又方便对用户的认识和管理。

除了上面讲到的内容，还有几点需要注意。

（1）增加互动内容，让用户有存在感，比如投票和评论功能等；

（2）合理地策划一些活动，让用户感觉到有利可图；

（3）科学合理地发布规划，包括内容更新的频次和时间等；

（4）清晰的排版架构，也是用户持续关注的重点。

3. 关于促活

从微信这个角度讲，留存和促活在一定程度上有一些相通的地方，即如果这个平台还在发展，那么留存在你的公众号上的用户，基本会活跃！

通常所指的不活跃可能是以下的三类。

1）用户不活跃

用户是"僵尸粉"或者没有时间看你的内容。

2）用户看不到内容

在这个信息爆炸的时代，你发布的内容被其他信息淹没了。

3）内容被用户忽略

标题不吸引，直接被忽略。一般来说，如果你的内容一直没有价值，就会被用户取关。

那么如何让用户保持活跃呢，运营人员需要做好以下几点。

1）持续产出优质内容

这是用户活跃的基础，如果你每期内容都是用户迫切想要看到的，那长久以往，用户就会对你的内容充满期待，只要内容上线，用户一定会第一时间关注。

2）阶段性的活动

可以定期地策划一些活动，回馈给用户一些好玩有用的东西，让用户惊喜。

3）搭建粉丝社群或者话题平台

创建一个微社群并在微信菜单栏中开创一个版块，引导用户在社群内积极发言，讨论相关的话题，解答用户疑问或分享相关资源，都会起到促活的作用。

4.9 新媒体与红人营销

红人是指明星、名人、行业领袖等拥有自己的粉丝群体并具有某种影响力的个体。红人是带有人格 IP 的碎片化媒体，品牌的挑战是如何科学和快速地选择适合的红人，并引导内容共创，最终实现变现的共同目标。

互联网飞速发展以及短视频和直播等传播方式的出现，使红人的商业及数据价值不断攀升，形成一种新的经济形态——红人经济。

4.9.1　红人经济进化史

随着"直播带货"的日益成熟，抖音、快手、淘宝、小红书和 B 站等视频 App 顺应发展趋势，纷纷开发直播功能，一夕之间，万物皆可直播，全民热衷带货，下场参与的明星、主播和品牌越来越多，成交量数额也越来越大。本就备受关注的红人经济也被这波热潮赋予了更多商业想象力。

红人经济是当前粉丝经济的核心组成部分。粉丝经济是基于粉丝关系衍生的消费行为，而建立起来的商业行为，除了早期的明显周边消费支持外，当前已经慢慢发展出用户打赏，内容付费，品牌带货，广告植入等多种粉丝经济商业行为，在粉丝经济语境下，粉丝同时也是消费者身份。

而红人经济是品牌方根据自身品牌特性找到目标红人输出广告需求，红人团队制作内容并向不同平台进行分发，依托红人 IP，通过平台向消费者传播内容，引发消费者价值认同，从而激活购买行为，实现商业变现。

红人经济商业变现的来源主要来自 C 端和 B 端，C 端主要以电商变现、直播变现、内容付费和衍生品销售为主。B 端则是来自广告主和媒体平台的资金支持，而目前我国红人经济的变现来源主要集中在广告营销和电商变现两大主力。

根据艾瑞咨询和 IMS 天下秀联合发布的 2020 年《中国红人经济商业模式及趋势研究报告》（以下简称《报告》）中的数据，2019 年粉丝经济关联产业市场规模超过 3.5 万亿元，增长率为 24.3%，预计 2023 年将超过 6 万亿元。图 4-23 所示为 2016—2021 年我国粉丝经济关联产业市场规模。

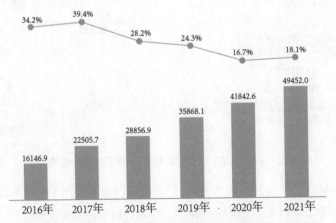

图 4-23　2016—2021 年我国粉丝经济关联产业市场规模

在粉丝经济的环境中，粉丝同时也拥有消费者的身份；但在红人经济发展的不同阶段，粉丝代表的消费者的角色定位并不相同。从发展时间、经济规模和产生的效益等方面，可以将红人经济的进化史分为三个阶段。

第一个阶段是在 2000 年初，博客、贴吧和论坛等社交平台的出现，开启了粉丝经济时代，当时的平台在其中扮演了重要角色，与之相反的是粉丝行为还很基础，并不引人注意。因此，红人经济还处于摸索前进的 1.0 时代。

第二个阶段是以"双微"（微博＋微信）App 为代表的内容社交平台开始快速兴起，开启了图文结合的社交时代。

此时，粉丝购买明星的专辑、周边产品以及代言产品所产生的消费行为，都开始体现粉丝经济的重要性。而明星代言的"红人经济"形式被广泛使用，使得红人经济进入 2.0 时代。与此同时，大批自媒体主和机构开始成立，服务于这些内容创造者的第三方机构也开始出现，这是粉丝经济进一步发展的有力证明。

大批自媒体主和机构人员进入市场后，商业变现途径也发生了改变，由广告营销等传统途径逐渐变为会员收费、内容定制和广告植入等多种新型形式。

"红人经济"的第三个阶段，即短视频和直播成为红人帮助品牌盈利的主要方式。与此同时，"去中心化"的营销特质在"红人经济"发展过程中不断被强化。

图 4-24 所示为 2020 年中国粉丝经济商业逻辑分析图。相比传统形式的营销路径，第三个阶段的粉丝经济更强调红人跟粉丝之间的强互动性和强关联性。同样的，这一阶段的粉丝经济以"直播带货"为代表，变现途径更为直接快捷，效率也更高，这也使得粉丝购买力的多少，成为衡量"红人"们的商业价值的标准。

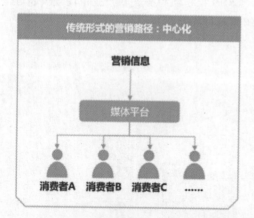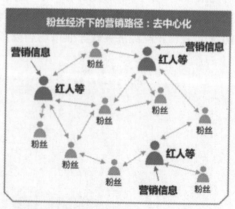

图 4-24　2020 年中国粉丝经济商业逻辑分析图

在第三个阶段，平台成为服务工具，"红人"的服务范围不断扩大，原本的中心化和专业化标签逐渐消失。变现能力强的"红人"门槛，也在不断上升。

对于货品的把控和售后、粉丝群体的运营维护以及不断创新的策划和经营，"红人"背后往往是一个庞大专业的运营机构。

4.9.2　红人的分类

不同量级的"红人"具有明显的区别。对于品牌方来说，精准把握不同类型的红人的特点，是成功开展红人营销的前提条件。了解不同类型的红人的特点，便于在策划商品（服务）营销时，选择最合适的红人，获得最大的收益。

1. 垂直领域专家级红人

一个行业中的专家并不算主流的红人，他们的文章、作品或者视频通常只是针对小部分与其"志趣相投"的固定受众群。

不论用户喜爱的是网络游戏、复古车，还是乐于分享烹饪食谱，总能在该领域中找到专家级的同道中人。相比其他类型的红人，这类红人虽然粉丝量不多，但粉丝覆盖范围却比较集中，红人可以频繁地与粉丝互动，这就大大提升了粉丝的忠诚度。

对于品牌方来说，这类红人非常适合参与针对特定受众群体开展的品牌营销活动，以便于精准覆盖目标市场，提升品牌知名度。

例如，品酒展会就可以与专业评酒师合作，让其参与并制作测评内容，可以让活动在特定精准的受众中获得非常好的反响。

因为这类红人在本行业中也是消费者或从业者，即与粉丝拥有相同的身份，所以这类红人也被称为关键意见消费者（Key Opinion Consumer，KOC）。

2. 权威意见领袖

专家的意见对目标受众群体固然极具参考价值，但具有一定知名度和公信力的红人影响力也不容小觑，这是常见的第二类红人，即特定领域的权威意见领袖。例如，新闻主播、权威专家或公众演说家等。他们是红人所在行业非常值得信赖的发声渠道。

相比于专家级的红人，这类红人粉丝量相对较多，同时他们在社交媒体上的互动率也很高，但是没有专家级红人的互动率高。

相比于专家级红人，权威意见领袖在保证具有一定专业性的同时，弥补了专家级红人粉丝覆盖率较低的短板。如果想在提高品牌可信度的基础上保证一定的粉丝覆盖率，可以邀请这类红人以发布产品评论或详细教程等方式进行合作，能够快速增强红人粉丝对品牌的好感度。

3. 持续涨粉的新星

一般情况下，拥有 10 万～ 50 万粉丝群体的新星级红人，都活跃于健身、旅游、美食和时尚等行业。

这类冉冉升起的新星级红人牢牢锁定了社交媒体上各大主流社群的目光，他们能持续涨粉的原因，绝大多数都是背靠专业的团队，能够持续不断地制作并发布精良的内容，再加上较高的辨识度和话题性，使这类红人在社交媒体上可以一直保持较高的互动率。

但随着红人粉丝量不断增长，想对他们各个社交媒体账号的实时数据及综合表现进行了解，变为常见的执行难点。新星类红人粉丝增速快，内容普遍质量较高，同时由于还在上升期，红人的性价比较高。面对投入和预算都非常有限的营销活动，这类红人将是很好的合作对象。

4. 头部明星级红人

最后一类红人就是明星级别的头部红人。这类红人在国内外范围内都有公认的知名度，拥有巨大的影响力。他们的页面内容符合广泛的粉丝受众群，能够聚集50万以上甚至数百万的粉丝。

这类红人的一举一动都在众目睽睽之下，随时随地面对大众的监督和评价，因此，他们会非常慎重地挑选合作对象。而且，头部红人会尽量选择与自身形象契合及调性一致的品牌合作，使其可以在社交媒体上进行真实的发声和客观的评价。

红人和品牌可以通过高质量的社交媒体合作互相背书，并利用红人后期的长尾效应给品牌方带来非常可观的利润，因此，明星级红人很受大品牌的青睐。

课堂讨论：长尾效应中，"头"和"尾"是两个统计学名词。正态曲线中间的突起部分叫"头"；两边相对平缓的部分叫"尾"。从用户需求的角度来看，大多数的需求会集中在头部，而这部分可以称之为流行，而分布在尾部的则是个性化的和零散的小量需求。学生试着说明星级头部红人的长尾效应是什么，再分析与理解它又是通过怎样的方式为品牌方带来大量利润的。

各平台对于其头部、腰部、尾部红人的粉丝数量的划分标准不同。根据微播易与中国传媒大学广告学院联合发布的《2020年中腰部KOL营销发展报告》，各平台"头部""腰部""尾部"KOL范围如表4-4所示。

表4-4　各平台"头部""腰部""尾部"KOL范围

平　　台	尾部 KOL 粉丝数量	腰部 KOL 粉丝数量	头部 KOL 粉丝数量
微博	≥10 万	10 万～250 万	≥250 万
微信公众号	≥5 万	5 万～100 万	≥100 万
抖音及快手	≥10 万	10 万～150 万	≥150 万
直播及秒拍	≥10 万	10 万～200 万	≥200 万
美拍	≥10 万	10 万～80 万	≥80 万
火山小视频	≥10 万	10 万～50 万	≥50 万
B 站	≥2 万	2 万～10 万	≥10 万
小红书	≥0.1 万	0.1 万～5 万	≥5 万

运营一个需要与红人合作的活动时，学生可以通过判断活动的受众群体的人数、活动所属行业等条件确定选择哪种类型的红人。然后在各个社交媒体上寻找该类型

的红人。可以通过使用专业的红人评测软件寻找多个同类型的红人，经过专业软件的分析和对比，选择性价比最高的红人进行合作。图 4-25 所示为红人数据测评软件克劳锐"红管家"的操作界面。

图 4-25　克劳锐"红管家"的操作界面

4.9.3　红人营销的本质

直播行业的蓬勃发展，全民主播时代的降临，为红人的诞生提供了媒介土壤。从新媒体营销行业视角来看，品牌的预算也已经发生转移，正在从图文投放转向直播和短视频投放。

红人是承载直播和短视频发展的载体，绝大多数用户会因人而产生关注行为。这使得外界对"红人营销"产生误解，例如必须找明星级头部红人合作、全平台投放、形成刷屏效应、明星级头部红人可以直接参与直播带货以及在直播带货中必须要多次口播产品等。

以上这些印象，都是对红人营销的误解或者误读。红人营销的本质是粉丝经济，即信任关系的建立。从消费者决策链中可以看出，消费者从认知到持续关注、到熟悉、到考虑、到购买、到复购，这个过程首先是粉丝基于对红人的信任，购买了产品；而产品的质量则决定粉丝是否回购，粉丝回购即可对品牌产生信任，形成一个闭环，很好地增加粉丝与品牌之间的黏性。

例如，国际知名护肤品牌欧莱雅通过 14 位抖音 KOL 红人，以创意和评测等不同的方式进行内容输出和"种草"，使欧莱雅旗下产品"小钢笔"的话题和声量直接提升 40%，一跃成为抖音网红爆款，如图 4-26 所示。

图 4-26 欧莱雅产品红人营销

4.9.4 红人营销的发展趋势

从"红人营销"的发展历程可以看出，每一次媒介平台的变革，都会使"红人营销"的运营模式完成一次升级改造。在短视频、直播大行其道的时代，"红人营销"的发展有以下四个新趋势。

1. 缩短新兴品牌的成长周期

在红人营销时代，新品牌的成长周期明显加快，例如，在 2009 年以前，想要发展一个新品牌，只能将其投放在淘宝"直通车"的平台上，形成专属的淘品牌，成长周期为 3～4 年。现在想要发展一个品牌，只需品牌与红人深度联动，使流量转化加速，就可以大大缩短新品牌的成长周期。

2. 变革整个供应链体系

以前品牌投放广告，广告素材和媒体渠道是分开的。而如今的红人营销，则需要告诉红人品牌的特点，红人以此创作内容，素材和渠道是统一的。

3. 投放精细化管理

在品牌的多次投放中，每一次的投放都是一次试错的过程。将这些数据积累起来，成为数据库得以留存或再次使用。投放过程中逐步精细化管理，使其成为标准配置。比如平台管理、投放管理、成本管理和红人管理。

4. 综合考验品牌力和平台能力

每一轮的红人投放，除了品牌自身的品牌力之外，对于平台的投放能力也是很大的考验，只有两者都非常强大的时候，不管是新兴品牌还是传统品牌才能依靠红人营销实现更高的进步。

红人经济还在持续发展，就目前发展形势来说，品牌方必然会增加对红人营销的投放，营销过程趋于"科学选择 + 科学管理"。

4.10　红人数据价值的应用

现阶段的企业和品牌方在策划营销活动时，对红人的认知与管理体系已开始逐渐成形，有不少企业已经有了完整的思考与框架。不再盲目地通过感性和经验搜索选择红人，而是利用大数据以及专业筛选模型和筛选机制、挖掘网络平台以及探寻红人市场，有针对性地在一类红人中进行选择。

选择过程中通过五层漏斗筛选体系，选择最合适的红人匹配营销活动。五层漏斗筛选体系包括影响力、粉丝情况、与推广品牌匹配度、日常表现情况以及资源活跃情况五个层级，如图 4-27 所示。

图 4-27　红人漏斗筛选体系

借助企业私有的 KOL 数据监测管理系统"红管家"，能够很好完成投前分析、投中分析跟踪和投后分析等操作。帮助品牌方准确选择投放 KOL，获得最大收益。

4.10.1　投前分析

微博、微信、小红书、抖音和 B 站等平台，有数以亿计的垂类；每个垂类有数以万计的创作者，相似资源众多；信息的一致性差，质量和报价出入大；再加上一些品牌的产品标签不是很清晰；这种情况下，很难挑选出让品牌方合理投放的KOL。

使用"红管家"进行投前分析，能够让广告主在众多的 KOL 中快速找到匹配度最高的进行投放，获得最佳的投放效果。

1. 投放范围具象化

在百家争鸣的 KOL 资源及丰富多彩的作品表现形式面前,广告主往往面临着非常多的优秀且新颖的投放选择。在开始投放前,首先就会遇到一个困惑:该投谁?平台、垂类、账号、形式多、更新快;消息渠道多,一致性差,质量和报价出入也很大;而且刷量防不胜防,相似资源多,粉丝受众也难以判断,广告主面对这样负责的环境,难以迅速定位符合自己产品调性和要求的 KOL 资源。

克劳锐的数据产品——红管家,提供主流多平台资源查询服务,并建立了完善的资源筛选维度,可以将每一个数据众多且复杂的 KOL 属性具象化,如资源粉丝量、粉丝画像及粉丝量变化趋势,作品表现、合作情况和参考报价等,如图 4-28 所示。

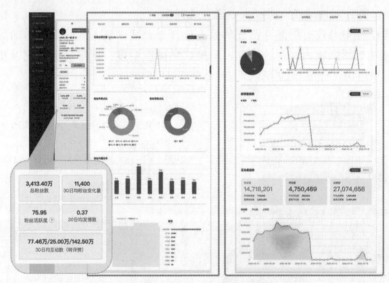

图 4-28　具象化显示资源情况

2. 建立一个隶属企业的私有资源库

建立一个隶属企业的私有资源库。在这个资源库里,明确度量 KOL 的维度。例如账号垂类、账号的内容调性与品牌匹配度、账号粉丝的分布及活跃度、账号内容原创度和账号所在平台等。这样做既能方便企业挑选 KOL 账号,还方便企业对比多次投放的效果及再次投放。

1)账号垂类

不同的产品面对的用户不同,不同类型账号的粉丝也不同。例如一款奶制品只需要投母婴类 KOL 账号即可。垂类是指垂直领域,在红人营销中指的是为限定群体提供服务,选择账号垂类尤为重要,可以直接对目标用户营销。"红管家"提供了几十种垂类供广告主选择,在营销的初期做到有的放矢,如图 4-29 所示。

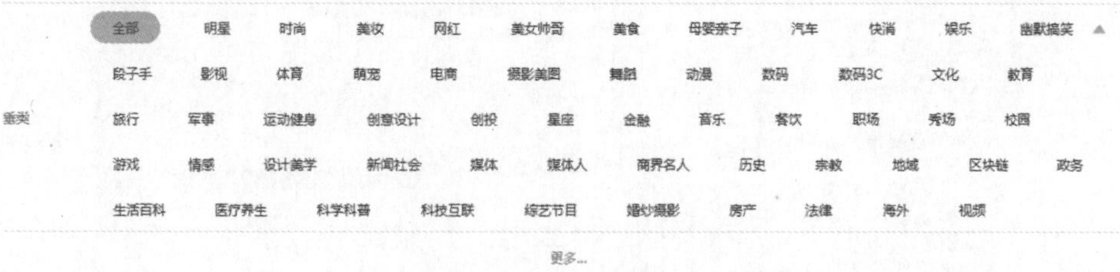

垂类
全部 明星 时尚 美妆 网红 美女帅哥 美食 母婴亲子 汽车 快消 娱乐 幽默搞笑
段子手 影视 体育 萌宠 电商 摄影美图 舞蹈 动漫 数码 数码3C 文化 教育
旅行 军事 运动健身 创意设计 创投 星座 金融 音乐 餐饮 职场 秀场 校园
游戏 情感 设计美学 新闻社会 媒体 媒体人 商界名人 历史 宗教 地域 区块链 政务
生活百科 医疗养生 科学科普 科技互联 综艺节目 婚纱摄影 房产 法律 海外 视频
更多...

图 4-29　选择垂类

2）账号的内容调性与品牌匹配度

在选择 KOL 账号时，除了关注账号的垂类和粉丝量以外，还要注意企业品牌与账号的内容调性是否匹配。例如，某比较有轻奢调性的品牌或者商品，可能就不太适合合作一些偏向搞笑或者乡村生活日常作品的作者。某局限于室内使用的小家电可能就与作品调性偏向户外自然、旅行等的作者交集不大。

3）账号粉丝的分布及活跃度

广告主可以通过比较账号粉丝的情况，实现更精准的投放。“红管家”可以对账号的粉丝进行深度分析，输出粉丝量、粉丝变化量、活跃度、生产力和互动数。多维度诠释粉丝画像及粉丝量变化趋势。图 4-30 所示为某账号粉丝的分布及活跃度。

粉丝分析
合作情况
历史评价
作品列表
粉丝情况
1.11亿
1,856
创作力
4,293
15
3亿
1,677.58万
粉丝年龄占比
0.84%
1.47%
4%
6.87%
10.79%
17.67%
33.6%
24.76%
0_17 18_24 25_29 30_34 35_39 40_49 50_59 60-
粉丝性别占比
31.95%
68.05%
女 男
粉丝兴趣分布
9.47%
9.54%
9.45%
11.09%
16.12%
10.61%
14.12%
9.51%
10.15%

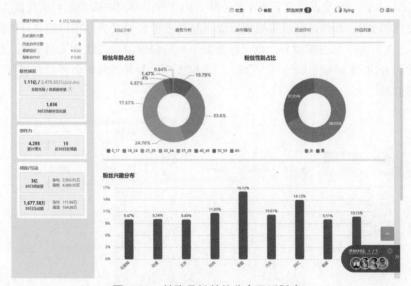

图 4-30　某账号粉丝的分布及活跃度

4）账号内容原创度

原创内容是最受粉丝欢迎的，通过“红管家”可以分析账号内容的原创度，以确定该账号的创作能力和活跃度，如图 4-31 所示。

图 4-31 账号内容原创度

5）账号所在平台

为了获得更好的营销效果，广告主有时会关心 KOL 在多平台运营账号的情况，如果 KOL 多平台账号表现都不错，则代表了 KOL 的影响力，以及账号运营能力较强。选择这样的 KOL 合作，可以有要求投放作品在多平台通发的合作可能（可能涉及费用），迅速扩大产品的影响力。也可以根据平台的特性以及投放效果侧重点，挑选比较合适的 KOL 隶属平台账号进行合作。图 4-32 所示为某账号在微博平台和抖音平台的数据信息。

图 4-32 某账号在微博平台和抖音平台的数据信息

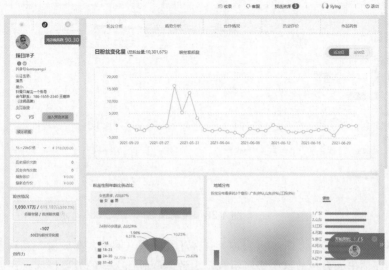

图 4-32 某账号在微博平台和抖音平台的数据信息（续）

建立好企业的私有资源库后，品牌方可以把自己的品牌打上标签。在"红管家"中经过维度的划分和标签的匹配，能够相对容易地挑选出第一批账号。

案例 **男性达人测试女士内衣**

女士内衣上市推广，一定要找高颜值的女性达人推广吗？红管家告诉你并不是这样的。通过对比主播的粉丝性别，你会发现，女性主播的粉丝中男性占很大比重。而时尚幽默的男性主播的粉丝则多为女性。经过分析比较，可以选择一些年轻、时尚的男性主播，作为女性内衣的推广大使。

618 年中电商营销节点，某内衣品牌联手原创测评类视频创作者、时尚领域的高质量主播"Bigger 研究所"，为其新品"风琴杯"女士内衣，缔造了一场聚焦目标消费群体的视觉种草盛宴。

为了突出内衣的 3 大核心卖点"轻盈、不闷热、时刻清爽"，Bigger 研究所以此为创意的切入点，以产品评测为主线原创短视频，紧密围绕产品优势进行创作解读，包括透气性测试、吸水性测试、清爽性测试等，用专业的测评实验打消消费者顾虑，获取消费者的信任。同时还分享了内衣保养的一些小妙招，引爆用户对产品的关注，为产品销售导流，轻松幽默的视频内容，总播放量突破了 2600 万。

3. 效果预估

通过筛选条件看到中意的账号，可以先加入"预选资源"空间，"预选资源"空间类似购物网站的购物车功能，可以作为临时存储的资源列表空间。在"预选资源"空间中，选中预评估投放结果的资源，单击"我要投前预估"按钮，对选中的资源进行投放效果预估，如图 4-33 所示。

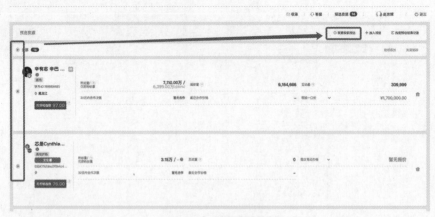

图4-33　投前预估

根据所选择KOL近期（90日内）作品平均表现（阅读，播放量，互动量和参考价格），评估出如果投放这个资源组合，大致会达成什么样的效果指标；评估合计数字可以看到资源包中各个平台账号的贡献及配比，帮助品牌主决定资源搭配，如图4-34所示。对评估结果满意的资源包可以直接导出EXCEL列表用于汇报，参考，或者询价。

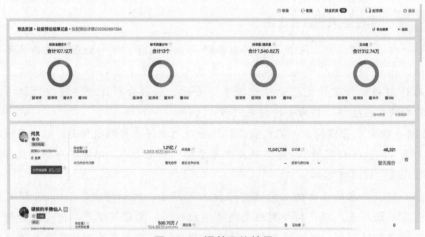

图4-34　提前预估效果

4.账号粉丝重合度

粉丝重合度的概念，已经被很多品牌方重视。在投放过程中，需要尽量避开两个相似的、"粉丝重合度"较高的账号，这样同样的投入，能够收获更多的关注和曝光，如图4-35所示。如果希望品牌和产品在粉丝群中打穿，可以考虑粉丝重合度相对较高的账号做投放。

图 4-35 比较账号粉丝重合度

案例 AI音箱上市导流

某品牌 AI 音箱计划在京东和天猫对外发售。为了更好地为上市预售导流，提升市场认知，引爆关注，促成口碑，该品牌音箱发起了连续 5 天的营销活动。

该产品具有发烧级音质、智能交互、海量内容、亲民价格等卖点，锁定家庭应用场景、音乐发烧友应用需求、二次元/游戏等用户应用、偏好娱乐的年轻群体应用、日常生活应用等需求场景，高效输出优质内容多角度种草用户，向母婴、搞笑、游戏、情感等圈层渗透，打通传播路径。

通过使用"红管家"搜索匹配的 KOL，并去重去水后，选择了五位 KOL 营销。小蛋黄 Omi 用视频告诉受众如何用小豹音箱疼爱"爱玩游戏"的男朋友。丢丢 Miami，以家庭场景切入，用短视频营造了一种温馨的家庭生活，真切演绎了小豹音箱不同使用场景下的智能表现。中国好学姐周玥，从情侣异地恋场景切入，将小豹音箱化身为联络情感的纽带，塑造产品温度。王耀辰告诉你如何用小豹音箱哄生气的女朋友开心。王圣锋，用小豹音箱解决宅男枯燥空虚的单身生活。

五个原创短视频皆从当下热门话题切入，千人千面多角度曝光展示产品卖点，激起受众购买欲。通过选择合适的投放时间段，平稳地释放信息量，持续种草，为上市预售打好了前战。其传播渠道覆盖了秒拍、美拍、快手和微博等，传播总量达到了 989.7 万，在京东发售当天，10 分钟售出 5000 台，创造了智能家电的营销奇迹。

5. 蓄水问题

举例说明，投一个粉丝 150 万，腰部偏上、头部偏下级别的微博账号时，需要在后台关注两个指标：活跃粉丝量和互动粉丝量，如图 4-36 所示。

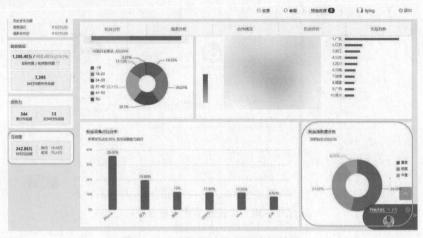

图 4-36　活跃粉丝量和互动粉丝量

当这两个指标在最近出现过断崖式的下跌，就可以初步判断，虽然他的粉丝很多，但看他粉丝的人就不太多了。他的阅读量成绩是有风险的，互动量成绩也是有风险的。如果凑巧，这账号这段时间创作有很多，可以判断出这个账号肯定有水分，应避免投他。

6. 细化维度

选择的太多就会和没有选择是一样的。在这种情况下，品牌方可以建立一个自己的评估模型。图4-37所示为克劳锐的一个微博账号模型，它通过创作力、粉丝情况、预估投放结果、影响力、历史合作印象和品牌合作情况这几个维度做出判断，并且自己加上权重，就能够判断出这个账号与自己的品牌是否合适。

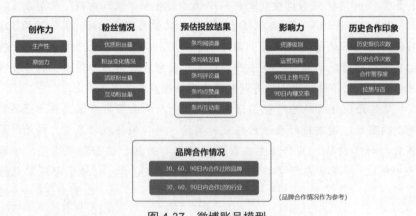

图 4-37　微博账号模型

4.10.2　投中分析跟踪

使用"红管家"能够随时对投放效果进行跟踪。在投放监测中，可以通过一些图形或者列表的方式，获取到投放的爆发过程。

使用微博后测功能，监测博文从发博时间起 15 日内的阅读量和互动量日别趋势，以及发博后 24 小时内的博文传播层级和触达粉丝小时级分析，如图 4-38 所示。

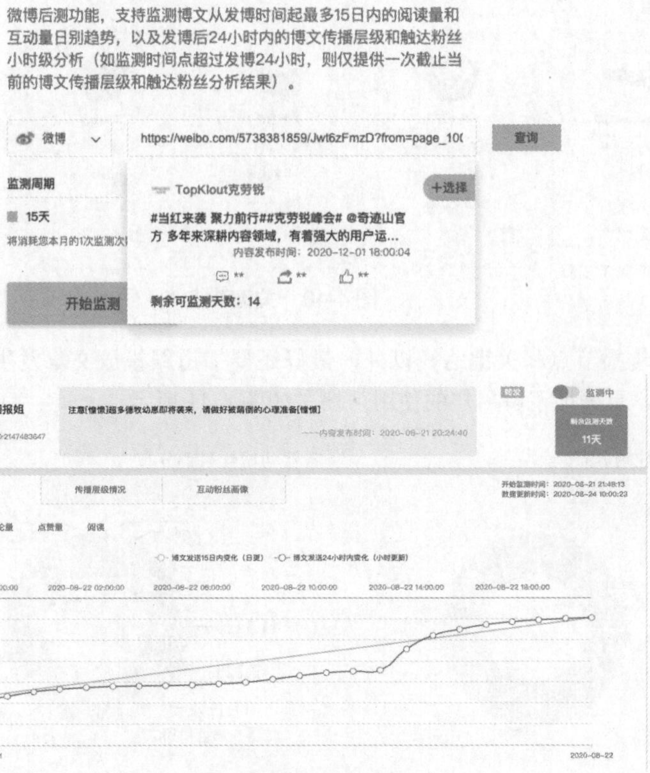

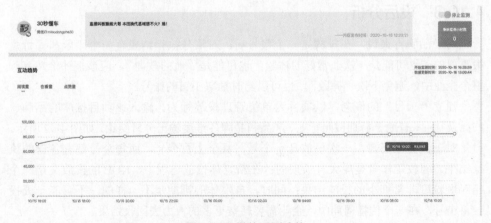

图 4-38　微博后测功能

使用微信后测功能，检测文章从发布起 24 小时内的阅读量、点赞量，再看量的小时级监测，如图 4-39 所示。

图 4-39　微信后测功能

这里有一些关键的节点：当我们文章投下去之后，在哪些转发的粉丝中，文章得到了二次转发，了解后，投放时就有了更准确的目的，如图4-40所示。

图 4-40 关键节点

除了传播节点和关键路径以外，最好还要知道跟投放文章发生互动的粉丝画像是怎样的，更好地了解用户的使用习惯，如图4-41所示。

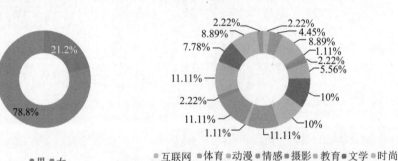

图 4-41 互动粉丝画像

4.10.3 投后分析

对于品牌方来说，在投放完一个账号后，对账号执行结果有一个印象和评价是很重要的。这可能是一次非常好的体验，也可能是"血的教训"，应该把评价共享到整个企业中，避免下次"摔跤"，也可以随时抽取不错的账号。

建立"项目"的概念，以项目为单位管理投放行为。输入该项目推广的品牌、产品及行业，有助于后期按照行业、产品和品牌各维度输出分析结论，如图4-42所示。

对于大企业而言，一次投放几十个号，甚至上百个号，而每个号都有各自的执行结果，回收工作量是庞大且烦琐的；在新媒体投放过程中，KOL的投放又是一个相对颗粒度非常细小的投放结果；同时，自媒体的排期是不一样的，不可能一天投一百个号，在一个传播周期中，企业需要耗费更多的人力去回收结果。

图 4-42　建立项目统一管理

例如在"红管家"中，可以通过固定模板收集供货商报价后统一上传到项目"资源询价"区，可上传多份报价；收集到的报价将会体现在 KOL 详情中的报价走势中，如图 4-43 所示。

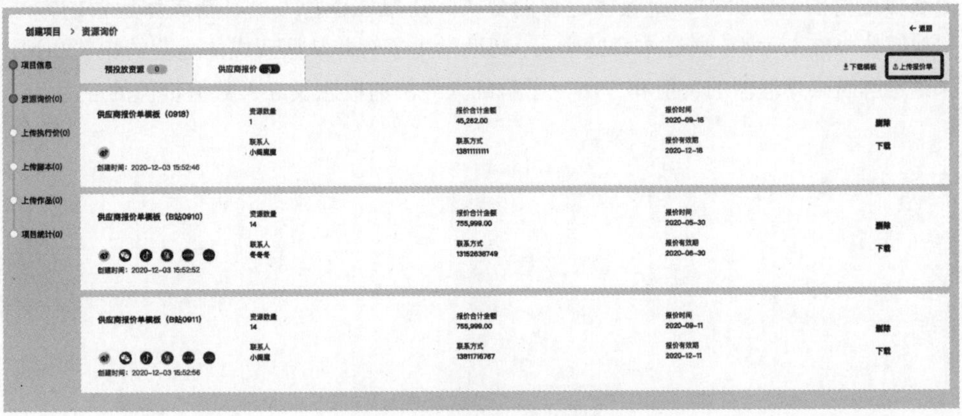

图 4-43　回收 KOL 报价

平台不一样，指标不一样，执行机构不一样，每个机构给的回收模版不一样，最终的结果到品牌方这里，整理起来是一个非常浩大的过程；整个投放过程中的每一步都会有数据产生，每一份数据都是力量，对于品牌主来说，都应该把它收集起来。

图 4-44 所示为整个投放过程。可以看到，选号的过程中，可以沉淀的是选号习惯；在收集报价过程中，能够沉淀的是市场行情；在投放前测过程中，可以收集到的是合理资源组合；项目执行过程中，可以收集的是关键传播节点和受众人群画像；项目结果执行的过程中，能够收集到效果和产能比、声量和舆情等。

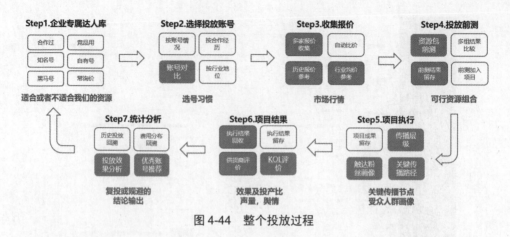

图 4-44　整个投放过程

　　没有中途的数据沉淀,最终的结果是肯定分析不出来的。当规避的结论输出之后,就很清楚本次投放的效果了。同时,下一个投放季度的输出就会特别容易。

4.11　本章小结

　　本章主要讲解了新媒体运营的含义、新媒体运营的特点、新媒体运营团队的构成、新媒体运营的工作流程、新媒体运营的分类、新媒体运营人员、新媒体运营的方法和新媒体与红人营销。通过本章的学习,帮助学生了解并掌握新媒体运营的相关知识,深刻理解新媒体运营的价值和作用,了解红人经济的概念及红人数值价值的应用。

第5章　互联网运营思维

运营工作是处理事情的过程，无论是数据出现了波动，需要及时分析原因并把数据拉回原来的水平；还是企业期望通过运营人员的努力把业绩做得更好，都是让运营人员处理业绩上遇到的麻烦事。

基于运营工作的逻辑判断，合理分配现有资源，有节奏地解决运营工作遇到的问题，这就是运营的本质，可以总结为解决问题的思维，也可以称作运营思维。掌握了这种思维的人，即使没有接触过运营知识，也能做好运营工作。而不具备这种思维的运营人员，即使学习很多文案写作、活动策划、用户运营的基础知识，局部工作可能有亮点，承担整个产品的运营工作则难出成绩，也无法突破个人成长的上限，难以晋升为部门的管理者或企业的决策者。

新媒体运营是一个"养孩子"的过程，需要一套复杂的体系化的过程。运营人员需要有意识地培养自己的运营思维。

本章将针对互联网思维和运营思维中常用的思维方式进行讲解，帮助学生快速掌握运营中各种思维方法并能合理应用到实际的运营工作中，做到有方向、有办法，解决运营工作中遇到的各种问题。

5.1　运营思维

不动手操作就不具备思维能力，运营这个岗位脱离不了实操的因素，运营思维是在实操过程中逐渐形成的。

5.1.1　运营思维的概念

运营思维就是工作谋划，就是怎样做好自己的工作的思考。

同样的一场活动，你能在无资源的情况让活动人数爆满；同样的一个社群，经过你的运营，变得更活跃，更利于变现；同样预算，你能获得超预算 3 倍的收获；同样的抖音账号，你随便发都能火，而别人精心制作的视频只有 500 播放量；这些问题只要涉及运营，而且通过运营的方法实现目地，都可称为运营思维。

运营技能是拓展思维的关键，如果连运营本质的一些实操都不具备，何谈运营思维。同样的给公众号涨粉，除了原创内容可以达到传播和涨粉的作用以外，还有很多办法可以涨粉。比如可以借助新媒体矩阵涨粉、可以利用朋友圈互推涨粉、可以资源互换涨粉，经历过创作原创文章的过程后，发现使用这种方法涨粉太难了，你会想其他方法，使用其他方法让你的公众号粉丝数量快速涨起来，那这个方法就是运营思维。

5.1.2　运营思维的应用

产品足够的好，是一切推广运营的基础。互联网从业者负责的产品各不相同，解决的用户痛点也各不相同，可以运营的点也各不相同。移动互联网的产品形态也从原生 App 衍生到了 H5、微信公众号、抖音短视频等载体上，运营 App，不再只是对 App 进行运营，无形间增加了运营者的工作范围。

只懂运营策略、运营技巧，是不足以应对变化多端的移动行业的，重要的是在长年累月的运营实战过程中，形成自己的运营思维。

1. 发展的

运营者要将应用的发展、市场的发展、用户的发展和环境的发展都纳入关注范围，要知道产品在整个应用生态圈中是处在哪个位置，上下游分别是什么，同一个层面的有哪些？可以合作的和互为竞品的是哪些？它们又有怎样的发展方向？

多看 BAT 的数据报告，B 的数据报告主要看热点，A 的数据报告主要看商业行为，T 的数据报告主要看用户习惯和用户画像。

2. 多维的

现在互联网产品运营不只是在应用市场的运营，这是因为目前应用太多，完全看不过来，周围的人在玩时，才会去搜索、下载。相比起应用市场，现在很多用户的习惯还是去搜索，所以百度做了个"百度移动应用"，将自己的无限流量开放给移动开发者，相比起封闭的应用市场，搜索带来的流量简直是无法预估的！与其去争夺市场有限的推荐位，不如做好内容，引来无限的流量。

3. 产品化的

随着发展，产品与运营之间的界线将越来越模糊，最好的产品除了抓需求，同时也要懂运营，在产品规划中要为运营留空间；而最好的运营是懂产品的，知道自己的产品基因是什么？什么是重点运营的功能点？

优秀的运营人员应具备以下能力。

- 内部建构：数据体系的建立；
- 外部建联：做好曝光，维护好市场和外部合作；
- 技术理解：What，How，Why（知道这个技术是什么，是怎么走的，为什么要选择这个技术）。

5.2　运营思维方式

很多人说，运营的工作就是一个打杂的活，复杂的事情多，什么工作都做，不受重视。在日常工作中，运营如果找不到工作的方向，很容易会进入"瞎忙→没有产出→焦虑→瞎忙→无法成长"的怪圈。合理地使用运营思维，可以让用户更好地操控，突破现状。

5.2.1　流程化思维

流程化思维，是指在制定具体某项运营工作的计划时，事先完整描述用户参与的全部流程，并且针对流程中的每一个关键节点进行详细的设计。简单来说，流程化思维就是对用户行为路径作分析。图 5-1 所示为使用流程化思维运营活动的全周期。

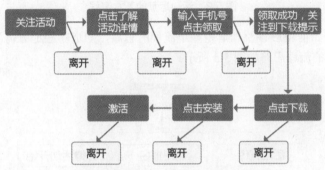

图 5-1　流程化思维运营活动的全周期

这是最简单的一种流程化思维的应用，按照产品生产流通的逻辑顺序去推导，最终在脑子里形成整个供应链的链条。

新媒体运营的人经常会创建并管理公众号，要想做好公众号，绝不是只要想个名字，弄个头像，再写几句简介，这个号就可以吸引粉丝数百万，篇篇 10W+……

在建立公众号之前，就应该想清楚公众号建立以后的一系列的事情。

1. 公众号的定位是什么

涉及名称，头像，自我定位（贴标签），以及文体画风，都是依据定位来设计的。

2. 内容

这个时代，还有什么概念是不被知道的吗？基本上都是通过整合和加工得来的，很少有"创造"，既然如此，如何保证你的内容可以脱离同质化，成为别人想看的？有一个比较讨巧的做法，那就是瞄准一个竞争对手，把它当作阶段性目标，在其中去找差异。

3. 价值

价值要以什么形式体现，在开始做之前就应该有预设，这样才能瞄准目标全力以赴。优秀的运营者遇到问题后，通常都会先回归到流程，把整个问题的全流程梳理出来，再从流程中找到解决方案。

流程化思维最大的受益是在活动运营。图 5-2 所示为一个活动运营的基本流程。

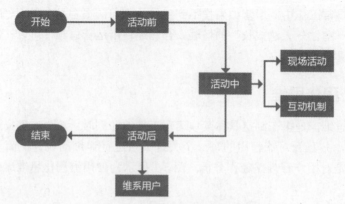

图 5-2　活动运营的基本流程

在活动开始前就应该整理清楚整个流程的思路，知道哪些地方需要多花精力去打磨，活动前的流程思路如图 5-3 所示。

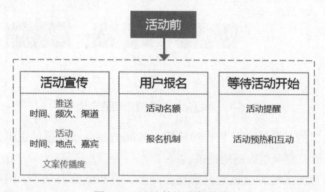

图 5-3　活动前的流程思路

1）活动宣传

活动宣传的高度，直接决定了整个活动的成败。这里最应该关注的是活动文案的传播度和转化率到底怎样，所以工作重心应该是对于文案的打磨。多花点时间打磨出一篇传播度不错的活动宣传文案，才是关键。

2）用户报名

怎么做才能吸引更多的人参与报名？此次活动的价值？面向的人群？价值如何体现？这些都是要思考的关键点。

"限时特价，前 200 名免费，这波红利错过就损失十万……"。这种包含紧张、稀缺、恐惧的心理暗示文案，在文案海报上屡试不爽。

"转发海报才有参与资格（形成二次传播），邀请三位好友参加就可以免费……"。接下来紧抓用户心理，继续打造稀缺价值，就是关键步骤。

目前，转发海报，分享朋友圈这种套路已经被使用太多次，想让用户转发的难度越来越大，"好的用户体验＋新奇的创意"才是吸引用户的关键。

3）等待活动开始

接下来，可以建一个群，静静等待活动开始……

活动开始后，在营造好氛围的同时，还要给予用户参与感。设置签到墙供用户拍照分享，制造一种身份认同，这种环节虽然很常见，但无论复制多少遍依旧有效。

活动的结束，并不意味着与用户关系的结束，相反和用户关系的发生才刚刚开始。管理员可以通过发福利，转发新闻，成员讨论相关问题等方法，做好社群维护，提高社群的活跃度和黏度。以便在下次活动时，提高再次激活用户的概率。

在运营过程中，流程设计得越短越好，用户行为节点越少越好，确保每个行为节点上的转化效果最大化。

案例　拥有流程化思维，快速成为运营高手

运营作为互联网行业内极其不标准的工种，每天的工作非常繁杂琐碎，经常需要和各种人进行沟通交流，处理非常多的事。缺乏良好的思维方式，肯定会经常焦头烂额。

一个优秀的运营在遇到问题后，会先回归到流程，先把整个问题的全流程梳理出来，然后再从流程中去寻找发现关键点，以求获得解决方案。而对新手运营来说，则更可能会直接拍脑袋给出解决方案。

接下来结合案例，讲解利用流程化思维的实操活动：

1. 遇到 CASE

为推广某品牌的儿童滑步车，举行一次周末线下滑步车活动。计划邀请 60 组家族参赛，5 家品牌商赞助，办一场总人数超过 300 人的线下活动。

2. 梳理流程

可以通过搜索多个类似的活动，总结归纳出类似活动的流程如图 5-4 所示。

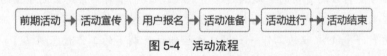

图 5-4　活动流程

针对活动流程的每一步进行细分、补充，让活动连贯顺畅起来，如图 5-5 所示。

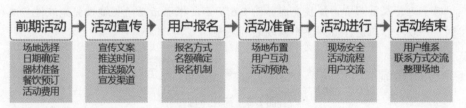

图 5-5　细分活动流程

3. 发现关键点

这次活动能够顺利举行的关键在哪里？

- 日期确定、场地选择？
- 宣传文案是否吸引人？
- 活动如何定价，价格是否具备吸引力？
- 能不能邀请到 60 组家庭参赛？
- 能否邀请到 5 家赞助？
- 准备时间是否充足，能否准备妥善？

很显然，活动能否顺利举行的关键点在于：是否可以顺利邀请到 60 组的参赛家庭。因为场地、日期可以协调选择；宣传文案可以修改调整，甚至推翻重来；活动定价可以参考其他活动，哪怕定价高了也可以通过奖品等进行调整；赞助商如果不能邀请，费用可以公司自己承担。唯独参赛家庭是必不可少的，没有参赛家庭就好比一款产品没有用户，那这款产品最后的结局肯定是夭折。

4. 破局

既然能不能邀请到 60 组家庭参赛，是整个活动能否开展的关键点，那么首先需要做的就是：确认一下目标用户的意愿如何？

于是，写了如下一篇文章：

"我们计划在圣诞节周末搞一次单车亲子活动，让平时工作繁忙的父母利用周末的时间陪伴孩子，告别城市、告别商场，全家一起到户外亲近自然，享受快乐的运动亲子时光。费用大概是每个家庭 XXX 等，最终价格可能会上下浮动，但是不会差距太大。

我们计划邀请 60 组家庭来参加，但是不确定大家是否有意向，因此现在开始预报名。如果您对这个活动有兴趣，麻烦点击下面链接报名，并缴纳 10 元的预约费。

我们承诺如果最终活动不能举办，我们将无条件退回预约费。"

文章通过公司公众号发出后，转载到了几个平时常交流的单车群。短短三个小时后，后台支付预约费用的家庭就超过了 70 组，我们不得不紧急关闭了预约通道。

到这里，制约本次活动能否举办的最大问题已经得到完美解决，接下来开始抓紧时间进行下一个流程的工作——用户已经到位，剩下的工作就容易多了。看看天气，确定一下活动日期，预约活动场地等；另一方面做好内容准备，宣传文案、活动海报等，让相关同事配合制作。

对于运营人员而言，流程变成如图 5-6 所示，根据活动的关键性优先级进行流程排列，一步一步推进，直到整个活动顺利成型。

图 5-6　简化流程

5.2.2　精细化思维

移动互联网对于流量的重视程度，已经超过了所有。没有流量，没有用户，就谈不上运营。拉新成本少则十几块，多则几十甚至上百。一个产品健康度的重要指标就是其新用户的获取能力是否遵循了：营收－获客成本≥ 0 元。

为了保证产品正常运营，通常会从降低获客成本、提高 GMV 两方面着手。降低获客成本虽说可以通过寻找新渠道等实现，但是流量的分布已经呈现寡头趋势，未来成本只会越来越高。所以提高 GMV 就成了产品运营的重要任务。

随着用户体量持续变大，如果仅靠一种策略，或者单一功能，很难满足用户的个性化需求，进而会导致用户活跃低，留存差，付费转化低。因此，"重视每一次与用户接触的机会，进行精细化运营"，就成为提高 GMV 的核心。

精细化思维可以理解为是基于大数据，围绕用户、场景、流程和产品所做的差异化运营策略。精细化运营需要遵循以下几点。

1. 聚焦在用户上

精细化运营的第一步就是要了解用户，只有了解用户，才能提供有针对性的个性化服务，实现千人千面的差异化运营。其中，让用户"标签化"是了解用户的常用手段，比如：

产品经理（工作种类）；

男性，产品经理（性别＋工作种类）；

北京，男性，产品经理（地域＋性别＋工作种类）。

……

标签维度越多、划分越细，所能构建的用户画像就越全面、越精准。

要想细化用户标签，需要在不同维度上了解用户偏好，进而分析他们特征背后所代表的用户集群。图 5-7 所示通过设置了属性标签、兴趣标签、场景标签三类细分的子集，通过大数据分析得到了精准的用户画像。

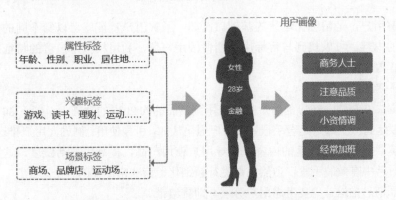

图 5-7　大数据分析得到精准的用户画像

得到精准的用户画像后，接下来可以通过以下几种方式沉淀更多的用户标签：

1）留存和记录有效数据

可以与公司研发一起，将有效数据逐一留存、记录，实现地域、机型和系统等标签的识别；例如前端的分组访问、点击和浏览等数据；后端的下单、付费等数据。

2）借助调查问卷

可以通过调查问卷的方式测试全平台，随机性选取 3 批及以上的用户（样本量不低于千份）进行不同时间段推送，再将问卷回收进行数据处理分析。

3）借助专业的第三方分析工具

相比较前两种方式，专业的分析工具通常能够基于海量的大数据对产品自有的数据进行补充，从而使标签更全面，构建的用户画像更精准。例如诸葛 IO、神策等，图 5-8 所示为诸葛 IO 工作界面。

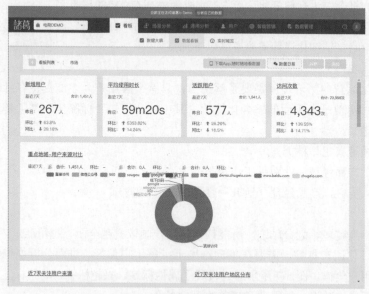

图 5-8　诸葛 IO 工作界面

了解用户，是精细化运营的基础。比如，了解用户特征就可以给不同的用户推荐不同的内容，可以找到与目标用户相似的用户群，利用相似用户群的特征对目标用户进行内容推荐等。

2. 善用运营手段

根据二八法则，80% 的用户只会使用到产品的约 20% 的功能，而剩下 80% 的功能则需要运营人员通过运营手段，对用户强化认知，引导使用。例如向用户推送消息，给用户提供其可能感兴趣的内容，引导用户使用产品，提高用户活跃度，这种方式是运营日常中有效的手段，当然也是进行精细化运营非常重要的一个动作。

产品消息推送首先要考虑用户分层，即推给谁？

精细化运营所指的"用户"，通常指的是"用户分层"。就是把用户按照不同维度进行拆分，给不同的用户展示有差异的文案、详情页等，提高各层级的转化。同时切记用户属性是流动的，从新用户到留存用户，又可以细分为活跃用户到流失用户，根据付费标准，还可分为付费用户和非付费用户。

例如，从打开率来看，"注册即送钱"的文案对于低、中质量用户效果最好；"给予用户精神奖励"的文案对高质量用户效果最好。通过数据对比，可以很直观地感受不同层级用户在接收内容推送后的不同表现。

3. 精细化运营"系统化"

无论是进行数据管理还是做消息推送，当产品体量不大的时候人工可以解决，但是随着产品体量的不断增长，就需要有个完善的运营系统。

用户可以通过自己建立数据库和推送系统，然后根据数据库表中的字段建立用户标签，根据需求自己导出想要的用户群，自己筛选组合。这样做既可以保证数据的安全性；又可以了解细分的用户偏好记录；还可以保证数据的完全归属性；保证内容沟通效率及服务稳定性。

用户不能一味地追求精细化运营，要考虑到目前产品的周期，要把精力放在重要的业务上，有的放矢地精细化运营，例如，新增用户、活跃用户、沉默用户和流失用户四个大类，我们需要把大精力放在新增和活跃用户上，其次是沉默用户，最后才是流失用户。判断优先级，不是把所有的事情都做了，才叫精细化运营。

5.2.3 杠杆化思维

古希腊科学家阿基米德有句话流传千古："给我一个支点，我就能撬动地球。"

杠杆化思维，就是一种善于思考如何找出可以撬动地球的那个"支点"的一种思维模式。

对于运营来说，核心杠杆点可以是一种资源，可以是一个差异点，也可以是一句文案，更有可能是一个突发热点；它有时是一个核心因素，有时是多个因素共同起作用。

一个拥有杠杆化思维的优秀运营人员，不会去抱怨没有资源、没有资金；而会去思考如何利用有限的资源，发挥出最大的效应，以小博大。在日常的工作、生活中，也会围绕想要达成的成果时刻思考，有哪些东西可以成为杠杆点。

1. 杠杆化思维的核心

杠杆化思维的核心有两点：整合资源和资源最大化利用。

1）整合资源

整合资源的关键是共赢，对于合作双方来说，先具备一定的市场交换价值，能为对方提供什么，这是杠杆思维的第一步，也是最关键的一步。

2）资源最大化利用

要善于分析自己手头中的资源、知道自己的优势，分析自己可以作为核心杠杆点的资源，然后将核心杠杆点的资源通过运作无限扩大。

围绕这两个核心进行思考，能够帮助运营人员找出最优核心杠杆点，为所要达成的结果做好最基础的铺垫。

2. 杠杆化思维的应用

很多初级的运营人员都不清楚自己工作的重点和方向在哪里！因此，我们需要找出对的方向和最重要的事情。

杠杆化思维可以帮忙梳理出当前工作中优先级最高、最重要的事情，根据资源整合和资源化最大化利用的原则进行思考，对事情进行优先级排序：

（1）分析当前项目有哪些资源可以整合，是否需要进行资源互换；

（2）分析当前项目什么东西是核心杠杆点，是某个稀缺资源？借势热点？文案？差异点？找出这个杠杆点；

（3）结合流程化思维，围绕这个杠杆点规划标准作业流程（SOP），重点关注并解决杠杆点的相关事情。

根据上述思路进行分析，可以找出工作的重心，这样能一定程度上告别瞎忙，提高工作效率，也能让项目的整体效果产出最高。

成熟的运营人员，已经把杠杆化思维培养成了自己底层的思维模式；他们在思考事情时，总是先从自己手头中的资源和想要达到的结果，倒推出核心杠杆点在哪里。他们在工作上往往能比其他人思考得更深入；他们的思维模式结合经验，嗅觉敏锐，能更快找出核心杠杆点。

3. 如何培养杠杆化思维

杠杆化思维是运营人职场进阶的关键必备思维之一，培养杠杆化思维对运营人来说十分重要。那么，如何才能培养杠杆化思维呢？

1）善于通过数据找出杠杆点

杠杆化思维的核心是资源整合和资源的最大化利用。但是，很多时候杠杆点是无法直观被感知到的，它通常隐藏在众多的因素之中。当我们没有相关的经验可以借鉴时，可以进行各种实验测试效果，对实验数据进行观察，进行深层次的数据挖掘，找到杠杆点。

因此，懂数据分析，善于通过数据找出杠杆点，是培养杠杆化思维的一个关键。

2）善于复盘工作，培养直觉

复盘的重要性想必很多人都知道，小事情总结，大项目复盘，这是我们将经验转化为能力的重要途径。在进行复盘时，不仅总结成果、经验和得失，也要试着分析找出项目执行中的杠杆点在哪里，这样不断积累，培养敏锐的嗅觉。

长此以往，当运营一个新的项目时，就能举一反三，轻易地进行简单分析，找到杠杆点展开工作。

3）将杠杆化思维套用到做人身上

杠杆化思维告诉我们：想要达成的某个结果，是有某种东西能起杠杆作用的，我们要把它找出来并运用好。可以通过经常思考"这件事情是不是有哪个杠杆点，可以帮助我事半功倍？"这样的问题，来转变自己的思维习惯。

甚至，可以将杠杆化思维用到自己成长的规划上：先花大量的时间让自己具备一样不可替代的能力，再凭借该项能力为杠杆，撬动大量的资源和机会向自己靠拢，提升自己的核心竞争力和价值。

例如：如果你想要应聘新媒体运营岗位，但你没有经验，此时的杠杆点，就是一份足够证明你能胜任该岗位的东西；你应该多花时间提升自己新媒体运营的能力，甚至拿出一份足够优秀的新媒体稿件。

案例　　**利用杠杆点百倍提升店铺流量**

　　一家做境外景点门票 OTA 业务的公司，美国、加拿大业务线新成立之初，业绩平平，由于新业务缺少积累，最缺的是用户流量，订单量很少，当时为提升订单做了很多努力，但是依旧没有突破困局。

　　意识到用户流量问题的严重性，决定以流量为重点展开工作。

　　经过研究用户需求和对比竞品发现，有个加拿大景点特别热门，但国内是尚无平台经营。这个可能是一个改变现状的破局点。

　　于是经过一番努力，与该景点直接签订了独家合作关系。再利用大量资源主推该独家产品，最终获得巨大成效。不仅该产品销量火爆，也直接推动了整条美加业务线销量的大幅增长。

　　这个案例的杠杆点，就是独家产品的资源。充分利用好了，获得巨大的效果。

　　反过来思考，很多成功的淘宝商家也是用这个套路，进行店铺的运营的，主打一个差异化的低价爆款，为店铺带来大量的流量，再做好后续的相关转化工作，因而赚得盆满钵满。

　　课堂讨论：在日常工作中，运营如果找不到工作的方向，很容易会进入"瞎忙"→"没有产出"→"焦虑"→"瞎忙"→"无法成长"的怪圈，如何利用杠杆化思维，突破现状？

5.2.4　生态化思维

　　生态化思维来源于自然中的"生态系统"的运营模式，所谓生态，其实就是一个所有角色在其中都可以互为价值、和谐共存、共同驱动其发展和生长的一个大环境。

　　和自然界的生态不一样，自然界的生态是自然形成的，而新媒体营销中的生态往往是运营人员或者市场从业人员刻意去搭建完成的，这也就是常说的"做局"。

　　在实际的运营工作中，大部分运营人员在做的事儿都不是直接在完成 KPI，而是做一个局，你坐庄，让大家来玩得开心，各取所需，过程做好了，KPI 自然就完成了，这也就是运营跟销售不一样的点吧，运营更加的曲线救国。

　　以淘宝为例，淘宝卖家运营的 KPI 是帮助卖家提升销售额。这是一个很大的命题，单凭一个人的力量是很难完成的。为了赋能卖家，可以为他链接所有阿里巴巴生态里的资源，最主要的就是阿里妈妈、淘宝达人、TP（也就是淘宝拍档，指第三方开发或代运营）。阿里妈妈主要是售卖阿里系广告的，包括淘客、钻展、直通车，如图 5-9 所示。

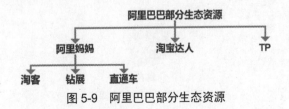

图 5-9　阿里巴巴部分生态资源

运营人员的工作职责内虽然不需要卖广告，但要提高卖家的流量，让卖家购买广告是个必须的途径。怎么购买，购买后怎样做高投入产出比，需要找专业的人员帮忙。可以联系阿里妈妈的小二，通常他们会非常愿意指导卖家。这样，如果卖家投了广告，既帮助了阿里妈妈的 KPI，广告带来的转化又帮助了运营 KPI，也就是卖家销售额的达成。

现在很多创业公司在做自己的社群，这是只有具有生态化思维才能做得好的事儿。社群不是微信群，也不是会员群，不能以自己独尊，试图在里面不断盈利。应以运营管理一个鱼塘的心态去运营社群，鱼、虾、水草和泥土彼此共生。水至清则无鱼，对于那些有打广告动机的人也应该宽容，如果他们积极回答问题，展示自己，赢得了信任，这样的人可以看作兼职帮助运营活跃了社群，而不要视为敌人。

开放和生态往往是一起的。生态化也是一种开放的企业文化，小米就是具有生态化思维的公司。从手机的"单兵突破"到一个"生态帝国"，雷军将小米打造成了一个可连接一切终端的大型硬件生态系统。小米自己不再自建生产线，只做内容、品牌和流量。外围则通过投资入股 100 多家硬件公司，实现品类的全面扩张。接下来以小米为例，讲解一下如何搭建"生态"。

1. 结果思维，以终为始

在小米创立之初，就没有被定位为一个简单的手机生产商，而是要做一家科技公司。它有两个目标：一是做优质的产品，二是做便宜的优质产品。后期公司所采用的策略都围绕着这两个目标进行。

为做优质产品，小米一直重视技术创新。小米手机的配置始终走在时代前列，在国产手机还处在单核 1GHz 处理器的时候，小米就已经在做双核 1.5GHz 处理器的手机了，截至 2020 年底，小米在全球范围内申请的发明专利就达 1.9 万项。2017 年发布了自研的手机芯片，使小米成为在全国继苹果、三星和华为之后的第四家拥有中高端自研芯片的手机公司。

为了降低小米产品的价格，小米自建渠道：小米商城（线上）、米家（线上）、小米之家（线下）渠道销售，减少产品销售的中间环节，直接面向用户，如图 5-10 所示。

图 5-10 小米自建渠道

2. 目标思维，以目标为导向

小米的企业使命是做便宜的优质产品，为了实现这个最终目的，小米又把这个大的目标拆分成了具体的阶段目标。

比如每年的专利申请计划，每年生态链搭建计划等。

举个简单的例子，可能大家会更清楚。

比如，我们这个月的运营用户增长目标是新增 5000 个新粉丝，那么我们该如何做呢？

我们首先要做目标拆分，这 5000 个粉丝从哪里来？有哪些环节可以做调整提高拉粉效果？这无非就是两个关键环节：一吸粉渠道，二渠道转化优化。那么，只要扩宽吸粉渠道，提高关键渠道的吸粉转化效果就能提高整体的运营效果。

做运营最忌讳的就是无头苍蝇，很多人经常抱怨为什么我做了那么多事，但却没效果，关键就在于目标是否清晰，是否可衡量。

3. 关系思维，资源整合

既然是"生态"，就不会只有一个要素，生态本身就是多个要素相互作用的有机整体，一个环节会影响到整个系统作用的发挥。

建立"生态"之前，要先弄清楚每个要素之间的相互关系以及对整个生态的影响。

小米每个生态链企业都专注一个领域，并且不同企业之间的差异化都是由小米周密规划的。小米生态链由近及远有三大投资圈层，如图 5-11 所示。第一圈层，小米手机周边产品，比如生产移动电源的紫米；第二圈层，智能硬件，如小米生态链首家上市公司华米，主要生产小米手环等智能穿戴产品；第三圈层，生活耗材，比如生产毛巾的最生活等。

图 5-11　小米投资圈层

小米的生态链搭建，遵循如下逻辑：

- 特定领域的市场足够大，适合发挥互联网的人口红利模式；
- 该领域产品存在性价比、品质方面的严重不足，存在被改造的机会；
- 产品可迭代或有耗材，确保公司持久性被市场关注；

- 产品用户与小米 1.5 亿用户群（集中于 18～35 岁，有 7 成理工男）的特征相匹配，利用小米平台容易引爆；
- 技术过硬，用"牛刀"一样的专业团队做"杀鸡"的事情，例如小米手环的研发者其实是一支手机团队；
- 与小米有共同价值观，不赚快钱，有做新国货的愿望。

只有遵循小米生态逻辑，处于小米生态链中的各个企业才能发挥出最大的效能，才能反作用整个小米品牌。

4. 环境思维，把握风向

2010 年雷军抓住中国国内对智能手机的需求量爆炸式增长的风口创建了小米。2013 年下半年，雷军察觉到"万物互联"和"智能硬件"的风口，雷军判断从 2014 年开始，将会是物联网的天下，开始启动小米生态计划。基本上只要是和手机相关的产业都在不断地投资，最快的时候平均每 15 天投资一家公司，才形成了今天强大的生态链。

环境是形成生态系统的基本条件与系统运行的根本力量。一切商业活动都在大环境的影响下，任何商业行为都不能逆势而为。"选择大于努力"，市场环境应该是进行一切商业活动考虑的第一因素。

课堂讨论：增速很快的电商 App 网易严选，在常人看来和淘宝是有一定竞争关系的。但是网易严选也在淘宝开店了。试着分析为什么淘宝会白白给自己的竞争对手送流量？ 结果会怎样？

案例　华为MateBook 2021：生态思维的使用

新年伊始，华为发布了三款新品笔记本：华为 MateBook 13 2021 款、华为 MateBook 14 2021 款和华为 MateBook X Pro 2021 款，如图 5-12 所示。

图 5-12　华为 MateBook 2021 系列

华为"1+8+N"的战略，就是要实现用户可以在笔记本、手机、智慧屏和平板设备间自由穿梭，无论使用什么终端，利用设备间的优势互补，带来更强大的多设备协同体验，可以随时随地调用自己想要的应用程序，如图 5-13 所示。从华为笔记本的智慧体验来看，使用了生态思维来定义应用场景。

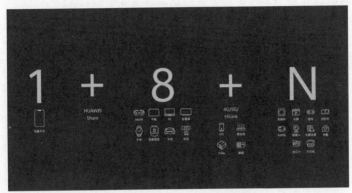

图 5-13　华为"1+8+N"战略

以笔记本这个产品品类来看，华为进入市场比较晚，且上一代笔记本产品已经非常成熟。没有颠覆性的体验，就无法吸引用户迁移，机会点就在于万物互联时代的生态。华为切入 PC 开始，就不是单一做工具型产品，而是重新定义办公场景，办公场景不是孤立的，与智能家居、智慧出行、运动健康、影音娱乐场景可以随时切换。

基于生态思维，从早期的一碰传，到后来的多屏协同，不同终端间的协同能力一直是华为笔记本最大特色。华为多屏协同的实现，与目前其他厂商的逻辑不同。华为是从系统底层打通了 Windows 和系统间的藩篱，手机与笔记本之间不仅可以实现软件的互传、调用，还可以实现硬件的协同，不同终端设备的部件被调用组成"超级终端"。

比如智慧屏调用手机的通信模块，在大屏幕上实现沉浸感的视频通话；手机可以调用笔记本的屏幕实现多屏协同，如图 5-14 所示。笔记本也可以调手机的摄像头获取高清的画面……

图 5-14　华为笔记本多屏协同

除了软件互传、硬件打通，华为笔记本还可以实现终端与云端的自由连接，只要登录华为云账号并开启同步文件夹后，资源管理器中会自动显示"华为云盘"入口，文件夹中的所有文件都会自动同步至用户的其他设备，多终端协同办公、轻松高效。通过软件的协同，文件可以在不同的终端产品之间传输。

通过华为云空间，所有的文件都保存在云端，手机、PAD、笔记本，随时随地用适合当时场合的终端登录，就可以处理同一个文件，如图 5-15 所示。

图 5-15　华为云空间多终端协同办公

特别值得一提的是，华为应用市场首次推出 PC 版，用户可以通过华为应用市场下载、安装和管理第三方应用，享受华为便捷的全场景应用体验。一个终端产品的体验丰富度，依赖于应用的多少。华为应用市场本身是全球排名前三的应用商店，通过打通底层的藩篱，慢慢将更多的应用移植到 PC 端，可以更好地实现场景的无缝连接。本次首发 100 款 PC 高频率应用，后续还将持续更新。

而华为浏览器也能同步 PC、手机甚至平板等不同设备间的浏览历史记录、书签、多窗口阅读列表等，是跨设备的信息浏览及生产力协同平台，如图 5-16 所示。

图 5-16　华为浏览器跨设备信息浏览

只有底层的协同，才能生长出真正的生态来。生态的特征就是建立好规则之后，可以自行运转、自发生长。未来可以实现的，远不止眼下这些。今天看到的这些软件互传、硬件调用、云端互通、应用迁移，都只是开始，未来还会有更多的应用场景被挖掘出来。

在未来的生态中，没有终端产品会孤立存在，用户需要的是全场景、跨平台的体验。那么，每一个终端产品，都要小有所"长"，即有自己的"特长"，比如笔记本擅长办公场景，性能强大，手机擅长影像，PAD 擅长娱乐。而把这些产品放到生态当中，又要可以大有所"融"，实现软件、硬件、端云以及应用的全部互联互通。

透过这一次笔记本产品体现出来的智慧演进，让我们看到华为的生态思维，以战略者的眼光和过硬的创新实力，成就了稀缺的生态领导力。打好了底层基础设施的华为生态已经可以开始进入加速跑的阶段。

5.2.5 数据化思维

自行车上看不到任何仪表；换成了汽车，就开始有了车速里程表、转速表、机油压力表、水温表和燃油等仪表，而到了飞机，驾驶员几乎所有的决策都依赖于仪表盘上的数据了。公司管理也是一样，如果公司规模很小，可能不需要太多的数据就可以做出决策，如果公司规模到了不能靠感觉来判断的时候，公司运营数据化和领导的数据化思维能力就变得异常重要了。

1. 数据化思维的概念

数据化思维指的是根据数据来思考事物的一种思维模式，是一种量化的、重视事实、追求真理的思维模式。数据思维并不只是将事物单纯地数字化，而是要求能够理性地对数据进行处理和分析，讲求逻辑推理，找出数据背后的真相。即根据数据能够知道发生了什么，为什么会这样发生，有什么样的规律，从而形成定性结论。

使用数据化思维运营就是数据和营销的整合，在现有数据条件下对企业用户进行精准营销，最大限度、最低成本地照顾到每一位用户的需求。比如公司准备对女性类商品进行打折促销活动，此时如果群发短信给所有用户，所有用户里面包含的男性用户是不会购买女性类商品的，这就导致给男性用户造成打扰，也给公司增加了成本。

2. 数据化思维的作用

数据化思维是以数据为特色的一种思维，数据的特色为思维赋予了新的内容。人类已进入数字经济时代，我们发现：一切皆可数据化，一切皆可量化。不可否认，数据已经顺理成章地成了人类认识和解读世界的通用语言。用数据化思维解决问题，就是用数据的角度和语言来解决问题，也就是说从发现问题、分析问题到解决问题都要以数据为线索来贯穿，要用数据的原理、方法和技术来处理问题。数据化思维为我们提供了一种新的思维方式，其在现实场景中有广泛的应用空间。

1）挖掘需要

想了解用户对什么话题感兴趣。一般人会上百度、知乎上搜一搜这个答案，如果没有得到想要的答案，就无计可施，只能坐等。拥有数据思维的人会想到，大家讨论话题一般在微博、知乎或者小红书上，只要把这些网站上热度最高的帖子抓取下来，提取帖子的标题，基本上就涵盖了大家最关心的话题，对这些话题做个统计分析，基本上就能确定问题的答案了。

这些话题说明了大众浏览信息的偏好。也从另一个角度反映出背后的需求。知道了需求，就能有的放矢。拿到了热门话题的统计数据，围绕这些话题做内容输出，就可以事半功倍。

以此类推，想知道用户喜欢什么好物，是可以在小红书、什么值得买或者知乎上有针对性地搜集信息，如果市场上有很多人需要且这个需求还没有得到满足，这些信息的价值就是一个商机。有数据化思维，能想方设法把一些复杂问题转化为数据形式。不知道写什么内容，从内容库里统计出浏览量、评论或点赞最多的帖子，挖掘出了需求。从购物网站或者好物网站的数据统计中也能发现一些未被满足的需求。

别人在知乎、微博上闲逛，你在浏览的过程发现了一些共性，这就是超视角阅读。再把这些共性从这些内容库中抓取出来，汇总成数据并用于分析需求，这就使用到了数据化思维。

2）验证想法

例如一个淘宝店主手头有两款商品，上架之前不知道哪款卖得好。把两个商品同时上架一天，在做了同样的推广后，她通过看浏览量、转化率、退货率就能对两个商品的欢迎程度有比较全面的了解。

数据好的那个商品留下，不好的撤下。数据帮助她更好地做出了判断。

产品功能发布前有两个功能，不知道上哪个更好，会专门做 A/B 测试。看两个功能的使用过程中，用户的停留时间，打开频次。同样也是根据两个功能的用户数据来验证哪个功能更受用户欢迎。最后受欢迎的功能会被保留下来。

以上例子中的商品或功能都是通过数据来验证想法的合理性。将两种情况的结果量化，基于合理的量化指标对结果做判断。最常见的通过数据验证结果的例子，比如 IQ 测试、学生参加考试……其实都是通过数据来把一些无法量化的东西量化。运营人员每个月的 KPI 考评，也是如此。

3）优化改进

挖掘需求或验证想法之后，需要根据数据完成产品的优化与改进。如果没有这些数据指标，根本无从下手。

产品的一个流程没有走下去，通过对比每一个操作环节的点击数据，能够发现哪一个环节中，用户没有继续执行下一步操作。使用数据化思维可以很好地帮助改进和完善产品功能。

生活中这样的例子也随处可见。把一天的工作内容和工作时间记录下来，也是在运用数据化思维。通过记录，能直观地看到自己的时间花在哪里了？哪一件事情花费时间最长？找出费时的原因，有针对性地做出调整，即运用数据化思维优化自己的工作效率。

数据化思维帮助我们将一些复杂的、抽象的问题具体化，通过具体的数据我们能更准确地判断事实，比如这个需求是否真实存在、这个想法可行不可行、量化结果。

5.3 互联网思维

互联网接入我国已经有三十多年了，它给我们的工作和生活带来诸多影响，尤其是对我们思维模式的影响，更为深刻和深远。

什么是"互联网思维"？互联网思维就是在（移动）互联网、大数据、云计算等科技不断发展的背景下，市场、用户对产品、对企业价值链乃至对整个商业生态进行重新审视的思考方式。也可以理解为在互联网对生活和生意影响力不断增大的背景下，企业对用户、产品、营销和创新，乃至对整个价值链和生态系统重新审视的思维方式。

互联网思维不是或者不仅仅是一种技术思维、营销思维、电商思维，而是一种系统思维、管理思维和创新思维。互联网思维不只适用于互联网企业，也适用于传统企业乃至任何行业和领域。

一直以来，人们的经验、价值观和思维方式都是以有形的、有质量的物质世界为前提和基础获取的，而互联网这一虚拟世界具有的即时性、交互性、匿名性、平等性、可逆性、无限分享性等特征已完全颠覆了物质世界的思维基础。时至今日，我们已经不能用传统思维方式来研究利用互联网了。互联网思维是市场化经济必然需要的东西，也是社会进步的表现。对于缺少互联网基因的传统行业，其能否具备互联网思维呢？要回答这些问题，还是要从把握互联网思维的含义开始。

5.3.1 互联网思维的意义

"互联网思维"的重点是"思维"，"互联网"只是媒介和平台。思维是指在表象、概念的基础上进行分析、综合、判断和推理等认识活动的过程，是人类特有的一种精神活动。可见，所谓"互联网思维"主要是指具有互联网特质的一种思维方式和方法。

互联网思维已经超越了互联网行业本身，它正在不断地渗透到社会发展的各个方面。从思维科学、社会管理和经济发展等多个视角分析，它有颠覆性创新、开放中博弈和合作中共赢的意义。

1. 颠覆性创新

互联网思维是一种高级思维活动，属于创造性思维，也是人们常说的创新思维。创新有两种：一种是渐进式创新，另一种是颠覆性创新。在互联网时代，颠覆性创新更受欢迎。在互联网界和经济领域，颠覆式创新越来越多地以两种形式出现：一种是用户体验的创新，另一种是商业模式的颠覆，如图 5-17 所示。苹果用云计算颠覆了传统手机，小米用互联网思维颠覆了手机生产，而特斯拉更是颠覆了人们对汽车的概念。

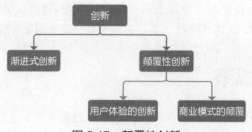

图 5-17　颠覆性创新

2. 开放中博弈

在互联网出现之前，信息是不对称的，对信息的垄断可以形成权力。但当互联网出现之后，信息的公开透明不仅造就了公民社会，而且改变了社会结构。以往的领导者、教育者们之所以能够居高临下，主要源于信息不对称，而当下出现的是新的信息不对称，只是天平极大地向受方倾斜。因此，监管部门也要有"互联网思维"。在现代社会管理中，缺乏互联网管理思维的领导在决策时常显得反应迟钝，惊慌失措。诚然，开放还须法律保障和法制建设，这既包括建立和健全互联网秩序，也包括公权力对私权力的尊重。

3. 合作中共赢

商场如战场，在前互联网时代，竞争各方是此消彼长的关系。进入互联网时代，企业之间既有竞争又有合作，不是谁消灭了谁，而是你中有我、我中有你，在合作中共赢。要改变经济增长方式，首先就要从改变思维方式开始，从互联网思维开始。这种思维不仅适用于经济，也适用于政治，改革新思维就是要把改革的反对者也纳入利益共同体。

颠覆性创新、开放中博弈、合作中共赢，互联网思维的这三大意义归结到一个核心点，即"以人为本"，互联网思维不仅是一种让商业回归到"以人为本"的观念，而且是一种更人性化的思考。

此外，互联网思维还是一个动态的概念，随着互联网的迅速发展，其内涵与外延都在不断地改变、充实和深化。互联网思维不是包医百病的灵丹妙药，它还需要一定的社会环境、生长土壤和物质基础。我们不应把所有的机遇和机缘都归功于互联网思维，也不应把所有的成功经验都放大上升为互联网思维。

5.3.2　互联网思维的延伸

如今，互联网已覆盖到人们生活的各个方面，互联网思维也或多或少地渗入我们的各项工作中，发挥着引领思想、引导行为、指导工作的作用。因此，互联网思维不仅有着极其丰富的内涵，而且具有极为广阔的外延。我们可以把它称为"互联网精神"。"互联网精神"就是开放的精神、平等的精神、协作的精神和分享的精神，如图 5-18 所示。

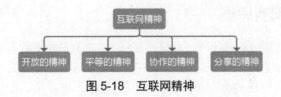

图 5-18 互联网精神

1. 开放的精神

互联网的特质决定着它既没有时间界限也没有地域界限，它是一个虚拟社会和开放平台。同时，互联网的开放精神不仅仅体现在物理时空的开放，更体现在人们思维空间的开放上。不同行业、不同生活经历、不同地域的人们可以共同就某一话题展开交流和讨论，思想火花的碰撞将极大地扩展人们思维的边界，丰富人们的知识，加快推进人类文明的进程。

2. 平等的精神

互联网的存在方式决定了网络是一个平等的世界。在网络中，人们的交流、交往和交易，剥去了权力、财富、身份、地位、容貌等标签，网络组织中的成员间彼此平等相待，网络使我们的世界更加透明和精彩。由于年龄关系和知识结构的不同，不是任何管理者都具有互联网思维的优势，但其一定要有互联网精神。因为一个具有互联网精神的管理者和领导者，就可以不拘一格降人才，就能做到不为我所有，但可为我所用。而要做到这一点，他首先须具备平等精神。

3. 协作的精神

互联网的实时互动和异步传输技术结构将彻底地改变信息传播者和接受者的关系。任何网络用户既是信息的接受者，同时也可以成为信息的传播者，并可以实现在线信息交流的实时互动和协作。互联网的协作精神决定了我们要共同维护好我们共同的网络家园，只有相互间友好协同，才能共同编织起这张网。

4. 分享的精神

互联网的分享精神是互联网发展的原动力。技术虽然是互联网发展的重要推动力，却不是关键，关键是应用。翻开互联网发展的历史，我们可以发现，开放、分享的精神才是互联网能发展到今天的根本原因。很多人都知道，互联网产生的早期主要是为了方便美国研究机构和高校的科学家们分享研究资料。刚开始互联网只对科学家开放，后来对商业机构开放。

互联网历史上的重大创新事件，几乎没有一个是正规研究互联网技术的人推动的。比如美国的几个学生希望用 Email 分享照片，结果因为邮件太大屡次发送不了，于是才决定要建立一个视频分享网站的，这就有了今天的 Youtube。

只有充分发扬互联网精神，才能让每个人的激情、活力、创造性得到最大程度的发挥。互联网思维正从一种互联网产业界的思潮，自下而上地逐步成为一种共识。可以预见，未来它将全面体现在我国经济社会变革的各个领域。

5.3.3 互联网新思维

时代在发展，短短的几年间，互联网就从 PC 端互联网时代发展到了移动端互联网时代，人类社会进入到一个新的时代。手机等移动智能终端的不断普及，让互联网逐步渗透到我们生活的每一个角落，微信朋友圈、短视频、直播带货等营销随处可见。

从互联网向移动互联网迁徙是客观规律，从互联网思维向移动互联网思维挺近是趋势，为了更适应移动互联网的发展，我们更需要加速从工业思维转向互联网思维，从 PC 端互联网思维转向移动互联网思维，要用移动互联网思维重新梳理公司的战略、文化、组织，甚至需要重新定义产品和服务。

移动互联网思维是一种进化思维，对我们人生的各个方面，从个人，到家庭，到企业，到国家、社会，都具有重大的指导作用。

移动互联网思维的商业模式必须要让自己的终端用户（消费者）彼此之间形成连接。其目标是让连接强度更大，连接数量更多。通过这种连接，终端用户彼此之间就形成了一个圈子。其次，自己的这个圈子必须与其他圈子又彼此产生连接。这种连接在符合生态规律的前提下，能够进一步强化自己圈子的连接强度，增加连接数量。这种圈子的彼此连接又能形成更大的圈子。最后，更大的圈子与其他更大的圈子彼此连接，形成地区级、全国级，甚至全球级的更大圈子。这里面，圈子内的连接是良性循环的，是互利互惠的；圈子与圈子的连接也是互利互惠的，否则，就无法产生连接。

例如我们以一个手机生产企业的商业模式为例，在移动互联网思维指导下，它的商业模式大体是这样呈现的。

首先，手机生产企业将通过移动互联网工具，将所有的粉丝和用户连接起来。大家为什么愿意连接呢？因为彼此之间能更好地交流信息、反馈意见。怎样才能让连接强度更大呢？产品的质量越好、性价比越高，用户的忠诚度越高，连接强度就越大。这是最基本层面，如果这家企业有很好的企业文化，这种文化对用户就有强烈的吸引力。那么，连接强度就更高了。

如果这家企业还有自己的宗教信仰，手机就是这个宗教信仰的某种符号，或者某种道具。那么，连接的强度就可达到极致。用户体验越好，用户分享越多，用户的数量也就越多；企业的文化或信仰强大，用户分享就会产生更大的影响力，新用户的数量也会进一步增长。这样，这个圈子可以不做广告、不做推广，单凭用户口碑，就能让用户连接不断强化、不断扩大，这就是一个良性循环。这个手机圈子就是一个良性循环的生态圈。

这个手机用户生态圈形成后，还应该与其他生态圈进一步发生连接。例如，周围还有服装圈，家电圈，教育圈，医疗圈和文化圈等各种其他圈子。假设手机圈又与教育圈中的"某留学圈"发生了连接，手机圈中有留学需求的人，就会方便地享受到留学圈带给自己的良好用户体验。或许会成为留学圈的新用户。由此产生的消费利益，手机圈与留学圈按照事先制定的利益分配机制彼此分享。同理，留学圈中有购买手机需求的伙伴。也能进一步了解手机圈中对这款手机的详细评价，可能，也会产生新的手机消费行为。其产生的利益，同样应该大家分享。

最后，手机圈和留学圈构成的大生态圈，又可以进一步与其他地区和国家的大生态圈彼此连接。形成更大的生态圈，实际也是更大的利益共同体，伙伴经济共同体。这就是移动互联网思维指导下，商业模式设计的根本价值所在。

5.4　互联网新思维方式

移动端互联网正深刻地影响和持续改变我们的生活。我们要开始用移动互联网的思维模式去看这个世界。而这一切的转变，需要我们掌握移动互联网思维的各种方式。

案例　**雕爷牛腩：互联网思维的使用**

雕爷牛腩是一家"轻奢餐"餐厅，名字听着就挺特别。开业之初，很多人慕名而来，每天门庭若市，吃饭都要排很久的队。

雕爷牛腩创办者叫孟醒，人称"雕爷"，他并非做餐饮的专业人士，雕爷牛腩的配方，是以 500 万元的价格从戴龙那里购得。戴龙是周星驰电影《食神》里的原型，电影里的故事，有一半来自他本人，周星驰在电影筹备之初，拜其为师学习厨艺。

开办这家餐厅，被很多人——包括雕爷自己，看作一次商业风险很高的尝试，充满了互联网式玩法的餐厅运作。

在菜品方面，雕爷追求简洁，同时只供应 12 道菜，追求极致精神；在网络营销方面，微博引流兼客服，微信做客户关系管理；在粉丝文化方面，雕爷形成了自己的粉丝文化，越有人骂，"死忠粉"就越坚强；而在产品改进方面，配有专门团队每天舆情监测，针对问题持续进行优化和改进。

先不评价雕爷牛腩好不好吃，仅在互联网运营方面，雕爷牛腩就完美地诠释了什么叫互联网产品思维，互联网思维就是围着用户来，体验做到极致，然后用互联网方式推广。

5.4.1　碎片化思维

随着移动互联网工具的出现，信息的传播方式已经发生了极大的改变，由原来系统性、深入性转化为简洁性和直接性。这种随着信息传播工具的改变所带来的信息方式的改变，极大地影响了我们的生活和工作。

简单而直接的信息，由于移动互联网的出现，数量呈现出平方级的增加。大家获取的位信息量，也呈现出平方级的暴增，每天有大量的各种简单信息充斥。这种简单而巨大的信息量，形成的社会现象即浅阅读。极大的信息量，信息自然简约化，阅读自然也就无法深入化、系统化，浅阅读也就在所难免。而浅阅读的结果就是浅记忆、快速记忆、快速忘记。

碎片化是移动互联网的一个显著特点，相比于 PC 端互联网而言，移动互联网加剧了消费者五个碎片化趋势：时间碎片化、地点碎片化、需求碎片化、沟通碎片化、社交碎片化，如图 5-19 所示。

图 5-19　碎片化趋势

我们等车的时候在刷朋友圈，上电梯的时候在看淘宝，购物的时候在手机上进行价格对比，地点、时间、需求的碎片化，催生了碎片化的应用。碎片化应用实际是一个自然而然的过程。碎片化时间成为赢得消费者的黄金窗口，要想了解如何建立碎片化思维，首先要了解碎片化思维的概念。

所谓碎片化思维，就是将各种整体信息分割成信息碎片，利用用户碎片时间提供各种用户需要的信息。满足用户需求，甚至引导用户需求。

当然这个定义可能比较抽象，比较难理解，接下来通过分析碎片化思维在短视频营销中的应用，帮助大家进一步理解碎片化思维的概念。

随着工作节奏加快，人们的生活越来越繁忙，很少有大量的时间进行深度阅读和学习。工作和居住地越来越远，在路上的时间越来越多，碎片化的时间也就越来越多。在地铁上，在公交车上，人们不得不与一片片被隔离的时间相处，或是以各种各样的方式度过自己的碎片化时间。不得不面对的碎片化时间相处成为人们生活中很重要的内容。

一个短视频作品的实施，最重要的就是前期的素材选择方向。早上上卫生间的时间、中午休息的时间都可以作为碎片化时间去搜集素材。没有人会在办公桌前安静地坐上几个小时，只为收益一些素材。

碎片化的时间，有利于发散性思维，产生出更多好点子。每个人在一天的时间中都会有娱乐消遣的时间，大部分用户都会选择刷手机或观看短视频。作为一个短视频制作者，要带着自媒体的角度去观察每一个刷到的作品，充分思考这段视频能够火爆的原因，然后记录下来，可以在后续的作品中参考使用。碎片化的时间将一件事情拆分成几个小点，这些点子可以帮我们快速转换思维。

如果认为这段视频有帮助，或者对以后的作品有潜在的学习空间，可以收藏起来，久而久之，当思想匮乏的时候，打开收藏，绝对事半功倍。利用碎片化的视频，也可以将制作的内容拆分成几个时间段，分别完成剪辑制作，制作过程中说不定就会有另一个好的创意。

如果在同一时间只完成同一件事情，不仅思维会受到限制，往往到了最后剪辑阶段，也会由于厌烦而草草了事。碎片化时间会让每一个时间段都能高度集中，当真正地利用了碎片化时间完成自媒体作品后，会发现这些时间加在一起，反而变得轻松许多。做任何事情都要有一个规划，做自媒体行业也同样如此，没有规划，一定做不出高质量的作品。

作为短视频营销人员，可以先整理出每天的碎片化时间表，然后再整理出对应自媒体的工作流程，将这些工作流程嵌入到碎片化时间里面，用十天的时间完善这些操作，制订出最适合你自己的方式。当彻底掌握碎片化时间后，就可以同时运营两个不同领域的账号了。

📌 **课堂讨论：** 感觉身边在看书的人很少了，很多都是通过刷手机新闻或者一些文章来获取知识，这样的碎片化阅读对我们的思维方式会造成哪些影响？

5.4.2　粉丝思维

工业经济时代，只要产品足够好，就会有顾客；只要营销布局得当，产品就会卖到世界上的任何角落。但是，在移动互联网时代，游戏规则发生了重大的改变，不再是传统的 B2C 模式，而是 C2B 模式，这里的"C"指的是领头羊，而"B"则指的是聚集在某个圈子的群众，领头羊往哪走，所有的羊都会跟上，这就是粉丝经济，相应就催生出能够使个人快速崛起的新思维——粉丝思维。

粉丝思维即领头羊思维。粉丝就是生产力，粉丝就是财富。拥有了粉丝，就等于拥有了个人品牌的忠诚拥护者、传播者和捍卫者。同时，粉丝是一群认同你的价值观、认同你的品牌、认同你的产品，甚至捍卫你个人品牌声誉和影响力的一群人。

如果说工业经济时代提出了客户思维的话，那么传统互联网时代讲的是用户思维，而在移动互联网时代则应该突出粉丝思维。

1. 用户到粉丝的转换

粉丝一旦接受品牌，就会全身心投入，粉丝对品牌、企业拥有高度的忠诚和热情，粉丝不仅仅是最优质的目标消费者，还是最卖力的推销员。把客户变成用户很困难，把用户变成粉丝就更困难了。可以通过以下三个步骤完成用户到粉丝的转换。

1）恩惠吸引目标客户

物以类聚、人以群分，在移动互联网上很容易找到目标客户，但是这些客户能否衍变为你的客户，变成你的"粉丝"，这需要想些办法，最直接的办法就是对他们施与恩惠。例如主播在直播时，不定时地发放"福袋"，也就是小额的红包，供新进直播间的用户领取,这就是恩惠策略,用最少的费用将普通的目标人群变为你的"粉丝"。

2)兴趣建立信息回流

将一般用户转变为你的"粉丝"并不是最终的目的,还需要进一步升级,将其转变为"铁丝"。很显然这一步通过恩惠很难做到,需要我们围绕用户的需求和兴趣,向他们提供一些感兴趣的产品或服务,只有这样才能留住客户,才能不断产生信息回流,进而形成价值网,并最终升级为"铁丝"。

3)理念改变思想

用户思维和粉丝思维最大的区别是,用户是会独立思考的,而粉丝彻底放弃思考,自愿跟着别人走。所以要想让他们变为你的粉丝,就必须影响他们的思想,很显然要做到这一步,靠恩惠和兴趣都没办法做到,只有用你的卓越人格、先进的理念和价值观影响他们、改造他们,并最终使他们认同你的价值观,自然地升级为"钢丝"。

传统时代是人踩人,互联网时代是人比人,移动互联网时代则是人捧人。移动互联网的营销思维正在从工业经济时代的"得渠道者得天下",逐步转变为移动互联网时代的"得粉丝者得天下"。

从苹果到小米,移动互联网时代,消费者已经不再是简单的"顾客",得粉丝者,得天下。如今品牌需要与消费者建立更多的情感联系,逐步将消费者发展成自身的忠实顾客,再从忠实顾客进一步发展成品牌粉丝。粉丝不仅能提升品牌产品销量,还能为品牌带来正向口碑传播,并在品牌出现负面评价甚至是危机公关之时,第一时间捍卫品牌。别忘了,如今消费者最相信的是身边好友的推荐评价。

小米自然成了粉丝思维的标杆代表,从"米粉"节到网上社区,以及各种线下同城活动,"为发烧而生"的小米聚集了庞大的粉丝群力量,逐渐跻身国内互联网公司的一线位置。品牌企业要学习小米以个性化的品牌理念和价值主张来吸引目标粉丝群体,并以多样化的活动来凝聚粉丝的力量,激发他们的参与感和热情,持续形成密切强大的联系。

2. 了解粉丝的需求

用粉丝思维经营粉丝平台,就需要了解粉丝的需求,其实粉丝的需求不会超出五大需求范围。人类需求按照从低到高的阶梯顺序分为生理需求、安全需求、社会需求、尊重需求和自我实现需求五种。

1)生理需求

一般而言,如果一个人同时缺乏食物、安全、爱和尊重,那么此时对于食物的需求是最强烈的,其他的需求反而显得不那么重要。当一个人从生理需求的控制下解放出来后,就会展现出更高级的社会化需求,如对人身安全、健康保护的需求,对归属意识、友谊和爱情等社交的需求,对自尊、获得承认和地位的需求,以及自我发展和实现的需求。

需求层次理论对粉丝思维的启发是:满足从低到高层次需求是让粉丝追随、关注和支持的共同基础和动力。生理需要是指人类从自然界中直接继承的,属于所有生物最原始、最基本的需要，包括衣食住行等最重要的需要，生理需要必须首先得到满足，当今社会，颜值是个加分项，这就是粉丝的生理需要。

2）安全需求

在粉丝平台上，安全这一要素是最基本的，任何平台都会做到，也必须做到。

3）社会需求

随着较低层次的需要得到满足，人会产生更高层次的社会需要，具体表现为情感和归属的需要，包括希望与偶像保持友谊，渴望得到偶像的信任和友爱，被当成群体的一员等，也是许多粉丝看到偶像会很激动的原因之一。

4）尊重需求

在经营粉丝时，如果粉丝感到自己得不到应有的尊重，就很容易不再崇拜偶像，尤其是对那些有着强烈尊重需要的人，一旦自尊心受到伤害，很可能会启动心理防卫机制，作出各种充满敌意的行为。

粉丝的尊重需要，包括自尊、自重以及被别人尊重的需要，其具体表现为：希望从偶像那里获得知识、成就和独立，同时渴望得到偶像的赞赏和高度评价。如果这些需要都得到了满足，粉丝的自信心和自豪感就会增强。如果在这些方面受挫，粉丝就会产生自卑感，进而出现一些防卫性的抵抗、躲避倾向，不愿意与偶像有进一步的互动，所以偶像应该尊重粉丝，并以平等的身份与对方沟通，通常来说粉丝没有理由拒绝与偶像互动。

5）自我实现需求

自我实现是人的需要中最高层次的需要，每个人都有自己的潜力，也有发挥自己潜力的需要，渴望表现自己的才能。只有在人的潜力得到充分发挥并为外界认可的时候，才会感到自己的需要得到了最大的满足。

自我实现需要的要素有：认识并接受现实拥有较为实际的人生观，接纳自己、他人以及这个世界；自然的表现情绪和思想，视野广阔、就事论事，较少考虑个人的利益；独立自主，独处时能享受私人的生活；赢取他人的信任，尊重他人并享受与他人的亲密关系。

案例　　小米：粉丝思维的使用

"米粉"是小米最重要的作品，没有之一。他们的价值远远超过小米手机和小米电视等产品。

1. 建立社区，形成粉丝团

建立社区的第一步就是根据产品特点，锁定一个小圈子，吸引铁杆粉丝，逐步积累粉丝。小米最开始做论坛，联合创始人黎万强每天都泡在各种知名安卓论坛，注册了几百个账号，不停地发帖、私信，好不容易拉来了1000人，从中选出100人作为超级用户，参与MIUI的设计、研发和反馈。这100人就是小米粉丝的起源，依靠这100人的口碑，100到200，200到300，一直到1700万小米粉丝！

在锁定了粉丝团的人群以后，下一步就是寻找目标人群喜欢聚集的平台。虽然小米手机建立了自己的论坛，吸引粉丝。但由于论坛太封闭，人群扩展起来太难，所以小米手机在发展之初又把微博作为扩展粉丝团的重要阵地。

在粉丝团扩展阶段，小米手机选择以雷军为首的互联网企业家作为代言人，在微博上获得了更多的关注。

2. 针对铁杆粉丝，进行小规模内测

积累了一定规模的粉丝以后，小米向铁杆粉丝预售工程机，让铁杆粉丝参与内测。第一批用户在使用工程机的过程中，会把意见反馈给小米的客服。小米客服再把意见反馈给设计部门，用户的意见直接可以影响产品的设计和性能，让产品快速完善。

除了意见反馈以外，第一批工程机用户还担负着口碑传播的作用。因为工程机投放市场数量有限，有一定的稀缺性，抢到的用户免不了要在微博或微信朋友圈上晒一下，每一次分享都相当于为产品做了一次广告。第一批铁杆用户就好比小米手机洒下的一粒粒火种，星星之火可以燎原。

3. 大规模量产和预售

在盛大的发布会这天，作为小米董事长的雷军亲自上阵讲解产品，而且还邀请了高通等配件厂商助阵，成百上千名"米粉"参与，众多媒体记者和意见领袖围观。这样做的目的只有一个，就是把产品发布会的信息传递出去，成为社交网络话题讨论的焦点。

在产品发布会以后，小米手机紧接着就开始对新产品进行社会化营销。小米手机一般都会选择最炙手可热的平台进行传播和推广。在新浪微博最为火爆的时候，小米利用新浪微博进行大规模的抽奖活动。在微信最为炙手可热的时候，小米选择微信作为发布平台。在推出红米手机的时候，小米手机还选择QQ空间作为合作平台进行产品发布，正是因为QQ空间在三四线城市有着广大的用户人群，跟红米的用户重合度很高。

在社会化营销的过程中，为了让用户切身地感到稀缺性，小米公司在产品大量供给的情况下，依旧采用"闪购""F码"等方式制造一种稀缺的错觉，激发网友对产品进行下一步传播和逐级分享，这无疑是一种很高明的营销方式。

4. 联结

按照互联网思维的逻辑，小米手机在售出了大规模的产品以后，营销没有结束，而是刚刚开始，这时候需要用一个体系，把售出的这些产品联结起来，让这些产品以及背后的人变成一个社群或者体系。

对于小米而言，硬件可以不挣钱，甚至可以硬件免费，但通过把硬件联结起来，完全可以通过后续的服务和衍生产品赚钱。小米模式建立的是一个生态体系，商业模式是基于生态体系基础设施服务，而不是单纯地卖设备。这就好比小米公司是一个电力公司，它主要的收入来源并不是卖电表，而是收电费。

小米手机通过MIUI系统，不仅把成千上万的"米粉"联结到一起，还基于

MIUI 建立了自己的商业模式。小米公司，除了小米手机这个基础硬件以外，在小米商店里还有很多配套硬件和软件供你选择，这些都成为小米公司新的收入来源。

更重要的是，小米公司把成千上万的"米粉"通过 MIUI 联结在一起，可以知道其他"米粉"在说什么，在做什么，在用什么，整个"米粉"群体变成一个互相链接、规模巨大的社群。而这个社群的吃喝拉撒和衣食住行，都可以变成小米公司的新的收入来源和商业模式，投资机构对小米公司之所以估值这么高，也正是看到这个社群背后的商业价值。更重要的是，这个社群的规模还在不断扩大。

5. 扩展

小米手机在产业外围同样也进行着扩展，扩展性表现为小米软件商店、小米支付、小米路由器等整个基础设施的日益完善。小米除了做手机以外，还做了小米电视、小路由器、小米路由等产品，甚至扩展到游戏和娱乐业。对于小米公司而言，基于互联网思维的每一个扩展，就好比是开启一个新型商业模式的接口，都可能变成商业收入新的来源和商业模式。

现在小米公司更像是 C2B 和 B2C 的混合模式。移动互联网和智能手机的普及，提高了人与人之间的传播效率，把人和需求聚合起来越来越容易。B2C 和 C2B 好比正负两极，随着移动互联网的进一步普及，企业的商业模式会逐步向用户端靠拢，制作出更多个性化的产品，催生更多的商业模式。

5.4.3　快 / 聚思维

快 / 聚思维即快速聚合思维，是一种移动互联网中的全新思维方式。

移动互联网时代，不仅品牌信息传播要快，品牌自身的更新升级更是要快人一步。这是一个速度当先的时代，企业若是做决策或是布局发展稍慢一步的话，就会失去先机，后期要以成倍的代价才能弥补错失时机的劣势。因此，快速地运用聚合思维法，从收集的信息中判定真伪和价值，搭建关系，建立起结构和方向，是非常重要的。

聚合思维法也称求同思维，指的是把各种信息聚合起来思考，朝着同一个方向而得出一个正确答案的思维，如图 5-20 所示。

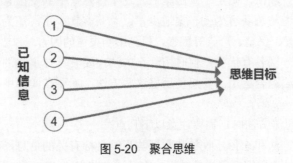

图 5-20　聚合思维

聚合思维有三个显著的特点：同一性、程序性和比较性。

1. 同一性

同一性即聚合思维是利用已有的知识经验或常用的方法来解决问题的某种有方向、有范围、有组织、条理性强的思维方式。

2. 程序性

程序性是指在解决问题的过程中，操作的程序，先做什么，后做什么，按照严格的程序，使解决问题有章法可循。就像医生给人看病，先要病人的外貌特征，然后进行问询，再进行各种检查，结合各种检查数据提出治疗方案，整个诊断的过程是有一定的科学程序的。

3. 比较性

问题只有一个，但解决的方法有很多，哪种方法最好。指的是对寻求到的几种解题途径、方案、措施或答案，通过比较，找出最优的途径、方案、措施或答案。

我们要善于使用聚合思维，快速从前期涌现出来的多种关于产品的设想、方案、方法中筛选出最正确的答案，有批判地取舍，得到最佳的解决办法。

在使用聚合思维时，要集中注意力、选准突破口，使思维更加严谨、清晰。聚合思维的主要方法有求同法、求异法、共变法和剩余法。

1. 求同法

求同法也称求同除异法。就是排除不相干的因素，找出共同的因素。

2. 求异法

求异法也称差异法，就是排除相同的条件找出不同的因素。例如在美妆产品营销过程中，需要选择平台做推广，A 平台和 B 平台的主要用户群皆为 18 ～ 35 岁的年轻人，A 平台用户大部分为女性，而 B 平台大部分的用户为男性。找到了不同的因素，即得到选择投放在 A 平台的结论。

3. 共变法

共变法即当某种因素发生变化，另一因素也随之变化，这两种因素之间是怎样的一种因果关系，例如渠道少了，所以总获客就少了。渠道的数量决定了获客的多少，这是一种共变的因果关系。

4. 剩余法

可以理解为排除法，确定一个因素后，逐个排除其他共变因素，得到最终的因果关系。还以渠道与总获客为例，渠道少了，总获客就少了。那为什么渠道少了？可以逐个排除文案、资金、广告等因素，找到影响渠道的因素。

上面的几种方法各有优劣，何时用什么方法，要看具体事物的情况。一般来说都是将这几种方法综合运用。要想使用好这些方法，就要在实际中不断加强对自己有意识的训练。

在使用聚合思维方法时，需要注意以下几点。

- 采取各种方法和途径，收集和掌握与思维目标有关的信息，而资料信息愈多愈好，这是选用聚合思维的前提，有了这个前提，才有可能得出正确结论。
- 通过对所收集到的各种资料进行分析，区分出它们与思维目标的相关程度，以便把重要的信息保留下来,把无关的或关系不大的信息淘汰。经过清理和选择后,还要对各种相关信息进行抽象、概括、比较、归纳,从而找出它们的共同的特性和本质的方面。

- 客观地、实事求是地得出科学结论,获得思维目标。

案例 通过聚合思维法判定黄曲霉素致癌

1970 年,美国一位农场主为节约开支,购进了一批发霉花生磨成饲料来喂养农场的 10 万只小鸡和小鸭,没想到这批小鸡和小鸭都死了,事后查出这批小鸡和小鸭是因误食了发霉花生做成的饲料中毒而死的。这期间,在英国某研究单位和一些农民用发霉花生长期喂养鸡和猪等家畜,也导致了大量畜禽死亡。第二年,新西兰又有人用发霉花生喂养大白鼠、鱼、雪貂等动物,结果被喂养的动物也纷纷中毒而死。研究人员从搜集到的资料中得出一个结论:在不同地区,对不同种类的动物喂养发霉花生都发生了中毒死亡事故,从而认定发霉花生有毒。

后来经过权威部门化验发现:发霉花生内含有黄曲霉素,而黄曲霉素是致癌物质,这就是聚合思维法的运用。

进一步思考的话,如果黄曲霉素是致癌物质,那么所有含有黄曲霉素的食物就都是致癌物。除发霉花生含有黄曲霉素外,还有哪些食物含有黄曲霉素呢?聚合思维法是人们在解决问题过程中经常用的思维方法。

5.5 本章小结

本章中主要讲解新媒体运营中运营思维的概念和方式,帮助学生了解运营思维的应用和常用的运营思维方式。同时也对互联网思维的意义、互联网思维的延伸、互联网新思维和互联网新思维方式进行了讲解,并通过运营思维案例的分析与实践,进一步加深学生对运营思维与运营关系的理解。

第6章　新媒体项目管理

随着新媒体项目的日益增多和项目复杂性的日益增大，人们对项目管理产生了新的兴趣，使用一种更加规范的方法来管理项目，能帮助项目和组织获得成功。

项目是创造一个独特产品、一项服务，是一个临时性努力的结果。项目是独特的、临时性的，并且数目在迅速增加。它们需要各种资源，要有一个项目发起人，并且还包含不确定性。

本章将学习新媒体项目管理的相关知识点，帮助学生快速掌握新媒体项目管理中的项目时间管理、项目成本管理、项目质量管理、项目人力资源管理、项目沟通管理和项目风险管理六大知识体系，解决项目管理中遇到的各种问题。

6.1　项目管理的含义

项目管理是指为了满足项目干系人（参加该项目的个体和组织）对项目的需求和期望，将理论知识、技能、工具和技巧应用到项目中去的活动。要想满足项目干系人的需求和期望，需要在下列相互间有冲突的要求中寻求平衡。

- 范围、时间、成本和质量；
- 有不同需求和期望的项目干系人；
- 明确表示出来的需求和未明确表达的要求。

6.1.1　项目管理发展史

项目管理作为一门学科，流派和分支众多，呈现出庞大的体系。对于很多初学者，在学习相关知识之前先了解一下项目管理的历史。

1. 古代项目管理阶段

秦始皇修筑长城、战国时的都江堰水利工程、北宋真宗时的"丁渭工程"、河北的赵州桥、北京的故宫等都是我国历史上复杂项目的范例，用今天的专业知识看，这些项目都堪称是极其复杂的大型项目。但是，人们真正认识到项目管理这个概念，始于1939—1945年第二次世界大战。

战争需要新式武器、探测需要雷达设备等，这些从未做过的项目接踵而至，不但技术复杂，而且参与人员众多，时间又非常紧迫，因此，人们开始关注如何有效地实行项目管理来实现既定的目标。"项目管理"这个词出现了。

这一阶段的项目管理一般被认为仅仅属于实践，没有上升到理论层面。

2. 近代项目管理阶段

1917 年，亨利·劳伦斯·甘特发明了著名的甘特图，使项目经理可以按照日历制作任务图表，用来安排日常工作，如图 6-1 所示。所示直观而有效，便于监督和控制项目的进展状况，时至今日仍是管理项目尤其是建筑项目的常用方法。

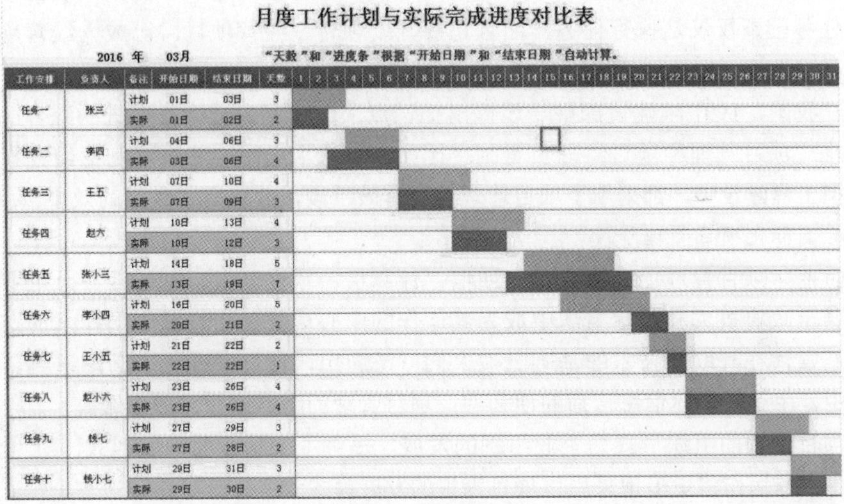

图 6-1　甘特图

由于甘特图难以展示工作环节间的逻辑关系，因此，在规模较大的工程项目和军事项目中广泛采用了里程碑系统。在工作执行过程中，应用了系统工程的思路和方法，大大缩短了工程所耗时间。

20 世纪 50 年代后期，美国出现了关键路线法（CPM）和计划评审技术（PERT）。统称为网络计划技术。该技术被认为是项目管理的起点。

1957 年，美国的路易斯维化工厂必须昼夜连续运行，他们使用时间管理技术"关键路线法"把检修流程精细分解，反复优化，最后只用了 78 个小时就完成了检修，节省时间达到 38%，当年产生效益达 100 多万美元。

20 世纪 60 年代初期，华罗庚教授引进和推广了网络计划技术，称为"统筹法"。我国项目管理学科体系也是由于统筹法的应用而逐渐形成的。此时，项目管理有了科学的系统方法。

3. 现代项目管理阶段

随着社会的进步，经济的发展，各类项目日益复杂、建设规模日趋庞大，项目外部环境变化频繁。

项目管理的应用也从传统的军事、航天逐渐拓广到建筑、石化、电力和水利等各个行业，项目管理成为政府和大企业日常管理的重要工具。同时，随着信息技术的飞速发展，现代项目管理的知识体系和职业逐渐成形。

1976 年，PMI（美国项目管理协会）的一次会议上提出了一个设想，能否把具有共性的实践经验进行总结，并形成"标准"。作为一个议题，与会的人们会后深入地进行思考、研究。即后来的 PMBOK（美国项目管理知识体系）的雏形。

20 世纪 80 年代随着现代化管理方法在我国的推广应用，进一步促进了统筹法在项目管理过程中的应用。从鲁布革经验开始，我国开始了学习借鉴国际项目管理先进做法的探索研究阶段。进入 20 世纪 90 年代，应用领域进一步扩大，现代项目管理的任务已不仅仅是执行任务，而且还要开发项目、经营项目，已成为经营项目完成后形成设施、产品和其他成果的必要条件。

在我国，1991 年建设部进一步提出把试点工作转变为全行业推进的综合改革，全面推广项目管理和项目经理负责制。比如在二滩水电站、三峡水利枢纽建设和其他大型工程建设中，都采用了项目管理这一有效手段，并取得了良好的效果。

4. 国际化项目管理阶段

目前，项目管理已经在电子、通信、计算机、软件开发、制造业、金融业、保险业甚至政府机关和国际组织中成为其运作的中心模式。随着互联网技术的发展，各种新媒体在互联网技术的基础上被人们广泛应用，项目管理也逐渐渗透到新媒体行业中，由于新媒体信息传播的便利性，项目管理的距离缩短，效率跟高。

项目管理的组织形式为企业组织的发展，提供了一种新的扩展形式，21 世纪企业的生产与运作将更多地采用以项目为主的发展模式。

6.1.2 项目管理的特征

项目管理被广泛地应用在各个领域中。虽然不同领域中的商业有不同的特点，但所有的项目管理都具有相同的特征，如图 6-2 所示。

图 6-2 项目管理的特征

1. 目标的确定性

每个项目都必须具有明确的目标，主要包括时间性目标、成果性目标和约束性目标等。允许修改目标的确定性，并且具有一定的变动幅度。

2. 独特性

每个项目都有其自身的特点，都具有唯一的特性，且都是独一无二的。

3. 约束性

项目会受到时间、资源和成本的限制。一个项目的开始时间与结束时间必须符合项目的规划时间。同时，为了保证项目顺利完成，还必须符合资源和成本规划的约束。

4. 一次性

项目有确定的开始和结束时间，没有与当前项目完全相同的另一个项目，不能照搬或者复制的工作。

5. 整体性

项目中的所有活动都是相关联的一个整体，不能多也不能少。

6. 不可挽回性

项目不能像其他事件那样可以反复进行，一个项目一旦失败将无法重新进行原项目。

6.1.3　传统项目管理与现代项目管理

随着信息技术的发展，项目管理采用信息化手段，这种信息化手段的项目管理方式被称为现代项目管理。现代项目管理相对于传统的项目管理具有其独特的特点，两者有如下不同。

1. 管理内容不同

现代项目管理在传统建设项目管理仅有的项目工期、质量、成本管理三个方面的基础上又增加了项目集成、范围、风险、沟通、采购和人力资源管理六个方面的内容。传统项目管理针对的是一些传统既简单、又省时的项目，而现代项目管理是针对高难度而且技术含量比较高的项目。

2. 管理效用不同

传统项目管理模式更多地强调项目工期，造价和质量的专业分工，没有项目集成管理、范围管理和风险管理等专项管理，从而造成了传统项目管理中存在相互割裂、不系统和缺乏对于不确定性问题管理等方面的缺陷，这是传统项目管理效用低下的根本原因。现代项目管理新增加了项目范围、集成与风险三个综合性的专项管理和三个项目资源管理的专项管理内容，从而使其有效性得到极大的提高，这也是现代项目管理模式成为当今项目管理新模式的根本原因。

3. 适用范围不同

传统建设项目管理的应用主要局限于以建设工程为主的狭窄领域，而现代项目管理的应用扩大到了十分宽广的领域，包括工程建设项目、信息系统集成项目、科学研究项目、产品开发项目、国防项目和社会化营销项目等众多领域。传统项目管理的局限性使得企业不得不针对简单的项目进行管理，而现代项目管理由于在技术以及经济方面都好于传统项目管理，所以企业在适用范围上肯定会有自己的安排，在安排上现代项目管理肯定处于优势，范围也是比较广的。

6.2 项目管理的内容

一般项目管理的内容主要包括范围管理、时间管理、成本管理、质量管理、人力资源管理、风险管理、采购管理、沟通管理和项目整体管理九个方面，如图6-3所示。

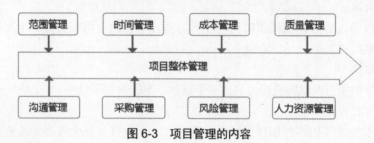

图 6-3　项目管理的内容

1. 范围管理

定义和控制列入或未列入项目的事项，主要包括以下内容。

- 项目立项：项目的开始。
- 项目规划：将项目划分为几个更易管理的小单元。
- 项目界定：确定一个范围说明，作为项目决策的基础。
- 项目核实：正式接纳项目范围。
- 项目变更与控制：控制项目范围的变化。

2. 时间管理

时间管理是为了确保项目最终按时完成的一系列管理过程。包括具体活动的界定、活动的排序、时间的估算、进度安排和时间控制等工作。

- 项目管理流程：分析工作顺序，工期和资源需求，编制项目进度计划。
- 项目时间的估算：预估每一项工作所需要的时间段。
- 项目进度控制：确定为完成各种项目可交付成果所必须进行的各项具体流程。控制项目进度计划的变化。

3. 成本管理

成本管理是为了保证在批准的项目预算内完成项目的资源管理过程。包括资源的配置、成本费用的估算和费用控制等工作。

- 项目资源规划：确定为完成项目需要什么资源、多少资源。包括人、设备和材料等。
- 项目成本预算：对完成项目各环节所需要的资源费用的估算，将总费用估算分配到各单项工作上。
- 项目成本控制：控制项目预算的变更。

4. 质量管理

质量管理是为了确保目标达到客户所规定的质量要求而实施的一系列管理过程。包括项目质量的规划、控制和保证等工作。

- 项目质量规划：确定项目的相关质量标准，并规划如何达到标准。
- 项目质量控制：监控项目的执行结果，确定是否符合相关的质量标准。
- 项目质量保证：定期评价总体项目执行情况，提高项目相关人员完成质量标准的信心。

5. 人力资源管理

人力资源管理是为了保证所有项目关系人的能力和积极性都得到最有效地发挥和利用而采取的一系列管理措施。包括人员招聘、相关人员的项目管理培训、队伍建设与开发、组织协调、激励、监控和评价等工作。

6. 风险管理

项目在实施过程中可能遇到各种不确定的因素，为了将它们有利的方面尽量扩大并加以利用，而将其不利方面所带来的后果降到最低程度，需要采取一系列风险管理措施，包括风险识别、风险量化、制定应对措施和风险控制等工作。

- 项目风险识别：分析哪些风险可能对项目造成影响。
- 项目风险量化：通过对风险及风险的相互作用的分析评估，评价风险的可能性与结果。
- 项目风险应对：制定应对措施的措施与步骤。
- 项目风险控制：对项目执行过程的中风险进行对抗性的回应。

7. 采购管理

项目采购管理是为了从项目组织外部获取材料或服务所采取的一系列管理措施。包括决定何时采购何物，产品需求和鉴定潜在的来源和依据报价招标等方式选择潜在的卖方，管理与卖方的关系。

8. 沟通管理

项目沟通管理是确保信息及时、准确地提取、收集、传播、存储和最终处置的过程。使参与项目的每一个人都了解以个人身份涉及的信息如何影响整个项目。包括项目的概述、主要过程、内容、信息发布和进度报告等工作。

9. 项目整体管理

项目整体管理是为了正确地协调项目所有各组织部门而进行的综合性过程。它牵扯到在竞争目标和方案选择中做出平衡，以满足或超出项目利益关系者的需求和期望。其核心是要在多个互相冲突的目标和方案之间做出权衡，以满足利益关系者的要求。

6.3　项目管理的约束条件

任何项目都会在范围、时间和成本三个方面受到约束，这就是项目管理的三约束。项目是一次性的，旨在产生独特的产品或服务，但不能孤立地看待和运行项目。这要求项目经理要用系统的观念来对待项目，认清项目在更大的环境中所处的位置，这样在考虑项目范围、时间及成本时，就会有更为适当的协调原则。

1. 项目的范围约束

项目的范围就是规定项目的任务是什么？作为项目经理，首先必须搞清楚项目的商业利润核心，明确把握项目发起人期望通过项目获得什么样的产品或服务。对于项目的范围约束，容易忽视项目的商业目标，而偏向技术目标，导致项目最终结果与项目干系人期望值之间的差异。

由于项目的范围可能会随着项目的进展而发生变化，与时间和成本等约束条件之间产生冲突，因此面对项目的范围约束，主要是根据项目的商业利润核心做好项目范围的变更管理。既要避免无原则地变更项目的范围，也要根据时间与成本的约束，在取得项目干系人的一致意见的情况下，合理地按程序变更项目的范围。

2. 项目的时间约束

项目的时间约束就是规定项目需要多长时间完成，项目的进度应该怎样安排，项目的活动在时间上的要求，各活动在时间安排上的先后顺序。当进度与计划之间发生差异时，如何重新调整项目的活动历时，以保证项目按期完成，或者通过调整项目的总体完成工期，以保证活动的时间与质量。

在考虑时间约束时，一方面要研究因为项目范围的变化对项目时间的影响，另一方面要研究，因为项目历时的变化，对项目成本产生的影响。同时及时跟踪项目的进展情况，通过对实际项目进展情况的分析，提供给项目干系人一个准确的报告。

3. 项目的成本约束

项目的成本约束就是规定完成项目需要的费用。对项目成本的计量，一般用花费多少资金来衡量，但也可以根据项目的特点，采用特定的计量单位来表示。关键是通过成本核算，能让项目干系人，了解在当前成本约束之下，所能完成的项目范围及时间要求。当项目的范围与时间发生变化时，会产生多大的成本变化，以决定是否变更项目的范围，改变项目的进度，或者扩大项目的投资。

在实际完成的许多项目中，多数只重视项目的进度，而不重视项目的成本管理。一般只是在项目结束时，才交给财务或计划管理部门的预算人员进行项目结算。对内部消耗资源性的项目，往往不做项目的成本估算与分析，使得项目干系人根本认识不到项目所造成的资源浪费。因此，对内部开展的一些项目，也要进行成本管理。

由于项目是独特的，每个项目都具有很多不确定性的因素，项目资源使用之间存在竞争性，除了极小的项目，项目很难最终完全按照预期的范围、时间和成本三大约束条件完成。因为项目干系人总是期望用最低的成本、最短的时间，来完成最大的项目范围。

这三个期望之间是互相矛盾、互相制约的。项目范围的扩大，会导致项目工期的延长或需要增加加班资源，进一步导致项目成本的增加；同样，项目成本的减少，也会导致项目范围的限制。作为项目经理，要运用项目管理的相关知识，科学合理地分配各种资源，尽可能地实现项目干系人的期望，使他们获得最大的满意度。

6.4　项目管理的过程

为了更好地管理和控制项目，通常一个项目的生命周期大概分成概念、开发、实施与收尾四个过程。其中概念和开发阶段为项目可行性阶段，实施和收尾阶段为项目获取阶段，如图 6-4 所示。

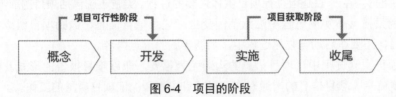

图 6-4　项目的阶段

在概念阶段主要是对成本进行分析，对项目的可行性进行研究，对项目进行简要的描述，为项目编制高水平的总体计划，并通过计划描述项目的必要性和一些基本概念；在开发阶段，明确项目范围，优化目标，为实现目标而制订行动方案。在实施阶段，完成项目管理计划中确定的工作，要有底层的工作包与确定的成本估计；在收尾阶段，完结所有过程组的所有活动，以正式结束项目或阶段，要总结讨论每个项目的经验与教训。

项目管理包含启动、计划、实施、控制和收尾五个过程组，贯穿于项目的整个生命周期，接下来逐一进行介绍。

1. 启动过程

项目的启动过程是一个新项目的开始过程。项目的启动阶段尤其重要，这是决定是否投资，以及投资什么项目的关键阶段，此时的决策失误可能会造成巨大的损失。重视项目启动过程，是保证项目成功的首要因素。

启动过程的最主要内容是进行项目的可行性研究与分析，最终输出项目章程、任命项目经理、确定约束条件与假设条件等结果。该过程以商业目标为核心，而不是以技术为核心。无论是领导关注，还是项目宗旨，都应围绕明确的商业目标，以实现商业预期利润分析为重点，并要提供科学合理的评价方法，以便未来能对其进行评估。

2. 计划过程

项目的计划过程是通过对项目的范围、任务分解和资源的分析制订一个科学的计划，能使项目团队的工作有序地开展。有了计划，我们在实施过程中，才能有一个参照，并通过对计划的不断修订与完善，使后面的计划更符合实际，更能准确地指导项目工作。

"计划应该是准确的"，这是一个错误的概念。所谓准确，就是实际进展必须按计划来进行。实际并不是如此，计划是管理的一种手段，仅是通过这种方式，使项目的资源配置和时间分配更为科学合理而已，而计划在实际执行中是可以不断修改的。

在项目的不同知识领域有不同的计划，应根据实际项目情况编制不同的计划，其中项目计划、范围说明书、工作分解结构、活动清单、网络图、进度计划、资源计划、成本估计、质量计划、风险计划、沟通计划和采购计划等，是项目计划过程常见的输出，应重点把握与运用。

3. 实施过程

项目的实施，一般是指执行项目主体内容的过程。实施还应包括项目的前期工作，因此不能只在具体实施过程中注意范围变更、记录项目信息、鼓励项目组成员努力完成项目，还要在启动与收尾过程中，强调实施的重点内容。

在项目实施过程中，项目信息的沟通尤为重要，即以项目报告的形式及时提交项目进展信息。项目信息的沟通有利开展项目控制和保证项目质量的工作。

4. 控制过程

项目管理的控制过程是保证项目朝目标方向前进的重要过程，能够确保及时发现偏差并采取纠正措施，使项目朝向目标方向进展。范围变更、质量标准、状态报告和风险应对是控制过程的重点。处理好以上四个方面的控制，基本上可以完成项目的控制任务。

控制过程可以使实际进展符合计划，也可以通过修改计划使其更符合目前的现状。修改计划的前提是项目符合期望的目标。

5. 收尾过程

项目收尾过程包括验收最终产品 / 形成项目档案和总结经验等内容。项目收尾的形式，可以根据项目的大小自由决定，可以通过召开发布会、表彰会或公布绩效评估等手段进行。另外，对项目干系人要做一个合理的安排，简单地打发回去不是最好的处理办法，更是对项目组成员的不负责任。

一个正式而有效的收尾过程，不仅能产生当前项目的完整文档，更是以后项目工作的重要财富。同时，要重视未能实施成功的项目的收尾工作，不成功项目的收尾工作比成功项目的收尾更难，也更重要。因为这样的项目的主要价值就是项目失败的教训，通过收尾可以将这些教训提炼出来，供以后项目管理参考。

6.5 项目时间管理

"按时、保质地完成项目"是每一位项目经理最希望做到的。但工期拖延的情况却时常发生。因而合理地安排项目时间是项目管理中一项关键内容，项目时间管理的目的是保证按时完成项目、合理分配资源、发挥最佳工作效率。它的主要工作包括定义项目活动、任务、活动排序、每项活动的合理工期估算、制订项目完整的进度计划、资源共享分配、监控项目进度等内容。

在项目时间管理工作开始以前，应该先完成项目管理工作中的范围管理部分。如果只图节省时间，把这些前期工作省略，后面的工作必然会走弯路，反而会耽误时间。

6.5.1　"分解"项目时间

项目开始实施前要有明确项目目标、可交付产品的范围定义文档和项目的工作分解结构。由于一些是明显的、项目所必需的工作,而另一些工作具有一定的隐蔽性,所以要以经验为基础,列出完整的完成项目所必需的工作,同时要有专家审定过程,以此为基础才能制定出可行的项目时间计划,进行合理的时间管理。接下来,学习一下如何"分解"时间。

1. 项目活动定义

将项目工作分解为更小、更易管理的活动,这些活动应该是能够保障完成交付产品的可实施的详细任务。在项目实施中,要将所有活动列成一个明确的活动清单,并且让项目团队的每一个成员能够清楚有多少工作需要处理。活动清单应该采取文档形式,以便于项目其他过程的使用和管理。当然,随着项目活动分解的深入和细化,工作分解结构可能会需要修改,这也会影响项目的其他部分。例如成本估算,在更详尽地考虑了活动后,成本可能会有所增加,因此完成活动定义后,要更新项目工作分解结构上的内容。

2. 活动排序

在产品描述、活动清单的基础上,找出项目活动之间的依赖关系和工作顺序。在这里,既要考虑团队内部希望的特殊顺序和优先逻辑关系,也要考虑内部与外部、外部与外部的各种依赖关系以及为完成项目所要做的一些相关工作,例如在最终的硬件环境中进行软件测试等工作。

设立项目里程碑是排序工作中很重要的一部分。里程碑是项目中关键的事件及关键的目标时间,是项目成功的重要因素。里程碑事件是确保完成项目需求的活动序列中不可或缺的一部分。比如在开发项目中可以将需求的最终确认、产品移交等关键任务作为项目的里程碑。

3. 活动工期估算

项目工期估算是根据项目范围、资源状况计划列出项目活动所需要的工期。估算的工期应该现实、有效并能保证质量。所以在估算工期时要充分考虑活动清单、合理的资源需求、人员的能力因素和环境因素对项目工期的影响。

在对每项活动的工期估算中应充分考虑风险因素对工期的影响。项目工期估算完成后,可以得到量化的工期估算数据,将其文档化,同时完善并更新活动清单。

4. 安排进度表

项目的进度计划意味着明确定义项目活动的开始和结束日期,这是一个反复确认的过程。进度表的确定应根据项目网络图、估算的活动工期、资源需求、资源共享情况、项目执行的工作日历、进度限制、最早和最晚时间、风险管理计划、活动特征等统一考虑。

进度限制即根据活动排序考虑如何定义活动之间的进度关系。一般有两种形式:一种是加强日期形式,以活动之间前后关系限制活动的进度,如一项活动不早于某活动的开始或不晚于某活动的结束；另一种是关键事件或主要里程碑形式，以定义为里程碑的事件作为要求的时间进度的决定性因素，制订相应时间计划。

在制订项目进度表时，先以数学分析的方法计算每个活动最早开始和结束时间与最迟开始和结束日期得出时间进度网络图，再通过资源因素、活动时间和可冗余因素调整活动时间，最终形成最佳活动进度表。

关键路径法是时间管理中很实用的一种方法，其工作原理是：为每个最小任务单位计算工期、定义最早开始和结束日期、最迟开始和结束日期、按照活动的关系形成顺序的网络逻辑图，找出必须的最长的路径，即为关键路径，如图6-5所示。

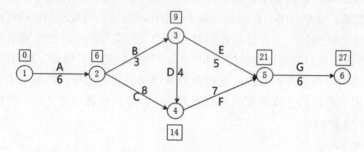

图 6-5　关键路径

针对关键路径进行优化，结合成本因素、资源因素、工作时间因素、活动的可行进度因素对整个计划进行调整，直到关键路径所用的时间不能再压缩为止，得到最佳时间进度计划。

5. 进度控制

进度控制主要是监督进度的执行状况，及时发现和纠正偏差和错误。在控制中要考虑影响项目进度变化的因素、项目进度变更对其他部分的影响因素、进度表变更时应采取的实际措施。

总之，在项目管理过程中，最忌讳的是项目无限制的延期下去。一鼓作气，再而衰，三而竭，最后导致项目组成员对项目丧失信心，使得项目失败。所以要加强项目时间管理。

6.5.2　软件辅助时间管理

目前项目管理软件正被广泛地应用于项目管理工作中，尤其是它清晰的表达方式，在项目时间管理上更显得方便、灵活、高效。在管理软件中输入活动列表、估算的活动工期、活动之间的逻辑关系、参与活动的人力资源、成本，项目管理软件可以自动进行数学计算、平衡资源分配、成本计算，并可迅速地解决进度交叉问题，也可以打印显示出进度表。

项目管理软件除了具备项目进度制定功能外还具有较强的项目执行记录、跟踪项目计划、实际完成情况记录的能力，并能及时给出实际和潜在的影响分析。

案例　　项目开发的时间管理

老王是刚刚加入 A 公司负责某正在进行中的 App 开发项目的项目经理，在他接手这项工作后，发现该项目开发进度延后，客户的满意度较差。

经过观察和研究，老王发现该项目无详细的项目管理计划和进度计划，客户不断提出新的需求，项目团队与内部销售人员、外部客户之间缺乏必要的沟通，项目开发的周期太短，且没有进行一些阶段项目成果的测试，部分阶段项目成果在客户安装部署后运行不稳定，问题频出。

为此，老王和销售人员、客户召开了一系列的会议，提出了新的做法并加以实施。

首先，重新审核项目需求，对于已完成需求、待解决问题及待完成需求进行明确约定，并整理成详细的需求文档，获得客户书面确认；

其次，采用大量的历史数据分析开发周期，制订了详细的项目计划和进度计划，采用里程碑管理，并对里程碑进行细化；

再次，成立了单独的测试小组，将软件的开发和测试分开，整理并归档详细的开发文档和测试文档；

最后，项目团队与内部销售人员、外部客户之间建立了每周定期开会沟通机制，特殊情况下随时沟通。

三个月后，新的版本完成了。这一次，客户对它的评价比之前版本高得多，基本上达到项目运行的要求。

项目中主要存在的时间管理问题如下：

（1）未建立高效的信息沟通机制，项目内部及外部客户之间缺乏必要的沟通，导致信息传递不顺畅，各方理解存在差异，问题未能得到有效解决；

（2）前期需求调研不够充分，导致在后期项目实施的过程中，冒出大量新的需求，影响项目的进度；

（3）未识别出重要的活动，导致已完成项目成果未进行必要的测试，在客户安装部署后运行不稳定，问题频出；

（4）未制定合理的项目进度管理计划和项目进度计划，并实施有效的进度控制，未对影响项目进度变化的因素施加必要的影响。

6.6　项目成本管理

项目成本管理是项目经理为使项目成本控制在计划目标之内所作的预测、计划、控制、调整、核算、分析和考核等管理工作。项目成本管理是在整个项目的实施过程中，为确保项目在已批准的成本预算内尽可能好地完成而对所需的各个过程进行管理。

项目成本管理是企业管理的一个重要组成部分，它要求系统全面、科学合理，它对于促进增产节支、加强经济核算，改进企业管理，提高企业整体成本管理水平具有重大意义。成本管理要确保在批准的预算内完成项目，具体项目要依靠制定成本管理计划、成本估算、成本预算和成本控制四个过程来完成，如图6-6所示。

成本管理计划　　成本估算　　成本预算　　成本控制

图 6-6　项目成本管理过程

要提高成本管理水平，首先要认真开展成本预测工作，规划一定时期的成本水平和成本目标，对比分析实现成本目标的各项方案，进行最有效的成本决策。然后应根据成本决策的具体内容，编制成本计划，并以此作为成本控制的依据。加强日常的成本审核监督，随时发现并克服生产过程中的损失和浪费。在平时要认真组织成本核算工作，建立健全成本核算制度和各项基本工作，严格执行成本开支范围，采用适当的成本核算方法，正确计算产品成本。同时安排好成本的考核和分析工作，正确评价各部门的成本管理业绩，促进企业不断改善成本管理措施，提高企业的成本管理水平。要定期积极地开展成本分析，找出成本升降变动的原因，挖掘降低生产耗费和节约成本开支的潜力。

某些小项目的成本估算、成本预算和成本控制紧密相连，可以把这些过程视为一个处理过程（例如，当这些过程由一个人在短时间内完成时）。

6.6.1　新媒体项目成本特征

新媒体项目成本是指新媒体组织对于实施某项目的成本，包括设备设施成本、人力资源成本和项目实施成本。新媒体项目成本管理具有以下的特点：

1. 模式多样

新媒体项目属于单件式、一次性投入的特殊产品，每一项目的策划和实施条件都不一样，各个项目的实施过程和成本形成千差万别，很难用统一的模式来评价和预测其成本。相对来说，新媒体项目的前期成本相当高，后期成本较低。

2. 多为沉没成本

沉没成本主要是用于项目的投资决策，是决策的非相关成本，在项目决策时无须考虑。与其相对应的成本概念是新增成本。新增成本是决策相关成本，在项目决策时必须考虑。用美国经济学家斯蒂格利茨的举例来说，假如你花7美元买了一张电影票，你怀疑这个电影是否值7美元。看了半个小时后，你最担心的事情还是发生了，影片糟透了。你是否会中途离开电影院？在做这个决定时，你应该忽视那7美元，它是沉没成本，无论你离开与否，钱都不会再收回。

数字信息的产品，一般来说主要的成本在研发生产环节的费用和产品推广阶段的费用，即产品的研发、制造以及推广。一般的新媒体项目从研发到生产出第一个产品之前的成本，都可以算作沉没成本，一旦产品无法形成，则之前的投入大部分都不可挽回。

3. 需要事先控制

一般来说，新媒体项目都是运用低成本战略，但其项目前期大部分都是沉没成本，项目成本是随项目进度而逐渐投入的，如果项目没有形成就停止投入或者停止研发，那么前期的一切投入将无法挽回。这就需要实施团队及管理部门对项目成本进行事先控制和动态控制。

4. 人力成本较高

新媒体项目是典型的人力资源密集型产业，属于高级的脑力劳动过程，并且新媒体属于高新技术领域，从业人员需要掌握一定的技术，这些技术需要通过长期的学习、培训和积累才能达到从业的要求。人们因此付出的成本有别于传统工程项目中的劳动者成本，被称作人力资本。因此相对来说，新媒体项目的人力成本较高。

5. 较高的开拓成本

新媒体项目沉没成本很高，产品也呈现出非实体的特征，具有较高的投资风险，导致所有的新媒体项目需要较高的开拓成本，且消费者难以感知，所以对新媒体项目来说，对成本的有效计划和控制把握尤为重要。

由于新媒体项目具有特殊的成本特征，要提高新媒体项目的生产力，就要有效利用前期的资源，高效率地引导资金和人力资源的投入。

6.6.2　项目成本控制的方法

项目成本管理其实就是项目"节流"的过程，一般是对项目的资源和费用进行估算、控制和管理，主要有两个方面需要注意：一是在项目运行前要做好预算计划；二是实际花费要有真实、实时的数据反馈，项目管理人员对这两种数据进行分析管理，项目成本管理才会更加科学和合理。

1. 制定合理、规范的项目预算

项目的预算有三个层面的内容：一个是资源预算，包括资源投入的数量和时间；二是费用预算，即完成某项目需要的资金成本；三是收益预算，即项目会带来多少收益，项目经理也应该有个预估。

2. 资源预算

项目管理中的资源主要是指人力资源，资源预算就是要预估完成项目需要多少人工投入和时间投入。制定资源预算要根据项目的需求情况评估项目每个工种需要的工作量，然后将工作量分派到项目的各个阶段，为后续 WBS（工作分解结构）计划的制订提供参考依据。清晰、科学的资源预算是根据资源类型和项目阶段来规划可能需要的工时，项目经理可以根据这个资源预算表向上申请资源。

3. 费用预算

费用预算即预估项目运行过程中可能产生的费用支出，比如，实施人员出差产生的费用、购买设备产生的费用等。费用支出因为比较零散和细碎，很难精确到某个行为，所以一般都将费用按类型进行分类，再分派到项目的各个阶段，如人员出差期间可能会产生住宿费和交通费等，可以统称为差旅费，而不必要将每项费用都详细罗列。

值得注意的是，当项目的某些采购有对应的采购合同时，最好将采购预算和普通费用预算区分开来，单独制定一个采购预算，方便关联采购合同，以规范采购管理。

4. 收益预算

收益预算与项目收益相关联，是由项目经理根据项目的具体情况，预先对项目可能产生的收益进行估算，将其与实际收益进行对比分析，项目经理可以了解项目的收益水平，评估项目对企业战略的价值。

5. 收集实际数据，科学管理成本

制定项目的资源预算、费用预算、采购预算、收益预算，其实是给了项目经理一个"标尺"，让其在后续的项目管理过程中以预算为参照，自觉控制成本、提高收益。要想最大限度地发挥"标尺"的作用，除了做好项目成本管理以外，还需要记录项目的实际花费，将项目预算与实际花费进行对比分析，项目经理可以实时统计、及时决策。

在项目成本管理中，统计项目的实际成本数据很重要。项目经理收集实际成本数据可以采用的方法包括：资源的实际成本从员工工时获取、费用成本从费用报销获取、采购成本从采购合同获取……将项目的预算计划和实际数据打通，用科学的方法对二者进行对比分析。项目成本管理主要的工作内容就是对打通后的数据进行分析，了解其趋势和对比状况，分析项目的状态，以支撑项目经理的决策。

6. 总揽项目成本，做到胸有成竹

项目经理管理成本时首先要关注总揽的数据，以保证项目成本在"大方向"上没有问题和风险。这里的总揽数据一般指的是投资概算、总成本预算和实际成本三者之间的趋势和比例，投资概算来自项目提案，是项目能够获得的资金；总成本预算来自资源预算、费用预算、采购预算的换算总和；实际成本则是系统实时统计的资源、费用和采购的花费，如图6-7所示。

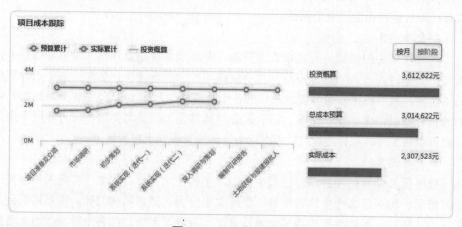

图6-7　项目成本跟踪

当三者的柱状图表现是递减趋势时，该项目成本才是正常的，如果是递增趋势，也就是实际成本多于预算，证明该项目在实际运作过程中花费过高、风险太大，需要项目经理进行更细致的排查和分析。

7. 掌握项目成本执行动态，预防超支

除了从整体角度总揽项目实际花费是否超出预算，项目经理也要具体观察成本各方面的表现，项目成本的执行状况也分为两个方面。一方面为项目在人工、费用和采购上的预算，另一方面为实际数据，将这两部分数据整合成统计图表，让项目经理更为直观地观测数据的对比情况和发展趋势。

统计人工、费用和采购的总预算、当前预算和实际花费，并计算出执行率，方便项目经理了解成本状态，如图6-8所示。

图 6-8　项目成本预算分布于执行情况

想要控制项目成本，项目经理要学会制定合理的项目预算，把预算当作"标尺"来规范项目执行；制定项目预算通常要包括资源预算、费用预算、采购预算和收益预算。分析项目成本可以参考"从整体到局部"的方法，先了解项目成本与预算的整体表现是否健康，再详细分析每个数据在每个阶段的表现。

项目成本管理依赖于对财务数据的分析，包括项目预算和实际成本支出，借用专业的项目管理工具统计数据，成本管理会更科学、更轻松。

案例　编制项目的成本预算

某公司设计研发新媒体项目，项目成本估算的结果是120万元。要求：编写该项目的成本预算。

项目成本预算的编制首先要对成本估算进一步精确、细化并按项目分解结构分配到项目各组织部分直至各工作包，以最终确定项目成本预算；其次还要将预算成本按项目进度计划分解到项目的各个阶段，建立每一时段的项目预算成本，以便在项目实施阶段利用其进行成本控制。故项目成本预算的编制包括两个步骤：

一是确定并分摊预算总成本；二是制定累计预算成本。具体操作如下：

1. 分摊预算总成本

分摊预算总成本就是将预算总成本分摊到各成本要素中去，并为每一个阶段建立预算总成本。可以采用自上而下的方法，在总项目成本之内按照每个阶段的工作范围，以总项目成本的一定比例分摊到各个阶段中。也可以采用自下向上的方法，依据与每一阶段有关的具体活动做成本估价，每一阶段的总预算成本就是组成各阶段的所有活动的成本总和。

采用预算总成本分解法，把 120 万元的项目成本分摊到设计、研发、推广和反馈各个阶段的情况如图 6-9 所示。

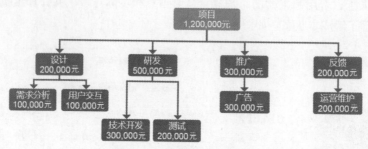

图 6-9　预算总成本分解示意

分摊到各阶段的数字表示为完成所有与各阶段有关的活动的总预算成本。无论是自上而下法还是自下而上法，都被用来建立每一阶段的总预算成本，所以各阶段的预算总和不能超过项目总预算成本。

2. 指定累计预算成本

为每一阶段建立了总预算成本，就要把总预算成本分配到各阶段的整个工期中去，每期的成本估计是根据组成该阶段的各个活动进度确定的。当每一阶段的总预算成本分摊到工期的各个区间，就能确定在这一时间内使用了多少预算。这个数字用截止到某期的每期预算成本总和表示。这一合计数，称作累计预算成本，将作为分析项目成本绩效的基准。

在制订累计预算成本时，要编制新媒体项目每期预算成本表，如表 6-1 所示。

表 6-1　项目每期预算成本表　　　　　　　　　　　　　　单位：万元

项目	合计	1	2	3	4	5	6	7	8	9	10	11	12
设计	20	10	5	5									
研发	50				20	15	15						
推广	30							10	10	10			
反馈	20										10	5	5
合计	120												
累计		10	15	20	40	55	70	80	90	100	110	115	120

对于新媒体项目，表 6-1 表示了估计工期如何分摊每一阶段的预算总成本到各工期，也表示出了整个项目的每期预算成本及其累计预算成本。

6.6.3 项目成本管理的原则

成本控制的对象是项目、主体是人的管理活动，目的是合理利用人力、物力和财力，降低成本，增加项目效益。因此，成本管理要遵循以下五个原则。

1. 成本最低化原则

项目成本控制的根本目的，在于通过成本管理的各种手段，不断降低项目成本，以达到可能实现的最低目标成本的要求。在实行成本最低化原则时，应注意降低成本的可能性和实现合理的成本最低化。一方面挖掘各种降低成本的能力，采取各种措施，使可能性变为现实；另一方面要从实际出发，以客观条件和现实的技术水平为依据，制定通过主观努力可能达到合理的最低成本水平。

2. 全面成本控制原则

全面成本管理是全企业、全员和全过程的管理，亦称"三全"管理。项目成本的全员控制有一个系统的实质性内容，包括各部门、各单位的责任网络和班组经济核算等，应防止成本控制人人有责却人人不管。项目成本的全过程控制要求成本控制工作要随着项目进展的各个阶段连续进行，既不能疏漏，又不能时紧时松，应使项目成本自始至终置于有效的控制之下。

3. 动态控制原则

项目是一次性的，成本控制应强调项目的中间控制，即动态控制，因为项目准备阶段的成本控制只是根据项目经理设计的具体内容确定成本目标、编制成本计划、制订成本控制的方案，为今后的成本控制作好准备。而完成阶段的成本控制，由于成本盈亏已基本定局，即使发生了纠差，也已来不及纠正。

4. 责、权、利相结合的原则

在项目进行过程中，项目各部门在肩负成本控制责任的同时，享有成本控制的权力，同时项目经理要对各部门在成本控制中的业绩进行定期的检查和考评，实行有奖有罚。只有真正做好责、权、利相结合的成本控制，才能收到预期的效果。

5. 目标管理原则

目标管理的内容包括：目标的设定和分解，目标的责任到位和执行，检查目标的执行结果，评价目标和修正目标，形成目标管理的计划（Plan）、实施（Do）、检查（Check）和处理（Action）循环，即 PDCA 循环，又称为"戴明环"。

6.7 项目质量管理

质量是一切精神与物质产品的生命线，新媒体也不例外。当前我国新媒体行业正处于高速发展阶段，质量问题更加成为衡量特定媒体优劣、满足社会需求程度的准则和体现其体系自身价值的尺度。

从术语的特性来说，狭义的质量指的是产品质量，广义的质量指的是除产品质量外，还包括过程质量和工作质量。因此，可以说质量就是产品、过程或服务满足规定要求的优劣程度。

这里的要求包括明示的、隐含的和必须履行的要求或期望。明示的质量是指在合同环境中，用户明确提出的需要，通常会通过合同、标准、规范、图纸和技术问题做出明确规定；隐含的质量需要则应加以识别和确定，具体来说，一是指用户的期望，二是指那些人们公认的、不言而喻的、不必做出规定的"需要"，如计算机必须支持 IE 浏览器和能够在线用流媒体播放软件播放的基本功能即术语"隐含需要"。对于新媒体项目来说，如何满足用户隐含的质量要求，是项目质量成败的重要原因。

1. 质量管理

质量管理是对确定和达到质量所必需的全部职能和活动的管理，其中包括质量方针的制定及所有产品、过程或服务方面的质量保证和质量控制的组织、实施，同时质量管理是项目管理的补充。客户满意是质量管理和项目管理的共同点。

2. 质量控制

质量控制即对质量的管理。质量控制主要采用数理统计方法将各种统计资料汇总、加工和整理，得出有关统计指标和数据，衡量工作进展情况和计划完成情况，找出偏差及其发生的原因，采取措施达到控制的目的。由于指标和数据会随着项目的进行而改变，因此质量控制是一个动态的技术和活动。

3. 质量保证

质量保证是向顾客保证企业能够提供高质量的产品。质量保证帮助企业建立质量信誉，同时也大大强化了内部质量管理。质量保证是质量管理的一个组成部分。质量保证的目的是对产品体系和过程的固有特性已经达到规定要求提供信任。所以质量保证的核心是向人们提供足够的信任，使顾客和其他相关方确信组织的产品、体系和过程达到规定的质量要求。

质量控制和质量管理均侧重内部，质量保证主要是让外部相信质量管理是有效的。

6.7.1 新媒体项目质量管理

新媒体质量的基本特征是由其固有的信息精神属性和物质属性构成，是衡量特定媒体优劣，满足社会和信息的消费者需求程度准则和尺度。新媒体的质量内涵，实质上是用户群体对新媒体满足程度的客观评价，反映了新媒体的社会综合效应。

新媒体质量要求会随时间的进展而在不断变化，为了满足新的质量要求，要注意质量控制的动态性，随需求的变化进行及时改进，研究新的控制方法。

新媒体项目质量管理包括编制质量计划、质量保证和质量控制 3 个过程域。编制质量计划是质量管理的第一过程域，它主要结合质量方针、产品描述、质量标准和规则通过收益、成本分析和流程设计等工具制订出来实施方略，其内容全面反映用户的要求，为质量小组成员有效工作提供了指南，为项目小组成员以及项目相关人员了解在项目进行中如何实施质量保证和控制提供依据，为确保项目质量得到保障提供坚实的基础。质量保证则是贯穿整个项目全生命周期的有计划和有系统的活动。

经常性地针对整个项目质量计划的执行情况进行评估、检查与改进等工作，向管理者、顾客或其他方提供信任，确保项目质量与计划保持一致。质量控制是对阶段性的成果进行检测、验证，为质量保证提供参考依据，它是一个 POCA 循环过程。

在进行项目化管理过程中，项目目标是每个人的共识，项目进度虽时有延误但相对容易衡量也比较可控，而项目质量则属于非常重要但却最容易被忽视的要素。

导致项目质量被忽视的原因有两点：首先从广义上讲，项目质量不容易辨识；其次，项目质量也很难被衡量和控制。做好项目质量管理的第一步就是在一个项目开始前，除了确定项目目标外，还要清楚这个项目的质量是什么，然后再考虑如何保证质量并制定衡量质量的标准。

项目管理协会给质量的定义是"满足需求，符合适用性"。从这个定义来看，质量就是能够明确定义和满足用户及利益相关者的要求。

项目质量的衡量标准是以项目的核心目标为基础来制定的。明确质量的定义后，还要注意项目目标和质量的区别。

案例　**衡量内容营销文章质量高低**

一篇阅读人次为 2000 次，只有 25 个转化的文章与一篇阅读人次为 1000 次，有 18 个转化的文章相比，明显后者的质量要好一些；当然，内容质量的判断不能只看转化率，文章打开率、停留时间和分享次数等也是需要考虑的因素，只是如果其他因素类似的情况下，转化率高的文章肯定质量要优于转化率低的文章。

新媒体从生产以及内容上具有下面几个特点：媒体个性化突出、受众选择性增多、表现形式多样、信息发布实时等。因此很难从单一的产品质量去量化新媒体的项目质量。

新媒体的产品包括新媒体作品和新媒体终端产品，而过程的质量包括生产、运营、传播过程，而新媒体的产品形式包括硬件、软件、网络技术等，因此要弄清新媒体项目的质量考核通常是非常困难的。

新媒体的质量是以其固有的信息精神属性和物质属性构成其基本特征。质量是衡量特定媒体优劣，满足社会和信息的消费者需求程度准则和尺度。新媒体的质量内涵，实质上是用户群体对新媒体满足程度的客观评价，反映了新媒体的社会综合效应。

6.7.2　项目质量管理的过程

项目活动是一种特殊的物质生产过程，其生产组织特有的流动性、综合性、劳动密集性及协作关系的复杂性，增加了项目质量保证的难度。项目的质量管理主要是为了确保项目按照设计者规定的要求满意地完成，它包括使整个项目的所有功能活动能够按照原有的质量及目标要求得以实施。

质量管理主要依赖质量计划、质量控制、质量保证及质量改进所形成的质量保证系统来实现，它们的关系如图 6-10 所示。

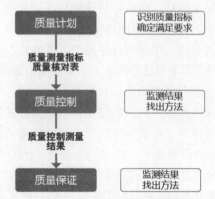

图 6-10　质量计划、质量控制和质量保证的关系

因此，质量必须与项目范围、时间及成本处于相同地位。如果一个项目的利益相关者对项目管理的质量或项目最终产品不满意，那么项目团队就要调整范围、时间及成本，以使利益相关者满意。仅仅满足范围、时间及成本的书面要求是不够的。

为使利益相关者满意，项目团队必须与所有利益相关者建立良好的工作关系，并了解他们的规定或潜在的需要。

项目质量管理主要包括制订质量计划、实施质量保证、实施质量控制三个主要过程。图 6-11 所示为一个典型项目中项目质量管理的流程及概括。

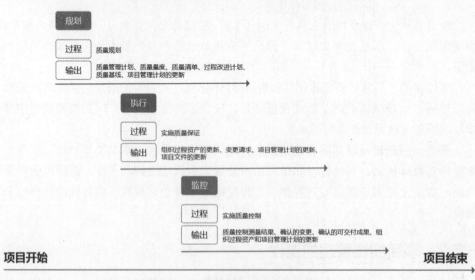

图 6-11　项目质量管理的流程及概括

1. 制订质量计划

指确定与项目相关的质量标准及实现这些标准的方式。将质量标准纳入项目设计中是质量规划的一个关键部分。对一个项目而言，质量标准包括考虑系统成长，规划系统合理的相应时间，或确保系统提供持续准确的信息。质量规划的主要产出是质量管理计划、质量量度、质量清单、过程改进计划、质量基线和项目管理计划的更新。

2. 实施质量保证

指定期评估所有的项目绩效，以确保项目符合相关的质量标准。质量保证过程要负责整个项目的生命周期的质量。项目经理必须带头正视所有员工在质量保证中所扮演的角色。这一过程的主要输出是组织过程资产更新、变更请求、项目管理计划的更新和项目文件的更新。

3. 实施质量控制

指监控具体的项目结果，确保它们符合相关的质量标准，识别提高总统计抽样。质量控制的主要输出有质量测量结果、确认的变更、确认的可交付成果、组织过程资产的更新和项目管理计划的更新。

6.8 项目人力资源管理

项目人力资源管理是指在对项目目标的总体把握下，对项目过程中的所有人员，包括项目组成员、合作方、项目客户等进行有效的规划、组织和发展，充分发挥项目人员的能力，最终实现项目目标。项目人力资源管理反映了项目管理者对"人"这种特殊资源在项目中作用的深刻认识。

由于项目自身的特殊性，在传统组织中总结出的管理理论和方法难以直接地运用于项目中，除了在某些大型的、时间跨度长、资源充足、操作程序规范的项目中，能够大量采用传统人力资源管理的思路外，"人力资源"仍是项目管理中未知数最大的一种资源。

6.8.1 新媒体项目组织结构特征

作为信息和文化产业的运作成果，新媒体作品是作用于意识形态的精神产物，与一般的有形产品有着本质的不同。一般有形产品需要依靠科技要素提升核心价值，而科学技术在新媒体作品的生成过程中只属于包装或者外延层面，充当着重要的辅助作品价值得以实现的手段，科技要素并不成为其核心价值的构成成分。

新媒体作品真正的核心价值在于作品的内容本身，以及通过作品内容提供给受众能够共享的文化意境、日常娱乐、美学价值、价值取向以及道德观念等。所以新媒体是能够提供给消费者特殊价值的一系列技能和技术的组合，最终体现的不是一般意义上的先进设备、精密仪器或者科技手段，而是凝结在从业人员头脑中的知识修养、业务能力、创新思维和价值观念。由这些修养、水平和能力决定了新媒体作品以及该作品在市场上的传播效果，最终形成决定新媒体组织市场荣衰的核心要素。

这些抽象要素的具象载体——新媒体从业人员，经过有效管理，有着高综合素质、强烈团队精神、高组织忠诚度的新媒体人力资源，便是新媒体组织的核心竞争力。

换句话说，人力资源是新媒体组织关键竞争要素的起源、载体和基础，其自身质量和水平构成了传媒核心竞争力的整体体系。

新媒体项目组织结构与一般项目的组织结构也不同，其具有以下特征。

1. 组织结构扁平化

在新媒体组织中，每一位成员都是网络中的一个节点，每个节点都能够直接与其他的节点交流，而不需要通过等级制度安排的渗透。因此，在新媒体组织结构中，每个部门的边界趋于模糊，纵向为主的信息交流逐渐转变为横向为主的信息交流，不同部门并行工作将取代原先的顺序活动，部门间相互合作与知识共享将取代原先的相互牵制与信息封锁。于是，新媒体组织结构中，管理的幅度增大，管理的层级减少，高耸形的组织结构逐渐趋于扁平。

新媒体组织结构的扁平化只是一种表面特征，隐藏在这一特征后面的实质是对新媒体的人员和职能之间关系的重新界定。人员是围绕着任务和工作组织起来的，任务与任务之间、部门与部门之间都不再是固定的、相互排斥的。扁平结构减少了决策和行动之间的时间延迟，加快了对市场动态变化的反应。

2. 组织结构网络化

新媒体的网络组织结构是指一个由活性节点（节点具有决策能力）的网络联结构成的有机的组织系统，如图 6-12 所示。信息流驱动网络组织运作，网络组织协议保证网络组织的正常运转，网络组织通过重组去适应外部环境，通过组织成员协作创新实现网络组织的目标。

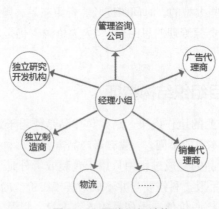

图 6-12　网络组织结构

新媒体网络化组织结构不仅是企业组织内部的一种组织形式，同时也是企业组织之间的一种联系方式，是一种依赖于现代网络通信技术平台的网络组织的信息交流以及信息流指引下的物流传输，更加方便各成员组织或工作团队之间相互联系，从而形成了资源共享、优势互补，超越传统组织边界和空间障碍的功能群体。

3. 边界模糊、弹性大

新媒体的竞争能力并不取决于企业规模，而是取决于企业所能调动和利用资源的能力，这就要求新媒体组织从机械式的组织结构向有机式的组织结构发展，并最终向虚拟组织形式演变。虚拟组织是一种基于同担成本，共享资源，相互合作实体基础之上的组织结构。结构中的合作形式可以是暂时的，也可以是永存的组织形式。虚拟组织各成员企业依靠电子契约进行联结，通过电子协议相互协调，具有企业一体化的性质。同时虚拟组织中各成员企业又存在独立性，它们之间的合作关系随市场机遇的变化而迅速建立和分离。从某种意义上讲，虚拟组织结构是网络组织的一种极端形式。

6.8.2 项目人力资源管理的过程

项目人力资源管理包括规划人力资源管理、组建项目团队、建设项目团队和管理项目团队的过程，如图 6-13 所示。

图 6-13 项目人力资源管理过程

项目团队由为完成项目而承担不同角色与职责的人员组成。项目经理被赋予职位和权利，负责某个项目的管理或实现某个项目的目标。项目经理具有领导者和管理者的双重身份，对项目经理而言，管理能力和领导能力均不可或缺，而对于大型复杂项目，领导能力更为重要。项目经理的工作主要涉及三方面：确定方向、统一思想、激励和鼓舞。项目团队成员可以具备不同的技能，可以是全职或兼职的，可以随着项目的进展而增加或减少团队成员。

1. 规划人力资源管理

在这个过程中，需要识别和记录项目角色、职责、所需技能、报告关系，并编制人员配备管理计划。其主要作用是建立项目角色与职责、建立项目组织图，还包含人员招募和遣散时间表的人员配备管理计划。

在该过程中，项目依据项目管理计划、活动资源需求，通过组织图和职位描述、人际交往、组织理论、专家判断和会议等工具和技术，最终产生人员资源管理计划。

作为项目管理计划的一部分，人员资源管理规划提供了关于如何定义、配备、管理以及最终遣散项目人力资源的指南。主要包括角色和职责、项目组织图和人员配备管理计划等内容。

人员配备管理计划是人力资源管理计划的组成部分，其说明将在何时、以何种方式获得项目团队成员，以及他们需要在项目中工作多久。主要内容包括人员招募、资源日历、人员遣散计划、培训需要、认可与奖励、合规性和安全等。

2. 组建项目团队

在这个过程中，需要确认人力资源的可用情况，并为开展项目活动而组建团队。其主要作用是指导团队选择，并进行职责分配，组建一个成功的团队。

在该过程中，项目依据人力资源管理计划，通过预分派、谈判、招募、虚拟团队和多标准决策分析等工具和技术，最终产生项目人员分派、资源日历、项目管理计划更新。

项目团队成员如果被事先选定，则为预分派。而虚拟团队则是为具有共同目标、在完成角色任务的过程中很少或没有时间面对面工作的一群人。

3. 建设项目团队

在这个过程中，需要提高工作能力，促进团队成员互动，改善团队整体氛围，以提高项目绩效。其主要作用是提高团队协作能力，增强人际关系能力，激励团队成员，降低人员离职率和提升整体项目绩效。

在该过程中，依据人力资源管理计划、项目人员分派、资源日历，通过人际关系技能、培训、团队建设活动、基本规则、集中办公、认可与奖励、人事评测工具等技术，最终产生团队绩效评价。

团队绩效评价是基于项目技术成功度（包括质量水平）、项目进度绩效（按时完成）和成本绩效（在财务约束条件下完成）来评价团队绩效。团队绩效评价以任务或结果为导向，其指标包括个人技能的改进使成员更有效地完成工作任务；团队能力的改进使团队更好地开展工作；团队成员离职率的降低；团队凝聚力的加强使团队成员公开分享信息和经验并互相帮助，来提高项目绩效。

塔克曼阶梯理论把团队建设分为形成、震荡、规范、成熟和解散五个阶段。这些阶段通常按照顺序进行，也可跳过某阶段直接进入下一阶段。而且团队停滞在某个阶段或退回到较早阶段的情况也常有发生。某个阶段持续时间的长短取决于团队活力、团队规模和团队领导力。

（1）形成阶段：团队成员互相认识，并了解项目情况及他们应在项目中的正式角色与职责，团队成员倾向于相互独立地做事情。

（2）震荡阶段：团队开始从事项目工作，制定技术决策、讨论项目管理方法。如果成员之间的管理和意见不能得到较好处理，则团队工作可能会止步不前。

（3）规范阶段：成员之间开始协同工作，并调整各自的工作习惯和行为来支持团队，并开始相互信任。

（4）成熟阶段：团队就像一个组织有序的单位那样展开工作，团队成员之间相互依靠，并平稳高效地解决问题。

（5）解散阶段：在项目所有的可交付成果完成之后，解散团队，成员离开项目。

4. 管理项目团队

在这个过程中，需要跟踪团队成员工作表现，提供反馈，解决问题并管理团队变更，以优化项目绩效。其主要作用是影响团队行为，管理冲突，解决问题，并评估团队成员的绩效。

在该过程中，依据人力资源管理计划、项目人员分派、团队绩效评价、问题日志、工作绩效报告，通过观察和访谈、项目绩效评价、冲突管理、人际关系技能等工具和技术，最终产生变更请求、项目管理计划更新、项目文件更新、事业环境因素更新、组织过程资产更新。

在项目环境中，冲突不可避免。冲突的来源包括资源稀缺、进度优先级排序和个人工作风格差异等因素。常用的冲突管理方法有：

（1）撤退（回避）：从实际或潜在的冲突中退出，将问题推迟到准备充分的时候再解决或将问题推给其他人员解决。

（2）缓和（包容）：强调一致性而非差异性，为维持和谐关系而退让一步，考虑其他人员的需要。

（3）妥协（调解）：为了解决冲突，寻找能让各方都满意的方案。

（4）强迫（命令）：以牺牲其他方利益为代价，推行某一方的观点，只提供输或赢方案。通常会利用权力来强行解决紧急问题。

（5）合作（解决）：综合考虑不同的观点和意见，采用合作的态度和开放式的对话引导各方达成共识并兑现承诺。

6.9　项目沟通管理

新媒体行业面临熟练人才稀缺、招聘难度大、企业间挖角严重，人才流动性大、高校人才培训体系与企业需求严重脱节等问题。而且，企业人力资源管理难度增大。年轻人成为新媒体行业的主流员工，新一代的行为特征给企业管理带来挑战；同时，由于新媒体企业都处于创业期，企业制度、企业文化不健全、工作节奏快、压力大、加班频繁，造成企业员工流失率高于其他行业。

随着新媒体规模越来越大、业态越来越多，内部组织结构和人员结构也越来越复杂，员工之间利益取向越来越呈现多元化的特征。要解决这些问题就必须依赖良好的管理和沟通来实现。

多数人理解的沟通，就是善于表达，能说、会说，项目管理中的沟通，并不等同于人际交往的沟通技巧，更多是对沟通的管理。项目经理的时间分配应该是三七法则，即 30% 时间用于管理，70% 时间用于沟通，有效的沟通在项目干系人之间架起一座桥梁，把具有不同文化和组织背景、不同技能水平、不同观点和利益的各类干系人联系起来，可见沟通的重要性。

项目沟通管理是要确保及时正确地产生、收集、发布、存储和最终利用项目信息。沟通是项目信息的产生、收集和利用的过程。

6.9.1　项目沟通管理的关系和方式

项目经理的主要任务是协调与管理人与人之间的关系，成为主管领导、团队成员用户和其他干系人之间沟通的纽带。最终的目标是让用户满意,让公司有利润,让成员有进步。一个新媒体项目团队虽然成员不多,但和谐与否在很大程度上也影响着团队的工作效率。如何应用适当的技巧去管理团队,是每个管理人员必须要面对的问题。

1. 项目沟通管理的关系

在项目实施过程中,一般有以下几种关系需要大量沟通,以使项目能够顺畅地进行。无论沟通双方是什么样的合作关系,沟通的原则都是一样的,即目的明确、思路清晰、注意表达方式、以诚相待;选择有利的时机,采取适宜的方式。

1)与用户的沟通

用户和集成商表面是对立的两个组织,实际上却是一个统一体,双方共同的目标都是希望项目能够成功,因此他们之间的沟通是最为重要的。用户方可能对IT技术、项目规范的了解不够深入,集成商则可能对甲方需求和业务了解得不充分,使得双方对项目的理解存在差异。

首先在需要做出一些关键决策时,要主动征求用户的意见,并接受用户的指导和协调管理;建立工作联系制度,按时参加项目联络会议,对项目进展和遇到的问题进行沟通;给用户提交工作周报,使他们随时掌握项目动态;认真落实用户提出的建议,将用户的想法完整地传达给每个相应的干系人,并协同处理。在秉承互尊互利的原则上,基本上都能与用户形成良性的沟通关系。

事实上,要想真正深入了解用户想法的最简单而有效的方式就是成为用户本身,将自己扮成用户角色,跟随用户共同工作熟悉他们的业务和习惯,像用户一样思考和处理问题,也就是同用户建立和谐关系的最佳途径。

2)项目经理与公司主管领导

公司领导对项目执行过程中具体情况的了解主要是通过与项目经理及其他项目组成员的交流。这种交流包括定期与不定期两种,项目组一般每两周提交一次进度报告,列举项目进展与计划是否有偏差、出现及解决了哪些问题等内容。不定期沟通则主要体现在项目遇到需要主管领导决策或处理的状况时,与主管领导经常进行沟通,有利于梳理工作思路,并从领导的支持中获取信心。

3)项目经理与项目组成员

在新媒体项目执行过程中,项目经理经常处于两难的境地,一方是甲方使用人员,而另一方是项目组内成员。当甲方对项目施工提出问题并要求改动时,项目组成员常常会找出各种理由予以否决,这正是引起甲乙双方矛盾的最主要原因。另外,小组成员对任务分配和加班等状况也常有抱怨。作为项目经理,应从理性的角度出发,既要尽量满足用户方的合理需求变化,又要充分调动组内成员的积极性。在不失公允的前提下,充分发挥个人魅力的作用。

4)团队成员之间的沟通

在新媒体项目中,团队成员之间的沟通是重中之重。良好的沟通不仅能够节省办公时间,提高工作效率,更好地为客户服务,为企业决策服务,将信息化覆盖到企业的战略、目标、绩效、合同、客户和项目等层面，提供数据分析，为决策提供依据。同时人员进行良好的交流，也会使团队有一个良好的工作氛围，降低人员的流失率。

2. 项目沟通管理的方式

沟通有很多种方式，包括一对一的沟通、一对多的沟通、多人之间的沟通、多人之间的相互讨论；从沟通的载体而言，有口头、书面、肢体语言；从途径而言，有面对面的，还有通过电话、网络、视频、广播等。

1）口头沟通

口头沟通是一种便捷并且信息表达准确的沟通方式。在项目早期应多使用面对面沟通，这对促进团队建设，建立良好的工作关系特别重要。在进行面对面口头沟通时，可以通过恰当的身体语言传达内心思想但不能使用带有偏见或者攻击性的言辞与评述。

2）书面沟通

书面沟通主要用于通知或确认一些比较重要的项目活动内容，可作为依据便于日后查阅。对于项目组及企业内部，书面沟通的内容主要是项目进展及其他方面的报告、各种通知和内部备忘录等。书面报告注重使用清楚简洁的语言。

3）会议

会议是解决项目执行过程中出现的问题的最佳途径。会议通常的内容是通知项目情况、制订行动计划、发现已有或潜在问题时召集讨论等。会议时间不宜太长，一般不要超过 40 分钟，也不能把会议带入无休止的争论中，毕竟争论不会给工作带来任何实质性、有价值的东西。

4）网络沟通

信息时代使团队的活动不再局限于面对面的活动，一种新的组织形式开始出现——虚拟团队，实际上就是利用网络平台把分散的成员联系起来，在"线上"进行合作。这种虚拟团队多采用网络沟通，如即时通话工具、可视电话会议系统、电子邮件和内部工作组等。在这种沟通方式中，信息的传递一般不存在问题，但在信息的理解上，则更容易产生歧义。一旦信息被恶意散发或错误理解，会造成更大的危害。

沟通方式的选择十分重要。如电子邮件虽然方便快捷，但当信息众多时，我们很难把重要的信息同垃圾信息区分出来。而且，它也缺乏情绪的内容。因此，当需要传递丰富的信息时（如手势、表情、体态），应该选用面对面的沟通或者通过视频会议方式。

6.9.2　项目沟通管理的实现过程

项目沟通管理的实现过程包括规划沟通管理、管理沟通和监督沟通三个过程。三个过程之间的输入与输出关系如图 6-14 所示。

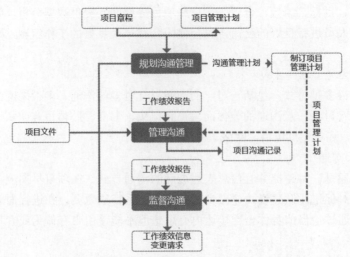

图 6-14 项目沟通管理各过程的输入与输出关系

规划沟通管理属于规划过程组，管理沟通属于执行过程组，而监督沟通则是监控过程组。

1. 规划沟通管理

规划沟通管理的过程是为了了解项目相关方的信息需求、项目本身的需求、组织过程资产和事业环境因素，编制沟通管理计划。沟通管理计划也就是沟通计划，包括三大主体内容：

（1）关于沟通管理的程序性规定。例如，什么时候以什么方式开展沟通需求分析，按什么流程编制沟通工件，如何更新沟通管理计划；

（2）关于将要生成的沟通工件的规定。例如，将生成哪些沟通工件，以及其具体格式、内容要求、详细程度和版本控制等；

（3）关于沟通活动的规定。例如，将要开展哪些具体的沟通活动，包括沟通的对象、内容、频率和方式等。

编制沟通管理计划的过程，本身也是项目管理团队与主要项目相关方密切沟通的过程。在这个过程中，项目管理人员能够了解谁在什么时候需要什么信息，主要项目相关方之间也可以相互了解。

沟通管理计划中应该包括：

- 需要收集什么信息；
- 在什么时候收集；
- 以什么方式收集；
- 什么时候、以什么方式、向谁发送什么信息；
- 主要项目相关方的联系方式；
- 对于关键术语的定义；
- 如何更新沟通管理计划。

项目沟通管理应该贯穿于项目的整个生命周期。沟通管理计划应该尽早编制并不断审查和更新。通常，在项目启动阶段时，就要编制初始的沟通管理计划。由于各阶段的主要项目相关方会有所不同，因此各阶段的主要沟通对象也应该有所不同。

2. 管理沟通

管理沟通过程是根据沟通管理计划，生成、收集、发布、存储、利用和最终处置项目信息的过程。应该注意让项目相关方了解最新的项目信息。因为项目各知识领域的各种管理都离不开信息，所以，在实际工作中，管理沟通过程肯定是与其他所有过程交叉在一起开展的。

本过程不局限于发布信息，还包括前端的生成和收集信息，以及后端的确认信息发布的有效性。为了便于理解，可以把管理沟通过程解释为实实在在地开展沟通。它得到的成果就是已经开展的、既有效率又有效果的项目沟通。

有效率的沟通，是指只给项目相关方提供所需要的信息，不提供多余的信息。有效果的沟通，是指在正确的时间把正确的信息发送给正确的人，以便信息起到正确的作用。在管理沟通过程中发布的一些重要信息，会成为组织过程资产的组成部分。

项目信息管理系统是用于收集、存储、发布和检索信息的自动化系统（如电子邮件管理系统、在线聊天系统），是需要使用的沟通工具，侧重的是工具。项目报告发布是指收集和发布工作绩效报告，侧重的是绩效报告，经常需要召开会议来开展沟通。

3. 监督沟通

监督沟通过程是根据沟通管理计划，监督项目沟通情况，发现、记录和分析沟通工作中的偏差，提出变更请求的过程。

例如，不定期或定期检查一下，该做的沟通有没有做？项目相关方能否及时收到所需信息并正确理解？绩效报告的内容是否易于项目相关方理解？信息反馈渠道是否畅通且有效？沟通的效率和效果是否令人满意？沟通是否有利于项目目标的实现？

监督沟通过程经常导致重新开展规划沟通管理过程，修改沟通管理计划。几乎不可能一开始就把沟通管理计划编制得十分完善，更何况项目相关方的沟通需求经常发生变化。

规划沟通管理过程是为了开展有效率和有效果的沟通而编制计划。管理沟通过程是实实在在地开展有效率和有效果的沟通。监督沟通过程则是监控沟通的效率和效果是否达到了计划中的要求，如果没有达到要求，则需要考虑走变更流程，再回到规划沟通管理的环节中。

监督沟通过程中可能要采取的几个方法：

- 开展客户满意度调查；
- 整理经验教训；
- 开展团队观察；

- 审查问题日志中的数据；
- 评估相关方参与度评估矩阵。

✎ **课堂讨论：** 管理沟通过程的输入中有"工作效率报告"，沟通中有"项目报告发布"，试着讨论他们之间有什么联系，有什么不同？

6.10 项目风险管理

风险是指一种不确定的事件和条件，一旦发生，就会对项目目标产生积极或者消极的影响。

在项目管理领域中有一条很出名的墨菲定律：凡是可能出错的事情就一定会出错。从概率学角度来说，即便出错是小概率事件，但只要样本足够大，就一定出发生。所以在项目管理中一定要妥善管理项目风险，否则有可能导致项目偏离计划，无法达成既定的项目目标。项目风险管理的有效性直接关乎项目成功与否。

6.10.1 新媒体项目中常见风险源

新媒体作为新兴产业，其以海量的信息含量及便捷的信息交流等特点受到了人们的广泛欢迎。由于新媒体项目与以往的传统媒体项目在制作流程、传播途径和监测等方面都存在着差别，所以在新媒体项目中的风险源与传统项目中的风险源有所差异。按照一个新媒体项目从计划到实施的过程，常见的风险源大致可分为系统风险和非系统风险。

1. 系统风险

指与新媒体项目本身相关的人或事物对项目造成影响而产生的风险。新媒体项目在不同阶段所面临的风险是不相同的。系统风险可能是由于委托方的原因造成的，也有可能是由于实施方的原因造成的。无论如何，问题都需要双方鼎力配合才能得到妥善解决。新媒体项目管理过程中常见的系统风险如表 6-2 所示。

表 6-2　新媒体项目管理过程中常见的系统风险

风　险	影响程度	特　征	处 理 建 议
目标风险	较高	委托方或实施方对新媒体项目目标不清晰，没有明确、实际的目标描述	委托方和实施方组织各种形式的专题论证会，确定考核目标实现的方法
范围风险	中等	委托方未明确项目的范围，需求外延不断变化	实施方需要帮助委托方完成对项目范围的界定，并在实施过程中控制范围，超出部分建议委托方分期实现

续表

风　险	影响 程度	特　　征	处 理 建 议
沟通风险	中等	实施方缺乏与委托方沟通或委托方难以沟通造成理解偏差	实施方要主动加强与委托方沟通，尝试通过会议、电子邮件、聊天工具等多种途径进行沟通
可行性风险	较高	由于时间仓促等原因，新媒体项目实施方案没有进行可行性研究而出现的风险	重要项目应请专业的机构和人员进行可行性分析，并出具相关报告
细节需求频繁变更风险	中等	实施过程中委托方不断变化需求细节，积少成多，产生很多额外工作量	实施方要科学控制需求变更，通过项目组集体决策的方式确定变更，除了严重影响使用外，细节变更要批量进行，不要一事一改
文档管理风险	较低	新媒体项目的实施方缺乏有效的文档管理体系	建立严格的文档管理制度，包含对错误的管理，建立完善的错误追踪管理系统
需求变更缺乏分析风险	较低	新媒体项目的实施方对需求的变化缺少和原始需求一样的分析过程	项目的实施管理者要对所有需求的变更与原始需求一样重视，要逐条进行详细分析，确定对原设计的影响，全面变更实施计划后再进行变更实施
项目团队经验风险	高	项目队伍缺乏经验，或缺乏有经验的核心技术人员	委托方加强对开发团队的建设，其中包括团队合作、组成人员资质和经验等
人员能力风险	较低	新媒体项目的开发人员开发能力差，或程序员对开发工具不熟	所有项目组成员要做预先业务能力审核，确保人员具备足够的业务能力
人员变动风险	中等	新媒体项目组成员流动比较频繁，交接不顺利或管理不到位，造成项目的进度和质量受到影响	完善文档管理制度，所有重要岗位备有相应的替换人员，同时考虑采用一些快速开发工具，尽量减少纯手写代码，严格要求注释格式，增强可读性
质量风险	较高	新媒体项目结束后整体或部分系统质量差，如速度慢、易用性差等	新媒体项目的实施管理者要分阶段严格控制代码规范性，逐步测试，必要时引入专业分析工具对造成质量问题的代码位置进行定位并安排修正

2. 非系统风险

主要是指一些与新媒体项目本身无关，但又会直接影响到新媒体项目实施效果的客观因素造成的风险，它的作用范围可能会延伸至项目全过程。新媒体项目管理过程中常见的非系统风险如表 6-3 所示。

表 6-3　新媒体项目管理过程中常见的非系统风险

风　　险	影响程度	特　　征	处 理 建 议
政策风险	很小	为新媒体项目提供支持依据的法规失效，而给项目带来的风险	及时与项目的委托方进行沟通，尽量争取将项目纳入政策允许的范围
领导决策风险	很大	项目实施已接近完成，却被项目负责人一票否决	在做方案的时候要尽量使架构灵活，可扩充性强。尽可能采用构件或模块方式，最大限度适应需求频繁变更。在正式实施前多通过产品原型等手段汇报沟通，充分了解各级负责人的想法后再确定方案
其他部门干预风险	很大	设计时未充分考虑外部因素，实施过程中受到其他部门以不符合某方面规划等理由对系统提出较大幅度的更改要求	建设前期尽量与各部门及所有可能涉及的业务部门加强沟通，全面征求意见，事先取得支持，同时在技术实现上尽可能采用开放标准和可以扩展的架构
进度风险	中等	项目在实施过程中遇到一些风险，导致不能在预期的时间范围内完成任务	要尽量将项目切块，分清轻重缓急，严格控制实施方的计划，强化管理，根据实际情况采取并行实施或加班等方式保证领导要求或文件规定的上线工期，将一些不可见的隐蔽工程放在上线后实施
法律风险	较低	合作双方在许可权、专利、合同失效等问题上可能发生争议	双方在签订合同时应仔细审核合同条文，明确责权，本着互利和推动产业发展的原则制定条款，不宜生搬硬套
成本风险	中等	新媒体项目实施过程中由于采购发生变化，可能导致成本的增加	一方面要控制需求，另一方面要优化开发方式或创新管理，尽量降低人工成本
不可抗力发生	很大	项目实施过程中可能出现自然灾害、电信故障等不可抗力事件	天灾人祸纯属意外，如果是重要系统，应尽可能建议委托方设立异地容灾中心，以确保安全

案例　**定性和定量分析风险**

项目中功能 A 和功能 B 需要在 8 月 20 日完成测试并发布上线。

1.引发风险的原因

一共有测试人员 5 人，主要负责功能 A 和功能 B 的功能测试。其中有 2 个测试人员需要下周参加临时高优先级项目保障，影响本项目测试投入 15 人 / 日。

综合功能 A 和功能 B，业务功能测试工作量共 55 人 / 日，根据项目提测时间，在加班的情况下，只能覆盖 25 人 / 日，存在 30 人 / 日测试缺口。

2. 预估关键时间节点

基于现状测试资源情况，当前只能确保功能 A 在既定发布时间上线，功能 B 无法确保在 8 月 20 日发布上线。按现有人力重新预估发布时间需要延期到 9 月 10 日。

该风险评估为高风险，发生概率非常大，影响程度很大。

6.10.2 项目风险管理的步骤

在项目中开展风险管理的步骤由风险识别、风险评估、风险计划、风险实施和风险沟通这五个基本步骤组成，缺一不可。

风险管理是项目经理修炼的终极目标，也是项目管理中最难的环节。优秀的项目经理一定都是善于在项目中通过事前预防替代事后救火的项目风险管理的高手。

1. 风险识别

项目风险识别是指找出影响项目目标顺利实现的主要风险因素，并识别出这些风险究竟有哪些基本特征、可能会影响到项目的哪些方面。

1）识别环境

识别环境的目的是帮助项目经理和项目团队划清项目风险管理的工作管理边界，确定风险管理的范围和侧重，根据这些信息制定项目风险管理的整体指导性文件，用来指导项目经理和项目团队在整个项目生命周期中开展风险管理活动。

在识别环境这个步骤中，项目经理和项目团队要了解清楚两大类信息：

（1）项目团队外部的信息。

项目经理首先要了解公司内有哪些与风险管理的政策和相关的要求，由于项目是在企业的整体风险管理框架或体系之下运行的，必须遵循企业风险管理的整体要求。

（2）项目自身特点的信息。

不同类型的项目的风险是不同的，这意味着风险管理的侧重点也不同。项目经理和项目团队需要充分了解自身项目的特点，如项目产品的复杂程度、创新性，项目团队和项目客户的特点等，这些都会导致项目出现不确定性。

2）识别风险识别

项目风险识别的根本目的就是要缩小和取消项目风险可能带来的不利后果。在已经划定的边界范围之内，把所有的威胁或机会一个一个找出来，整理在一张表格上，列成风险记录单。

2. 风险评估

在识别出项目风险和项目风险的主要来源之后，必须全面分析项目风险可能带来的后果及其后果的严重程度。

1）风险估算

当识别出来一堆风险之后，接下来要评估风险记录单中的每个风险，我们把这个过程叫作风险估算。在风险估算的过程中，需要仔细地分析风险记录单中每个风险发生的概率和造成的影响，并尽量做到量化。

当我们评估风险概率和风险影响的时候，一定要对所有的风险进行优先级划分，确定哪些风险是要优先处理的，哪些可以先放一放。由于企业和项目的资源有限，并不是所有的风险都要管的，更没有办法同时处理所有的风险，因此，要进行风险的优先级排列。在进行风险优先级排列时，还要考虑风险临近度这个因素，确保优先处理即将发生的风险。

2）风险评价

对于项目经理和项目管理委员会来说，既要关注项目中的单个风险，还要关注项目中所有的风险累加在一起之后对项目造成的总体影响，我们称之为项目的总体风险水平，通常用项目风险的预期货币价值衡量。

项目风险的预期货币价值 = 项目中所有风险的预期货币价值（每个风险影响的货币价值 × 该风险发生的可能性的百分比）。

对于每个项目，项目经理一定要能准确地估算自己的这个项目预期的货币价值是多少，不能仅仅描绘它的收益，还要关心项目中多少收益是有风险的。

3. 风险计划

分析和选择风险的应对策略是风险计划的前提。把风险找出来的目的不仅是给大家预警，更重要的是分析和选择风险应对措施，最大限度地降低风险对于项目目标的消极影响，提升积极的影响。

1）风险的应对策略

通常我们把风险应对策略分为应对威胁的策略和应对机会的策略两类：

（1）应对威胁的策略。

以下应对策略从几个不同的角度来应对威胁，各有利弊，如图 6-15 所示。

图 6-15　应对威胁的策略

- 规避的策略：它根据风险的原因想办法应对。
- 降低的策略：它从风险事件出发，分析如何降低风险事件发生的概率或降低风险事件造成的消极影响。
- 后备和应急计划的策略：它从风险的结果出发，重在提前准备好风险事件发生后的应对手段。

- 转移的策略：它从风险结果出发，重在把风险带来的影响转嫁到其他利益相关方身上。转移的标准做法通常有两种：一种是买保险，也叫保险转移；另一种是合同转移。
- 接受的策略：顾名思义，就是没有什么具体的应对措施了。当我们评估风险之后，认为风险影响不大的时候，是可以考虑接受的。
- 共享的策略：也是从风险的结果出发。如果某个风险由项目团队独自应对比较困难，可以考虑拉着其他项目外部利益相关方共同应对。

（2）应对机会的策略。

机会是对项目目标有积极影响的不确定性，在项目中时常会碰到，如果处理得当，有助于项目团队更快、更好地实现项目目标，甚至扩大收益或增加额外的收益，如图 6-16 所示。

图 6-16　应对机会的策略

- 利用的策略：当在项目中发现一个有积极影响的不确定性时，大多数人会愿意抓住这个机会，尽量把这个不确定的机会变成确定的收益，这就是我们所说的利用。
- 强化的策略：当发现外包方这件事是一个有可能降低成本的机会的时候，也可以考虑如何扩大这个机会的收益。
- 拒绝的策略：有时，虽然可以看到对项目目标有利的机会，但是鉴于种种原因，可能会放弃这个机会，这就是拒绝。拒绝的背后，很多时候是项目团队考虑了项目整体的机会成本，平衡了投入、收益、风险和机会成本等不同因素后综合的结果。
- 共享的策略：机会也是可以和他人共享的。

2）风险应对行动的选择和计划

项目经理和项目团队在分析和思考风险应对策略的时候，应该本着全方位思考或系统化思考的原则，把所有可能的应对策略都考虑到，然后比较不同应对策略之间的优缺点，最终挑选一个或几个最适合的应对策略并制订实施计划。

在比较和选择应对策略时，通常应从以下几个角度来考虑：

①对项目计划的影响；

②对项目业务价值的影响；

③是否会造成新的风险；

④投入与收益的性价比。

4. 风险实施

在风险管理的过程中，通过授权给项目成员，可以提高团队的工作效率，提升客户满意度。通过监督和控制，可以避免造成更多的新风险，及时纠正风险实施中的错误。

1）授权

每个风险的应对行动都必须落实到人，而且必须至少落实到两个角色身上：一个角色叫风险负责人，通常是手握资源和权利的领导；另一个角色叫风险执行人，通常是一个职级不高但是有足够的时间和精力实施应对措施的项目成员。

需要注意的是，针对同一个风险，负责人和执行人最好不是同一个人，因为负责人负责提供所需资源、做决策并监督执行人实施风险应对计划，而监督和被监督这两个角色不应该被集成到同一个人身上，否则很容易出问题。

2）监督

项目经理需要在实施风险计划的过程中，监督应对行动落实的效果。通常，项目经理需要重点关注以下几点：

①应对行动是不是被执行了；

②执行风险应对行动之后是不是有效果；

③在执行应对行动的过程中是不是造成了新的风险。

3）控制

如果项目经理发现计划的风险应对行动没有达到预期效果，就需要尽快采取纠正行动。

课堂讨论： 在风险的实施过程中，授权给特定的项目成员可以更快捷、更灵活的制作项目，试分析授权可能会导致哪些风险？项目成员具备授权的条件是什么？

5. 风险沟通

在项目风险管理的整个生命周期过程中，在项目管理团队内部，项目管理团队与项目外部的利益相关方之间建立及时、有效的沟通机制是至关重要的。常见的沟通方式可以包括但不限于定期的风险管理会议、定期更新的风险状态邮件、定期风险管理新闻稿、定期的风险检查、一对一的关键利益相关方汇报和沟通等。

作为合格的项目经理，在接到项目任务的那一刻起，就应开始策划建立项目的风险管理机制；在项目进入实施交付阶段前，一定要确保项目风险管理机制已经就位；在整个项目的实施过程中，始终通过有效的风险管理机制识别、评估和控制项目中的各种不确定性，努力把项目过程中的不确定变为确定，减少项目中的意外事件，努力做到通过事前预防替代事后救火，减少不确定造成的消极影响，扩大不确定造成的积极影响，确保项目成功。

6.11　本章小结

　　本章中主要讲解新媒体项目管理的相关知识，帮助学生了解项目管理的发展史、项目管理的特征、项目管理的内容和项目管理的过程。并针对项目管理中的时间管理、成本管理、质量管理、人力资源管理、沟通管理和风险管理等知识体系进行讲解，促进学生快速掌握新媒体项目管理的内部管理机制和流程。

第7章　项目报告书撰写

当一个项目完成施工并进入收尾阶段后，项目负责人需要根据项目的真实情况对项目进行复盘，复盘过程中完成的书面文件就是项目报告书。

新媒体项目报告书是对某一个项目进行介绍、分析、构想、执行力和评价的文字总结，其本质上是申请者在项目管理领域，将从参与项目工程中所学的专业知识和工作经验进行总结与归纳，并提出合理建议。

本章将针对完成项目报告书的主要内容、格式、编制方向与编制方法进行讲解，帮助快速掌握撰写项目报告书的方法并能合理应用到实际的项目工作中，做到全面、详细与合理地对新媒体项目进行总结与评价。

7.1　项目报告书的定义

当一个新媒体项目从立项到上线运营的全部阶段工作完成以后，产品经理可以为该项目编制一个项目报告书，叙述本项目的基本情况、项目进度和经验教训等内容。

7.1.1　项目报告书的概念

项目报告书是根据项目实施过程中的数据和文档记录，整理而成的有关项目实际情况或特殊问题的说明文件。它是项目实施过程中使用最多的项目沟通方式；也是项目完成后，所有与项目相关文件的归纳与整理，同时也是项目沟通中最为重要的信息传递方法。

项目报告书可以分为正式报告和非正式报告两种形式。

一般情况下，正式报告是根据项目的各种计划和分析研究表格，并按照一定的周期进行编制的；而非正式报告则是根据项目实施中的某些特殊需要进行编制的。图 7-1 所示为项目报告书的封面和内页的模板展示。

当项目完成后，对项目进行复盘时并在编制项目报告书的过程中，可以及时发现项目中存在的问题，针对问题找到根本原因并提出解决方案；解决问题后，即可提高项目质量，让项目继续且持续地开展下去；还可以通过分析项目中的数据，测试项目产品当前版本的质量，对项目整体情况进行评价与提出建议。

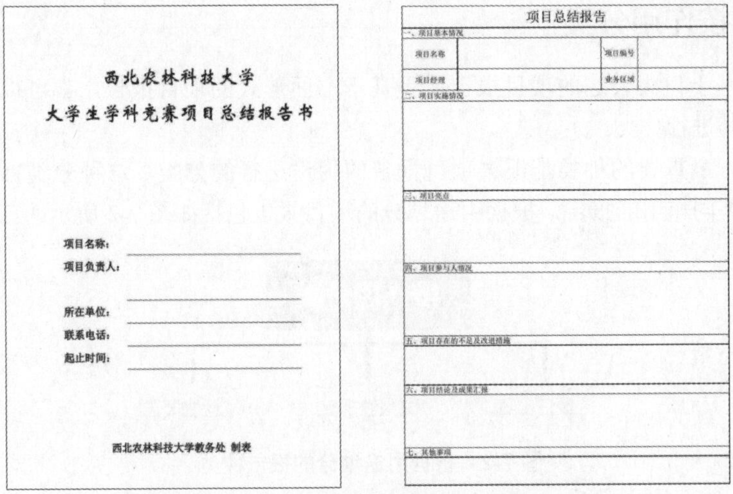
西北农林科技大学
大学生学科竞赛项目总结报告书
项目名称：
项目负责人：
所在单位：
联系电话：
起止时间：
西北农林科技大学教务处 制表

项目总结报告
一、项目基本情况
项目名称　项目编号
项目经理　业务区域
二、项目实施情况
三、项目亮点
四、项目参与人情况
五、项目存在的不足及改进措施
六、项目结论及成果汇报
七、其他事项

图 7-1　项目报告书的封面和内页的模板展示

7.1.2　项目报告书的作用

新媒体项目报告书是撰写者在项目管理领域，对知识和实际经验的综合反映。鉴于新媒体项目的及时性和广泛性特点，一个新媒体项目的报告书对于项目本身和所属公司来说，具有以下三点作用。

1. 提升个人与团队能力

项目报告书是让每个新媒体行业的从业人员和组织团队，在项目实践中总结问题与经验，最终认清问题本质，找到规律避免重复犯错，以及开拓新的思路，进而提升个人与团队能力的一项工作。

2. 提供公共智慧资源

项目报告书是项目管理中的最后一个环节，也是完成项目管理闭环的关键一步。编制报告是一个整理思维和加工知识的过程，这就表明，编制项目报告时需要撰写得比较完整，且能从中提炼出工作经验以及找出克服困难的方法，最终体现项目团队的知识价值，也能为企业今后制订项目计划提供公共智慧资源。

3. 保持企业竞争力

编制项目报告书是一个高智力的知识活动，是每一个称职的产品经理必须具备的基本素质，也是企业保持竞争力的有效武器。

7.2　项目报告书的分类

项目报告书在新媒体项目的沟通工作中具有不可替代的作用，因此，项目管理人员必须了解、熟悉和掌握不同种类的项目报告的特点，才能为不同场景编制所需的项目报告。

7.2.1 按作用分类

不管基于口头表达的项目报告还是基于书面形式的项目报告，都可以根据不同的标准对其进行分类。

其中，最重要的种类是根据项目报告的用途进行的分类，这种分类标准能够很好地区分不同作用的报告，根据用途划分的项目报告包括如图 7-2 所示的三种。

图 7-2　根据用途划分的报告种类

1. 汇报性报告

汇报性报告的核心内容是汇报项目的实际情况或发生的问题，这种报告使用的文档和数据都是项目实施过程中根据实际情况而产生的记录，而且一般需要采用"白描"的表现方法编制报告。

✎ **课堂讨论：** "白描"作为一种文学表现方法，是指使用最简练的文字描述，并且不添加任何的烘托和渲染，叙述出鲜明生动的形象。尝试着分析与研究为什么编制汇报性项目报告书时，需要使用"白描"的表现手法。使用该种表现方法对项目报告书又有哪些好处。

因为汇报性报告的关键在于向阅读项目报告的人描述项目的实际情况而不是说服对方或征得对方的认可，因此，在汇报性的项目报告中，撰写者只需要将项目的实际情况叙述清楚即可，不需要添加任何的分析、评论和说服性内容。

在项目建设和沟通工作中，最常使用的报告就是汇报性报告。同时为了更加详细和全面的项目情况，该类报告一般需要附有相关项目实际情况的数据记录文件。

2. 说服性报告

说服性报告的目的是证明一种观点、一个计划、一个方案或其他事情的正确性，并说服阅读报告的人员接受撰写者提出的观点、计划或方案。

在建设项目的过程中，说服性报告也是经常使用的一种报告类型，同时其使用率比汇报性报告要高许多。

因为说服性报告的作用是解决问题或者说服上级管理人员接受某种解决方案，所以，说服性报告中不但要包括使用"白描"表现方法描述的项目情况和问题，同时还必须为描述的情况或问题提供解释性、说服性和论证性的叙述措施。

撰写者也需要为说服性报告提供一些项目记录或其他资料的附件，用以说明情况或提供数据支持。

3. 敲定性报告

敲定性报告的目的是通过报告去与上级管理人员敲定和决策一件事情，使用此类报告后，最终必须作出决策。

敲定性报告是一种请示或商量如何办理某件事情或解决某个问题的报告，因此撰写者需要在报告书中提出自己的意见、观点和建议，同时给予上级管理人员最少两种的选择方案，并为每一种方案附带相应的具体理由。

7.2.2　按格式和用途分类

项目报告的内容和格式可以由项目团队自己确定，也可以根据项目业主或客户的要求和规定从而确定。项目报告的内容和格式必须适合报告阅读人员的要求和习惯，而不是符合撰写者的要求和习惯。因此，项目报告也可以以格式和用途作为分类标准，分类情况如图 7-3 所示。

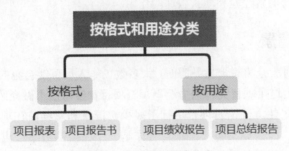

图 7-3　按格式和用途分类

1. 按格式划分

将项目报告的划分标准定为格式，项目报告将被划分为两大类，即项目报表和项目报告书。

其中，项目报表使用项目管理的工程语言编写而成，十分简练明了。项目报表又可以按照固定格式、变动格式以及固定周期或变动周期进行进一步的细分。同时，项目报表还可以根据项目的工期、质量、成本和风险等内容进行细分。项目报表可以当作独立文件单独使用，也可以与一定形式的说服性报告一起使用，以分析和说明报告的一些细节问题及其出现原因。

项目报告书主要是指使用文字说明项目实际情况或项目问题的书面报告，它是一种使用报告格式和文字语言构成的报告书，这种项目报告也有定期和不定期之分，同时也可以根据项目的工期、质量、成本和风险等问题和情况进行细分。项目报告书的重点内容不是事实数据，而是说明项目实际情况或问题及其原因分析。

2. 按用途分类

根据项目报告的用途进行划分，可以将项目报告划分为项目绩效报告和项目总结报告两大类。

项目绩效报告是在整个项目的实施过程中，按照一定时间范围和工作效率给出的有关项目各方面工作的实际进展情况的报告。

项目总结报告是在项目或项目阶段结束时，对项目或项目阶段的工作总结。项目总结报告不是项目绩效报告的累计说明，而是对项目或项目阶段过程中实际情况的真实描述，并以文档的形式呈现的报告文件。

为一个成功项目编制项目总结报告，将获得许多的正面评价和资源，因此，接下来的知识讲解中，将以项目总结报告书为主要内容，简写为项目报告书。

7.3　项目报告书的主要内容

当一个新媒体项目完成后，需要编制项目报告书，而报告书中一定要有技巧性地呈现项目的基本情况、重点工作、项目问题和管理建议等主要内容，才能够让报告书对该项目起到积累经验和增长教训的作用。

7.3.1　项目背景

当一个项目对大众来说非常熟悉时，大多数工作人员可能会犯的一个低级错误，就是在大家都知道这个项目的背景情况下，将项目背景略过不做介绍。

这一点需要记住，无论对项目进行了多少次汇报和总结，在项目报告中一定要说明项目的背景。因为如果将一个项目看作是一个完整的故事，出色的项目背景可以为项目提供清晰明了的前情提要，让审批人员更好地进入项目情境，方便完成与下面内容的衔接。

✎ **课堂讨论：** 虽然新媒体产业作为新兴产业，还处于发展阶段，但是就目前的社会环境和人们对新兴事物的接受度来说，任何人对新媒体都不陌生，也许他说不出新媒体的含义，但是一定接触过。大众对新媒体产业已经相对熟悉的基础上，为什么在编制项目报告书时，必须撰写项目背景，试着分析这么做的原因，以及撰写项目背景的优势。

7.3.2　项目资源

在为新媒体项目编制报告书时，项目资源也是必不可少的主要内容之一。其编写目的是明确需要什么样的资源支持、明确资源的需求时间和使用时间以及得到审批成功项目资源的承诺。图 7-4 所示为某新媒体项目的人力资源示意图，表 7-1 所示为某新媒体项目的职能资源示意。

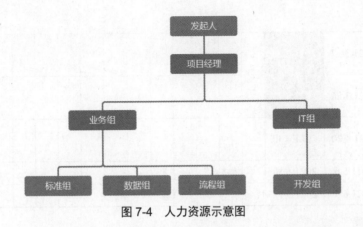

图 7-4　人力资源示意图

表 7-1　职能资源示意

部　　门	成　　员	组　　长			
		产 品 计 划	产 品 设 计	工 程 设 计	产 品 认 证
项目部	王小明				
销售部	李潇				
制造部	刘磊				
采购部	李雪				
研发部	胡梅梅				
品质部	赵云				

7.3.3　项目日程

项目报告中的日程记录主要包括项目各个阶段的日程计划，说明项目的当前进展，例如，表 7-2 所示为一个新媒体项目的日程计划。从表中可以看出，该项目已经完成立项、需求调研和方案设计等阶段，需求调研和方案设计阶段各延期 2 天，但是不影响项目的整体计划。

表 7-2　项目日程计划

日期安排			3 月												
阶段	开始日期	完成日期	一	二	三	四	五	六	日	一	二	三	四	五	六	日
			15	16	17	18	19	20	21	22	23	24	25	26	27	28
立项	2021.3.15	2021.3.16														

续表

需求调研	2021.3.17	2021.3.25												
方案设计	2021.3.26	2021.4.23												
技术设计	2021.4.20	2021.4.30												
开发	2021.5.6	2021.6.30												
测试	2021.6.5	2021.6.12												

计划延期 完成时间跨度

案例 项目报告书中项目日程部分的内容

为了提升电视机的销量，某电视机生产公司的销售部经理提出五一促销项目。项目通过扩大线上营销与线下引流路人相结合的销售渠道，以及符合消费者心理的销售方案和严格的日程安排，顺利地达成了促销商品的目的。

项目完成后，产品经理开始编制项目报告书，项目报告书中的项目日程如表 7-3 所示。

表 7-3 日程安排

日期安排		
阶段	开始日期	完成日期
①立项	2021.4.1	2021.4.2
②需求调研	2021.4.3	2021.4.8
③确定营销方案	2021.4.9	2021.4.14
④实施准备	2021.4.15	2021.4.18
⑤项目实施	2021.4.19	2021.5.9

（续 1）

	4 月														
	1	2	3	4	5	6	7	8	9	10	11	12	13	14	15
①															
②															
③															
④															
⑤															

（续 2）

	4 月									5 月					
	16	17	18	19	20	21	22	23	24—30	1	2	3	4	5—8	9
①															
②															
③															
④															
⑤															

为了让阅读报告的人员可以更加清楚明白地理解促销活动的实施日期，还可以在报告书中添加如图 7-5 所示的说明对比图。

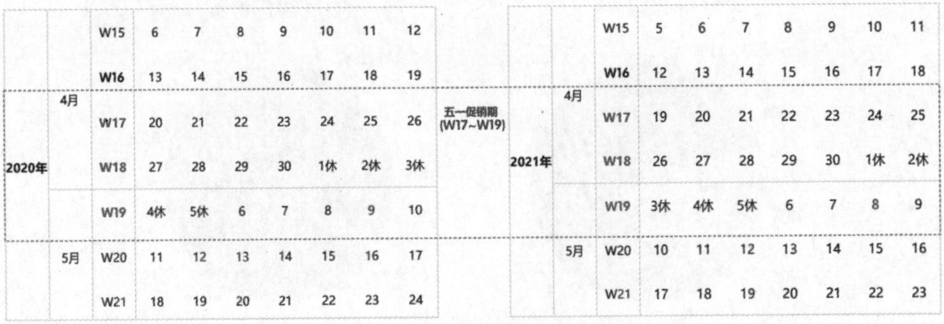

2020年	4月	W15	6	7	8	9	10	11	12
		W16	13	14	15	16	17	18	19
		W17	20	21	22	23	24	25	26
		W18	27	28	29	30	1休	2休	3休
		W19	4休	5休	6	7	8	9	10
	5月	W20	11	12	13	14	15	16	17
		W21	18	19	20	21	22	23	24

五一促销期（W17~W19）

2021年	4月	W15	5	6	7	8	9	10	11
		W16	12	13	14	15	16	17	18
		W17	19	20	21	22	23	24	25
		W18	26	27	28	29	30	1休	2休
		W19	3休	4休	5休	6	7	8	9
	5月	W20	10	11	12	13	14	15	16
		W21	17	18	19	20	21	22	23

图 7-5　项目实施的说明对比图

7.3.4　项目收益

在为新媒体项目编制报告书时，项目的收益情况是核心内容。为了能够更加简单明了地向阅读报告书的人员说明项目的收益情况，可以使用图表的形式进行展现，但在展现时需要注意以下几点。

（1）数据来源：数据的来源必须准确，如果包含多种类型的数据，应该进一步说明；

（2）数据对比：因为对比能够更好地呈现项目的价值，因此，最好呈现项目实施前后的销售对比数据；

（3）数据可视化：可以采用表格的方式呈现数据，也可以采用图表结合的形式让项目收益一目了然，图 7-6 所示为使用图表结合的形式展示项目的销售情况，图 7-7 所示为使用图表结合的形式展示项目的市场份额和客户份额；

（4）投入产出比：一定要说明和展示投入产出比，只有产出高于投入才是收益。

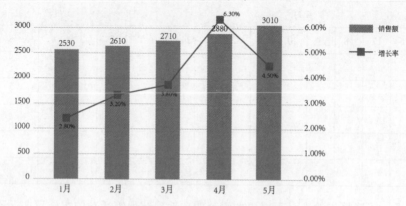

图 7-6　展示项目的销售情况

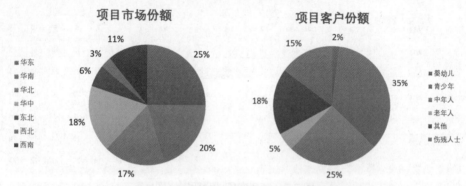

图 7-7　展示项目的市场份额和客户份额

7.3.5　项目问题

由于新媒体还是新兴产业，所以，在一份新媒体项目的报告书中，项目领导最关注的内容除了项目收益外，就是项目中存在哪些问题和其解决方法。

领导关注这些问题是因为有些问题需要他协助才能够处理，同时，一些需要跨职能配合才能处理的问题，以及之前从没遇到过的问题，都需要消耗一定的时间才能处理完成。在此阶段内，领导需要从旁协助并把控处理进度，以免项目进度失控。

发现问题，然后为问题提供解决措施，有利于项目团队在下一个相似项目中，可以更加顺利地完成工作内容。

案例　项目报告书中的问题内容

一个项目从立项到完成，不可能不出现任何问题。工作人员不应该抗拒问题的出现和存在，而应该提前识别问题，并清晰地分析问题，最后提出相应的解决措施。接下来以汽车行业的线上营销项目为例，对项目中的问题进行提出、分析、研究和提供解决措施等操作。

（1）提出问题的现象：项目产品在 A 类客户群体的份额逐月降低；

（2）分析问题的影响：A 类客户群体的销售额在公司占比达到 50% 以上，不仅会影响项目的业绩，还会影响公司在全球的品牌影响力；

（3）探究问题的原因：A 类客户群体逐渐被同类品牌 X 引流并吸收，对竞品 X 的信息进行详细分析；

（4）提供问题的措施：第一，时刻注意月降和年降问题；第二，大量流失的客户份额占比过大，销售部需开发其他客户。

7.3.6 管理建议

作为新媒体项目的管理人员，一定要拓展自己的思路，同时还需尽力完成业务标准化、指标可视化和团队成长等要求，使所属公司以及开发项目可以得到更好的发展。

7.4 项目报告书的格式

编制项目报告书是为了总结新媒体项目在开发工作时的经验、取得的开发结果以及对整个开发工作的各方面评价。

1. 项目报告的写作要求以及格式

第一章 摘要或引言

1.1 项目背景

叙述新媒体项目的提出者、产品经理、系统或产品分析员、视觉设计师、程序员、资源搜集人员以及与本项目的开展工作有直接关系的人员。同时，叙述项目的开发背景和建设环境。

1.2 项目目的

根据公司的战略计划和新媒体行业的发展情况以及项目背景情况，说明开发项目的目的是什么，同时希望得到什么结果。

案例 **撰写新媒体项目报告书的项目背景内容**

第一章 摘要

我国新媒体产业在网络协同和数据智能的双重驱动下，用户数量、产业规模、应用和服务的数量与质量都得到了快速发展，而互联网是我国新媒体产业的主导力量和促进新媒体产业进一步发展的核心力量。

在互联网基础设施不断完善的同时，互联网用户数量快速增加，使得互联网产品和服务极其丰富，在此基础上新媒体产业也成为传媒业的主导力量，并且新媒体产业正在借助大数据和人工智能等新技术赋能其他产业，互联网三大巨头也在大力布局产业互联网，这也给新媒体产业带来了新的机遇。

1.1 项目背景

我国新媒体产业的发展基础非常扎实，主要有两方面的原因。一方面是因为我国经济的平稳增长，数字经济占比快速提升；另一方面是我国互联网基础设施水平高、技术先进、用户数量多和互联网生态企业实力强，这些条件为新媒体产业发展提供了良好的基础和外部环境。

1. 我国经济平稳增长，数字经济占比快速提升

国家统计局数据显示，经初步核算，2019 年全年国内生产总值 990865 亿元，同比增长 6.1%，增速超过 6%，总额将近 100 万亿元。其中，新媒体所在的第三产业增值 534233 亿元，同比增长 6.9%。

有数据显示，2018 年我国数字经济规模为 31.3 万亿元，占 GDP 比重 34.8%，数字经济发展对 GDP 增长的贡献率为 67.9%，贡献率同比提升 12.9 个百分点，数字经济已成为中国经济增长的新引擎，成为带动国民经济发展的核心力量。2019 年中国数字经济规模达到 35.9 万亿元，占比进一步提升。目前来说，数字经济的蓬勃发展，将推动传统传媒业的转型升级，为新媒体产业的发展提供源源不断的动力。

2. 我国互联网发展基础好

中国互联网络信息中心第 45 次《中国互联网络发展状况统计报告》（以下简称《互联网报告》）数据显示，截至 2020 年 3 月，我国网民规模为 9.04 亿，互联网普及率达 64.5%；我国手机网民规模达 8.97 亿，手机网民普及率达到 99.3%；我国网民的人均每周上网时长为 30.8 小时，较 2018 年底的 27.6 小时增长了 3.2 小时。截至 2019 年第一季度，固定网络宽带平均可用下载速率同比增长 55.5%；移动宽带用户使用 4G 的平均可用下载速率同比增长 20.4%。从这些数据可以看出，我国的网民数量和使用时长还在继续增长，显示我国的网络用户基础良好。

《互联网报告》数据显示，我国使用与新媒体产业相关的网络搜索、网络新闻、网络视频和网络游戏等应用的网民规模和使用率均很高，例如 2020 年 3 月底我国网络视频的用户规模已经高达 8.5 亿户，网民使用率高达 94.1%，这些都为我国新媒体产业发展打下了坚实基础。

1.2 项目目的

基于上述内容中的新媒体产业，发展基础良好，未来发展前景具有其他产业不可替代的优势，所以将公司产品的传统营销和传媒模式向新媒体方向转变，力求进一步增大产品的销售渠道和营销覆盖面，并最终实现提升产品销量的目标。

第二章 项目开发

2.1 产品

描述产品的各部分内容及名称，以及各部分之间的关系；

简述产品方案，并对产品每个部分使用的开发程序或工艺进行叙述；

叙述产品的发展历史或迭代版本，每个版本的特点以及相互之间的区别；

编写产品文档。

2.2　主要功能和性能

如果是开发项目，应逐项列出本项目中开发产品具有哪些功能和性能，并说明开发目标是否达到预期。

如果是销售项目，需要说明销售目标是否达到预期，如果没有，分析原因。

2.3　基本流程

如果是开发 App 或软件等项目，使用表格的形式在报告书中展示开发产品的基本处理流程；如果是销售项目，使用任意形式在报告书中展示销售方案以及销售流程。

2.4　项目进度

说明实际参加人员、时间及工作划分；说明参加本项目的负责人，参加人员、开始日期及实际工作量。按项目开发的阶段划分，细化每位开发人员在各开发阶段所用开发时间及实际工作量，最好附加表 7-4 所示的计划表格加以佐证。

表 7-4　计划表格

负责人：		开始日期：		计划工作量：	
		项目情况			
阶段	参加人员	工作量	开始日期	实际工作量	
需求分析					
产品设计					
实施方案					
其他					
合计					

同时，需要给出原定计划的进度与实际进度的对比，包括以人或月份为单位的工时、资料费、差旅费和其他费用等。

第三章　评价项目工作

3.1　生产效率评价

给出实际生产效率，包括个人或产品生产的效率，并与原定计划进行对比。

3.2　技术方法评价

对在开发本产品中所使用的技术、方法、工具和手段做出评价。

3.3　产品质量评价

列出测试过程中发现的错误或问题个数以及描述每个问题或错误的具体情况，并说明其错误程度。

3.4　错误原因分析

对项目中出现的错误原因进行分析。

3.5　提供解决措施

分析完错误的原因后，根据其原因为解决错误和问题提供正确和有效的措施或办法。

第四章　经验和教训

列出实施本项目过程中得到的经验和教训，以及对之后的相似新媒体项目的建议。

参考文献

附录

1. 项目所属单位简介，以及能表明各位人员负责项目与参与项目的证明材料；

2. 项目报告的附加资料，如图表、图纸、统计数据；

3. 项目获奖情况或现状照片；

4. 撰写者的荣誉证书和资质证书等。

2. 项目报告书的其他要求

（1）封面应包括项目名称、申请者姓名及工作单位和报告日期；

（2）项目报告书须用 A4 纸打印。一般情况下，页数为 20 ～ 40 页，字数应在 20 000 字以上，并且附录不超过 15 页；

（3）提交的项目报告书需要一式四份，其中中文三份，英文一份。

7.5 项目报告书的编制方法

想要为新媒体项目编制一份出色的项目报告书，编撰人员必须具备一定的结构化思维，并对项目中的问题和数据进行结构分析，同时能够通过结构化思维表达出来。结构化思维具备如图 7-8 所示的 4 个特点。

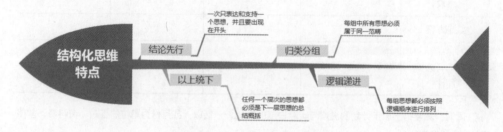

图 7-8 结构化思维的特点

需要注意的是，当项目中的问题比较多时，编撰人员需要对项目的信息进行抽象归纳，做到抓大放小，首先解决项目中最主要的问题。

明确编制项目报告书需要的思维后，接下来可以根据如图 7-9 所示的流程方法完成报告的编制工作。

1. 明确项目分析维度

项目分析的维度不同，后期确定的指标也会不同。一般情况下，以项目总结的目的为基准方向，确定分析维度。分析维度可以从产品立项到发布每个阶段作为分析维度，也可以将项目中的不同角色当作维度进行分析。

接下来以开发输入法项目为例，按照产品、开发和测试等角色为横向维度进行分析，然后纵向深入分析每个维度的数据，如图 7-10 所示。

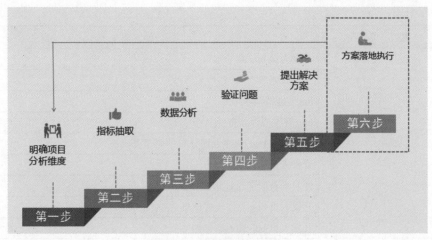

图 7-9 编制报告的方法

图 7-10 不同的分析维度

2. 抽取项目指标

在抽取指标前，会根据项目分析维度形成一个指标集，表 7-5 所示为开发输入法 App 项目的指标集。

表 7-5 开发输入法 App 项目的指标集

角 色	指 标 集
产品	需求修改类型分布
	需求修改阶段分布
	需求修改原因
	需求修改模块分布
	导致项目延期需求分布
	产品人员需求变化分布

角　色	指　标　集
开发	开发人员 bug 数分布
	千行代码率
	bug 总数版本对比
	bug 开发原因分布
	开发原因 bug top 1 原因分布
	开发人员连带 bug 分布
	开发人员严重 bug 分布
	开发人员 bug 易发现性分布
	开发人员 bug 往返率
测试	bug 提交阶段分布
	线上遗留问题测试原因
	用例覆盖度
	严重问题发布阶段
	bug 缺陷等级分布
	不是问题 & 问题重复分布
	bug 最终态分布
	线上事故

在抽取指标时，包含两种选取方式，分别是根据问题选取指标和固定通用指标。

根据问题抽取指标就是将项目中可以明确感知到的问题收集起来，再对问题进行归类，即结构化思维中的归类分组思想，然后选取可以反映此问题的指标进行数据分析。使用此种抽取方式，一个问题可能对应多个指标。

案例　使用"根据问题抽取指标"的方式选取指标

为新媒体开发项目编制项目报告书时，当前版本出现了 10 个工作日的延期，然后工作人员根据此问题抽取了指标，并会针对这个指标分析原因。但是，如果下个版本此问题不存在，则指标取消。

但是，如果目前的指标集不能反映当前出现的问题，工作人员应该根据实际情况扩充指标集。

固定通用指标是指业界认可的一些评定标准，例如开发千行代码中的代码 bug 率，工作人员也会将项目人员关注的指标信息抽取出来作为通用指标，例如新媒体项目人员关注的线上遗留问题原因，都可作为新媒体项目的通用指标。

1. 项目数据分析

完成指标的选取工作后，工作人员就要根据指标进行数据分析。在数据分析过程中，需要更加注意异常数据。对异常数据进行深入分析，直到找到问题的根本，数据分析工作才算彻底完成。

在进行数据分析工作时，需要注意下面的两个问题。一是在对通用指标进行数据分析时，最好对不少于 3 个版本的数据进行对比，这是因为两个版本的数据对比可能存在版本偶然性，而 3 个版本的数据趋势会更加明显；二是在数据分析时，可以使用 "Excel 工作表" 并辅助它的一些便捷功能，提高工作效率。

2. 验证问题

数据可以使项目的实际情况呈现公开、透明状态。通过数据分析的结果，工作人员可以验证在指标选取环节收集的问题是否真实存在，如果问题存在，则此问题的分析结果会出现在项目报告书中。

在数据分析阶段，工作人员可能会发现一些不是特别明显的问题，这类问题也将出现在项目报告书中。

3. 提出解决方案

任何时候，发现问题都不是最终目的，解决问题才是终极目标。所以，当发现问题时，产品经理需要找到存在问题的相关人员，让其针对问题提供解决方案。

当问题和解决方案都具备后，项目报告的基本内容也已经完成了，此时需要注意的是，编制报告书时一定要将关键信息放到最前面，即遵循结论先行的书写顺序。

在编制项目报告时，一定要注意以上统下，中心句可以概括表达下方层级的内容。在结论中如果涉及层级关系时，要注意逻辑递进，便于理解。例如总经理、项目经理和普通职员这 3 个职位，在排列时要按照职位的重要程度从上到下进行排列。

在编写项目报告的结论时，结论内容需要遵循如表 7-6 所示的要求和表达方式。

表 7-6　结论的要求和表达方式

结　　论	要　　求	表　达　方　式
排列顺序	先扬后抑	结论内容是正向的放在前面，结论内容是负向时放在后面
必须有观点	数据支撑观点	结论→理由→支撑理由的事实和依据
内容		正向的文字内容可以标为绿色，负向的文字内容可以标为红色

4. 方案落地执行

这部分内容需要项目报告发布之后，对报告中的解决方案进行跟踪落实，让整个项目工作有始有终，形成一个闭环。

好的项目报告书具有相似性，其特点包括结构清晰、重点突出、观点明确和有数据支撑，以及便于快速获取关键信息等。

7.6 项目报告书的编制框架

新媒体项目报告书要根据报告对象的不同进行调整，开始编制前，需要明确报告对象的需求和关注点是什么。针对不同对象所需内容不同的特点，可以先拟出项目报告书的总结框架，再根据报告需求将其扩充成完整版本。

新媒体项目报告书的框架包括三个方面：项目整体概况、项目详情和项目总结。其中，项目详情方面的具体内容如图 7-11 所示。

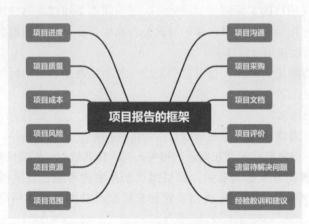

图 7-11 项目详情方面的具体内容

1. 项目进度

为给项目经验库提供相应数据，提高下次计划的准确性，在此阶段内，需要完成如图 7-12 所示的工作。

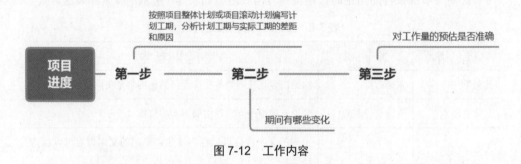

图 7-12 工作内容

2. 项目质量

在编制项目报告书中的项目质量部分时，可以根据"ISO9000 质量保证体系"的标准和要求进行检测，再搭配完善的质量管理工具，以及图表等辅助工具加以统计分析，然后得出改进建议，最终完成项目质量部分的编制。

为新媒体项目编制报告书的项目质量部分时，可以根据如图 7-13 所示的具体内容进行编制。

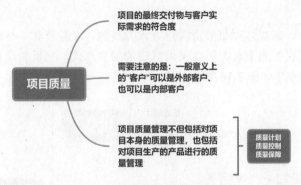

图 7-13　项目质量的要求和内容

3. 项目成本

在一个新媒体项目中，担任不同职责的工作人员会被赋予不同的权重。例如项目经理的权重包含整个项目，高级工程师的权重是整个项目工程的技术，而一般工程师的权重则是项目工程技术中的边缘数据和一般性技术。

根据不同层级人员所需的资源成本和人力成本，完成新媒体项目报告书中项目成本部分的编制，具体内容如图 7-14 所示。

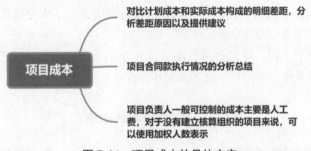

图 7-14　项目成本的具体内容

4. 项目风险

可以从风险识别、风险分析和风险应对三个方面进行经验和教训的总结，完成新媒体项目报告书中项目风险部分的编制，编制内容如图 7-15 所示。

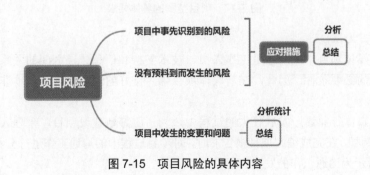

图 7-15　项目风险的具体内容

5. 项目资源

一般情况下，新媒体项目的资源包含人力资源、设备资源、材料资源和其他资源四种。编制项目报告书时，可以采用直观的图表形式，来反映项目的资源情况，编制内容的具体要求如图 7-16 所示。

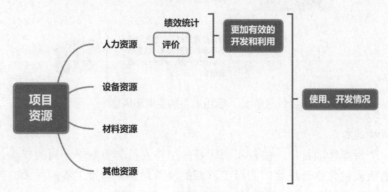

图 7-16　项目资源的具体要求

6. 项目范围

一般情况下，新媒体项目的项目范围包括产品范围和项目范围。其中，产品范围定义了产品或服务所包含的特性和功能；项目范围定义了为交付具有规定特性和功能的产品或服务所必须完成的工作。

编制项目报告书时，可以使用如图 7-17 所示的要求完成对项目范围的描述与整理，使新媒体项目报告书的内容更加充实和完善。

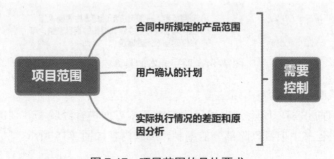

图 7-17　项目范围的具体要求

7. 项目沟通

在新媒体项目中，沟通是工作人员、技术支持和信息传递之间的关系纽带，是项目成功的必要条件。因此，在新媒体项目中，良好的沟通能力是一项非常重要的工作技能。

在新媒体行业逐渐发展壮大的过程中，为了更好地建设项目，管理人员开始重视沟通。例如，在完成编制项目报告书时，对项目过程中的沟通工作进行分析与总结。图 7-18 所示为沟通工作的发展历程。

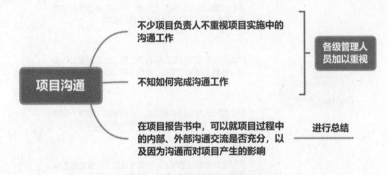

图 7-18 沟通工作的发展历程

8. 项目采购

在一个新媒体项目中，开展采购工作前，需要制定采购管理规划并编制采购管理计划表，它是项目采购实施前一个必不可少的工作环节，也是项目采购实施的一个纲领性文件，图 7-19 所示为编制项目采购管理计划表的要求和原因。

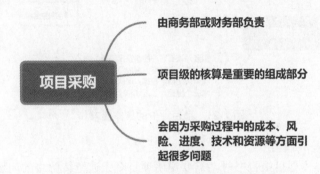

图 7-19 项目采购管理计划表的要求和原因

项目完成后，可以根据项目采购管理计划表填充报告书中项目采购部分的分析与建议，完善新媒体项目报告书的内容。

9. 项目文档

在项目实施的过程中，会编制许多的项目文档，每个文档对项目来说，都有其特定的用途与含义，如图 7-20 所示。

因此，应该在每个项目的报告书中，建立各自的文档管理体系，并做到及时制作、归档，同时文档信息要真实有效，文档格式和填写内容必须规范并符合标准。

10. 项目评价

项目评价是对项目交付物的生产率、产品质量、采用的新技术、新方法和项目特点等内容的分析整理与归纳总结，在编制报告书中的项目评价部分时，其具体要求如图 7-21 所示。

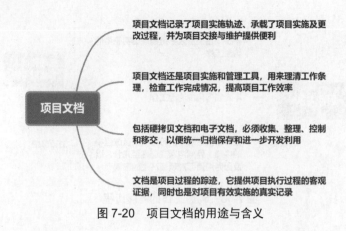

图 7-20　项目文档的用途与含义

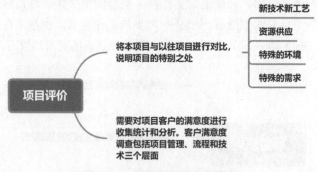

图 7-21　项目评价的具体要求

11. 遗留待解决问题

在编制新媒体项目报告书时，需要说明项目有无遗留待解决的问题，如果有，必须针对这些问题进行深入分析，明确责任并提出解决方案。

12. 经验教训和建议

新媒体行业还是一个新兴产业，所以在编制项目报告书时，可以将以前完成项目中的技术经验、管理经验以及教训等内容进行总结，成为下一个项目的"隐形"财富，使项目报告书的内容更加的充实、有效。

在编制新媒体项目报告书，除了采用标注的编写方式以外，还可以更加体现新媒体行业的特点，采用展示课件（PPT）的方式编写，便于用来展示说明。

案例　361°亚运MV&TVC& 快反Social传播报告

1. 营销背景

通过支持亚运等体育赛事，让更多的中国人能够参与到专业的体育运动中来，关注国家体育运动项目，从而推动中国体育发展。

2. 营销目标

和消费者共度每一个激情时刻，传递一个有血性、有温度、有态度的品牌形象。

3. 策略与创意

以"我是热爱"为精髓，如图 7-22 所示。

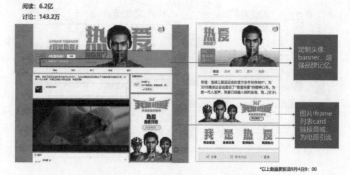

图 7-22　"我是热爱"为精髓

1）汇集大牌明星

（1）韩宇和魏晨复刻经典《亚洲雄风》MV，如图 7-23 所示。

图 7-23　复刻经典《亚洲雄风》

（2）孙杨和李冰洁等体育明星助力赛事快反，如图 7-24 所示。

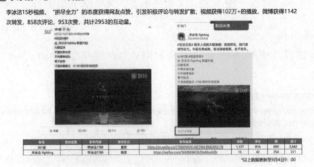

图 7-24　体育明星助力赛事快反

2）强力渠道

多维度媒介资源组合，如图 7-25 所示。

图 7-25　多维度媒介资源组合

（1）选用年轻用户更青睐的社交媒体——微博作为主要传播平台；抖音挑战赛玩转互动，如图 7-26 所示。微信朋友圈配合强势曝光，扩大影响力，如图 7-27 所示。

■ 抖音挑战赛

为贴近年轻的消费者群体，在抖音平台发起亚洲雄风加油舞的挑战赛，韩字魔性solo"亚运雄风"加油舞，引发强势围观。借助抖音信息流广告、抖音达人follow参赛，触达粉丝群体，吸引用户参与。共计458.6万人观看，522人参与挑战。

图 7-26　抖音挑战赛

■ 361°亚运赛事快反朋友圈投放

8月18-19日、21-22日与8月24-25日分别在微信朋友圈进行了45s大动画与1分15秒TVC投放，投放期间，品牌强势曝光，扩大了品牌影响力，同时精准触达海量潜在优质粉丝。在整个投放阶段，45s大动画与1分15秒TVC曝光次数共计14,136,802次，精准触达用户6,335,116人，用户平均停留7.42秒，总互动点击率0.77%。

投放日期	广告曝光次数	触达用户总数	用户平均停留秒数	总互动点击率
2018.08.18-2018.08.19	7,453,122	3,284,200	7.52	0.65%
2018.08.21-2018.08.22	3,699,694	1,672,079	7.05	0.71%
2018.08.24-2018.08.25	2,983,986	1,378,837	7.68	0.96%
Total	14,136,802	6,335,116	7.42	0.77%

图 7-27　微信朋友圈强势曝光

（2）新浪体育为首的新浪系微博矩阵，名人大 V，时尚体育类 KOL，助力传播，如图 7-28 所示。

■ 新浪助力传播

亚运快反传播期间，以新浪体育为首的新浪系微博账号助力推广，直发转发微博添加#我是热爱#话题标签，带动了话题的阅读量与讨论量，增加了品牌的曝光。

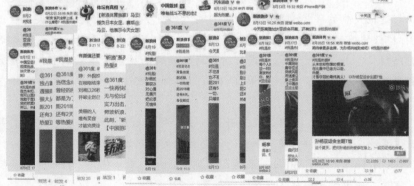

图 7-28　新浪助力传播

（3）利用粉丝通，粉丝头条等进行媒介强曝光，引发关注，如图 7-29 所示。

图 7-29　媒介强曝光

4.执行过程/媒体表现

整体传播回顾，如图 7-30 所示。

图 7-30　整体传播回顾

（1）7 月 27 日—8 月 6 日，邀请魏晨和韩宇复刻《亚洲雄风》，重燃人们的亚运记忆，追忆火热的年代，刮起复古回潮风，如图 7-31 所示。在微博渠道，借助各类 KOL 扩散传播亚洲雄风 MV，在抖音渠道，发起亚洲雄风加油舞挑战，贴近年轻潮流时尚群体，与消费者建立沟通，对亚运及品牌的关注度不断高涨。微信渠道，配合投放 45 秒大动画 & 1 分 15 秒 TVC，品牌强势曝光，精准触达海量潜在优质粉丝。

（2）8 月 6 日—8 月 17 日，亚运开幕前夕，传播亚运人物态度 TVC，引导粉丝关注亚运赛事，对选手评价正向积极，引发亚运关注热潮，如图 7-32 所示。

（3）8 月 18 日—8 月 30 日，亚运比赛期间，结合赛事热点，推出赛事快反和产品快反视频，亚运讨论热度不断提高，如图 7-33 所示。

亚洲雄风MV传播

7.27-8.6,邀请魏晨韩宇复刻《亚洲雄风》，重燃人们的亚运记忆，追忆火热的年代，刮起复古回潮风。

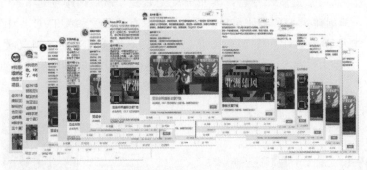

图 7-31　亚洲雄风 MV 传播

我是热爱1分15秒TVC传播

8.6-8.17,我是热爱TVC传播期间，借助@圈内教父等来自时尚，体育，娱乐等领域的17位KOL转发扩散，视频表达的热爱主张深受网友肯定，带动了人们对亚运的关注热潮。

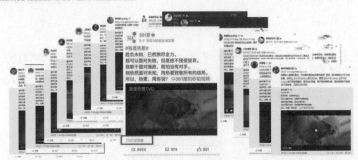

图 7-32　我的热爱 1 分 15 秒 TVC 传播

把握热点，推出产品快反

上线4套快反时尚单品，分别是 "我是热爱" 主题T恤、孙杨主题T恤、游泳队主题T恤 "斩浪" 和自行车队主题T恤 "疾风"。每款产品都配有10秒短视频，搭配单品上线推出，同时配有网购链接，即看即买。希望通过这种方式，来支持自己赞助的运动员和运动队。这些产品的推出，都灵活把握热点，选在了关键的节点。

图 7-33　把握热点，推出产品快反

5. 营销效果与市场反馈

（1）从品牌声量上来看，微博和抖音渠道共计覆盖约 2 亿 5 千万＋粉丝，668 640＋的总互动量，热门话题多次冲榜，其中＃我是热爱＃话题阅读量达 6.2 亿，讨论量达 143.2 万，亚洲雄风 MV 共计 638 万＋次观看，我是热爱相关 TVC 共计 1 574 万＋观看，45 秒大动画共计 601 万＋观看，抖音挑战赛共 458.6 万浏览量。微信朋友圈渠道，45 秒大动画与 1 分 15 秒 TVC 曝光次数共计 14 136 802 次，精准触达用户 6 335 116 人，用户平均停留 7.42 秒，总互动点击率达 0.77%，如图 7-34 所示。

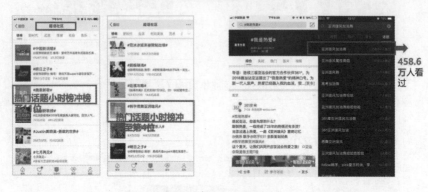

图 7-34 品牌声量提升

开幕式当天，361° 的微信和微博指数大幅飙升，微信指数日环 4503.28%，指数值几乎为比较图中第二名的 3 倍，第三名的 1.6 倍；微博指数环比 3012.72%，指数值将近是比较图中第二名的 10 倍，第三名的 27 倍，如图 7-35 所示。

微信指数　　　　　　　　　　　　　　　　微博指数

图 7-35 品牌微信微博指数飙升

（2）从品牌美誉度上来看，在雅加达亚运前夕，复刻《亚洲雄风》，重燃人们的亚运记忆，引发人们追忆火热的年代，刮起复古回潮风；发起亚洲雄风加油舞挑战，贴近年轻潮流时尚群体，年轻消费者纷纷参与互动，将年轻的品牌主张进行到底。亚运期间，传播亚运人物态度 TVC，结合赛事热点，推出赛事快反和产品快反视频，引导粉丝关注亚运赛事，对选手评价正向积极，引发亚运关注热潮，如图 7-36 所示。

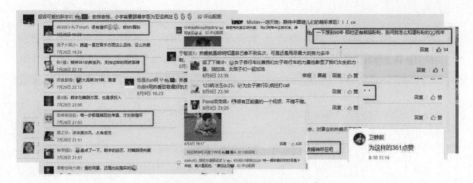

图 7-36　品牌美誉度提升

7.7　项目报告书的编制要求

为任意一个新媒体项目编制项目报告书，都要符合下面的要求和原则，以便编制完成的报告书能够提供有价值的报告内容。

1. 项目报告要简洁明了

在编制项目报告书时，不要使用报告长度来获得报告接收者的青睐，报告的长短不等于项目进展或完成的好坏。同时，简洁明了的项目报告才能促使阅读人员完成更多的阅读量。因此，撰写报告需要尽量使用简洁明了的文字描述和图表展示。

2. 内容和形式要保持一致

编制报告时，需要根据报告内容选用报告的格式和语言，同时需要保证项目报告书的内容与形式保持一致。还要在项目报告书中突出重点，让阅读项目报告的人员可以快速和统一地理解信息。

3. 借助图表进行简明和充分地表达

图表是项目管理中最常使用的工程语言，所以在编制项目报告时，可以充分利用图表的直观性和准确性，很好地在项目报告中说明项目的问题和情况。

4. 报告形式与使用者的要求相符

对不同的阅读人员来说，对同一个项目的关注点也将有所不同。也就是说，不同的项目报告使用者，其所需要的项目报告形式与要求是不同的，报告必须符合项目报告使用者的要求，它的存在才有意义。

7.8　本章小结

本章中主要讲解在完成新媒体项目之后或在项目收尾阶段，如何撰写项目报告书的工作。具体内容包括项目报告书的定义、分类、主要内容、格式、编制方法、编制方向以及编制项目报告书的要求等，同时在大量的知识点中增加案例，帮助读者快速理解和掌握相关知识。